A등급 만들기 단계별 프로젝트

jinhak **blacklabel**

중학 수학 ❶-2

A 등급을 위한 **명품 수학**

Tomorrow
better than today

블랙라벨 중학 수학 ❶-2

| 저자 | 이문호 | 하나고등학교 | 김원중 | 강남대성학원 | 김숙영 | 성수중학교 | 강희윤 | 휘문고등학교 |

검토한
선생님

| 김성و | 블랙박스수학과학전문학원 | 김미영 | 하이스트금천 | 최호순 | 관찰과추론 |
| 경지현 | 탑이지수학학원 | 정규수 | 수찬학원 | 홍성주 | 굿매쓰수학학원 |

기획·검토에
도움을 주신
선생님

강주순	학장비온드학원	김태기	해오름학원	송슬기	송슬기수학원	이영민	하늘학원	정태규	가우스수학전문학원
강준혁	QED수학전문학원	김하빈	모아수학전문학원	송시건	이데아수학학원	이영민	프라임영수학원	정효석	서초최상위스카이학원
강태원	원수학학원	김한빛	한빛수학학원	안윤경	하늘교육금정지점	이웅재	이웅재수학학원	조병수	브니엘고
권기웅	청주페르마수학	김현호	정윤교MathMaster	양수연	아름드리학원	이은경	이은경수학교습소	조성근	알단과학원
기미나	M&P수학여행학원	김혜숙	과학수학이야기	양현	양헌수학전문학원	이재훈	해동고	조용남	조선생수학전문학원
김경철	분당서울수학학원	김혜진	케이에스엠학원	엄유빈	유빈쌤수학	이재희	경기고	조용렬	최강수학학원
김귀식	샘수학	남송현	배정고	오의이룸	수담, 수학을 담자	이준영	동산고	조은진	삼선중
김근영	김근영수학학원	노명훈	노명훈수학학원	우미영	천호하나학원	이춘우	전주서신셀파	지정경	지정경
김동범	김동범수학학원	마채연	엠제곱수학학원	우병우	우샘스터디	이태웅	대치수신학원	차기원	진정샘수학교실
김명후	김명후수학학원	문용석	유레카수학과학학원	우준섭	예문여고	이태형	가토수학과학학원	차윤미	U수학학원
김본	설연고학원	문재웅	압구정 엠케이학원	유근정	유클리드수학학원	이효정	부산고	천유석	동아고
김선미	모아수학전문학원	민영식	키움영어수학전문학원	유지연	페레그린팔콘스수학	임경희	베리타스수학학원	최다혜	싹수학전문학원
김성용	이리풀수학	박동민	울산동지학원	유호애	J&Y수학	임노길	윤석수학	최연진	서울성남고
김성호	문보수학학원	박모아	모아수학전문학원	윤석주	윤석주수학전문학원	임양수	해성영수학원	최원필	마이엠수학학원
김세진	일정수학전문학원	박상준	지오엠(G.O.M)수학학원	윤은경	정원영어수학학원	임재영	모아수학전문학원	최젬마	일산가좌고
김시안	김시안수학	박선영	위례스타힐스	윤은숙	이튼칼리지학원	장두영	가토수학과학학원	최형기	국제고
김양진	강한대치학원	박성호	현대학원	윤지훈	지성에듀학원	장성훈	더선에듀수학학원	황국일	황일국수학전문학원
김영배	김쌤수학과학학원	박승환	명성비온드학원	이경덕	수딴's수학	전이원	원프로교육학원	황삼철	멘토수학학원
김영준	청솔수학	박연숙	케이에스엠학원	이경미	하늘학원	전진철	전진철수학학원	황성필	소문난수학학원
김영화	수원더세움학원	박진규	성일중	이광덕	모아수학전문학원	정국자	kimberly아카데미	황인설	지코스수학학원
김용찬	경기고	배정혜	이화수학교실	이나경	더매쓰수학	정연배	보문고	황재인	황재인수학학원
김유성	영통팀수학학원	서동욱	FM최강수학학원	이동근	프로베에이블수학전문학원	정운용	멘토수학학원	황히현	모아수학전문학원
김윤미	모아수학전문학원	서동원	수학의중심학원	이보경	반포ILM수학	정윤교	정윤교MathMaster	황혜민	모아수학전문학원
김재빈	더클레버수학학원	서미란	파이데이아학원	이석규	지족고	정은주	서초엠원학원		
김재은	설연고학원	서용준	역촌성심학원	이수동	부천E&T수학전문학원	정정선	정선수학학원		
김주경	모아수학전문학원	성기주	안산토라모리아학원	이승철	광주화정창조학원	정진섭	큐매쓰학원		
김태경	Be수학	손일동	매버릭학원	이아람	퍼펙트브레인학원	정진희	정쌤영어수학		

초판11쇄 2024년 6월 10일 **펴낸이** 신원근 **펴낸곳** ㈜진학사 블랙라벨부 **기획편집** 윤하나 유효정 홍다솔 김지민 최지영 김대현 **디자인** 이지영 **마케팅** 박세라
주소 서울시 종로구 경희궁길 34 **학습 문의** booksupport@jinhak.com **영업 문의** 02 734 7999 **팩스** 02 722 2537 **출판 등록** 제300-2001-202호
● 잘못 만들어진 책은 구입처에서 교환해 드립니다. ● 이 책에 실린 모든 내용에 대한 권리는 ㈜진학사에 있으므로 무단으로 전재하거나, 복제, 배포할 수 없습니다. **www.jinhak.com**

이 책의 동영상 강의 사이트 강남구청 인터넷수능방송 / EBS / 엠베스트 / 온리원 / 자연계에듀

중학 수학 ❶-2

A등급을 위한 명품 수학

블랙라벨

이책의 특징

01
명품 문제만 담았다.
계산만 복잡한 문제는 가라!

블랙라벨 중학 수학은 우수 학군 중학교의 최신 경향 시험 문제를 개념별, 유형별로 분석한 뒤, 우수 문제만 선별하여 담았습니다.

02
고난도 문제의 비율이 높다.
상위권 입맛에 맞췄다!

블랙라벨 중학 수학은 고난도 문제의 비율이 낮은 다른 상위권 문제집과 달리 '상' 난이도의 문제가 50% 이상입니다.

03
수준에 따라 단계별로 학습할 수 있다.
이제는 공부도 전략을 세워야 할 때!

블랙라벨 중학 수학은 학습 수준에 따라 단계별로 문제가 제시되어 있어, 원하는 학습 목표 수준에 따라 공부 전략을 세우고 단계별로 학습할 수 있습니다.

이책의 해설구성

읽기만 해도 공부가 되는 진짜 해설을 담았다!

- 해설만 읽어도 문제 해결 방안이 이해될 수 있도록 명쾌하고 자세한 해설을 담았습니다.
- 도전 문제에는 단계별 해결 전략을 제시하여 문제를 풀기 위해 어떤 방식, 어떤 사고 과정을 거쳐야 하는지 알 수 있습니다.
- 필수개념, 필수원리, 해결실마리, 풀이첨삭 및 교과 외 지식에 대한 설명 등의 blacklabel 특강을 통하여 다른 책을 펼쳐 볼 필요없이 해설만 읽어도 학습이 가능합니다.

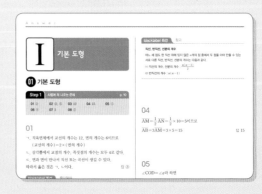

이책의 구성

이해

핵심개념 + 100점 노트

핵심개념 해당 단원을 완벽하게 이해하기 위한 필수적인 내용을 담았습니다. 또한, 예, 참고 등을 통하여 개념을 이해하는 데 도움을 주도록 하였습니다.

100점 노트 선생님만의 100점 노하우를 도식화 · 구조화하여 제시하였습니다. 관련된 문제 번호를 링크하여 문제를 통해 확인할 수 있도록 하였습니다.

실전

시험에 꼭 나오는 문제

- 시험에서 어려운 문제만 틀리는 것은 아니므로 문제 해결력을 키워주는 필수 문제를 담았습니다.
- 각 개념별로 엄선한 기출 대표 문제를 수록하여 실제 시험에서 기본적으로 80점은 확보할 수 있도록 하였습니다.

종합

A등급을 위한 문제

- A등급의 발목을 잡는 다양한 유형의 문제를 담았습니다.
- 우수 학군 중학교의 변별력 있는 신경향 예상 문제를 담았습니다.
- **앗! 실수** : 실제 시험에서 학생들이 실수하기 쉬운 문제들을 수록하였습니다. 정답과 해설의 오답피하기를 확인하세요.
- **서술형** : 서술형 문항으로 논리적인 사고를 키울 수 있습니다.
- **도전 문제** : 정답률 50% 미만의 문제를 수록하여 어려운 문제의 해결력을 강화할 수 있도록 하였습니다.

심화

종합 사고력 도전 문제

- 우수 학군 중학교의 타교과 융합 문제 및 실생활 문제를 담아 종합 사고력 및 응용력을 키울 수 있습니다.
- 타문제집과는 비교할 수 없는 변별력 있는 고난도 문제를 담아 최고등급을 받을 수 있습니다.
- 단계별 해결 전략을 제시하여 문제를 풀기 위해 어떤 방식, 어떤 사고 과정을 거쳐야 하는지 알 수 있습니다.

수학을 잘하기 위해서는?

1. 단계 순으로 학습하라.

이 책은 뒤로 갈수록 높은 사고력을 요하기 때문에 이 책에 나와 있는 단계대로 차근차근 공부해야 학습 효과를 극대화 할 수 있다.

2. 손으로 직접 풀어라.

자신 있는 문제라도 눈으로 풀지 말고 풀이 과정을 노트에 손으로 직접 적어보아야 자기가 알고 있는 개념과 모르고 있는 개념이 무엇인지 알 수 있다. 또한, 검산을 쉽게 할 수 있으며 답이 틀려도 틀린 부분을 쉽게 찾을 수 있어 효율적이다.

3. 풀릴 때까지 풀어라.

대부분의 학생들은 풀이 몇 줄 끄적여보고 문제가 풀리지 않으면 포기하기 일쑤다. 그러나 어려운 문제일수록 포기하지 말고 끝까지 답을 얻어내려고 해야 한다.
충분한 시간 동안 시행착오를 겪으면서 얻게 된 지식은 온전히 내 것이 된다.

4. 여러 가지 방법으로 풀어라.

수학이 다른 과목과 가장 다른 점은 풀이 방법이 여러 가지라는 점이다.
그렇기 때문에 학생에 따라 문제를 푸는 시간도 천차만별이다. 자신에게 가장 잘 맞는 방법을 찾기 위해서는 한 문제를 여러 가지 방법으로 풀어보아야 한다. 그렇게 하면 수학적 사고력도 키울 수 있고, 문제 푸는 시간도 줄일 수 있다.

5. 틀린 문제는 꼭 다시 풀어라.

완벽히 내 것으로 소화할 때까지 틀린 문제와 풀이 방법이 확실하지 않은 문제는 꼭 다시 풀어야 한다. 나만의 '오답노트'를 만들어 자주 틀리는 문제와 잊어버리는 개념, 해결과정 등을 메모하여 같은 실수를 반복하지 않도록 한다.

중학 수학 ❶-1

Ⅰ. 수와 연산

Ⅱ. 정수와 유리수

Ⅲ. 문자와 식

Ⅳ. 좌표평면과 그래프

블랙라벨 중학 수학 ❶-1
별도 판매합니다.

생애를 거는 일

한 남자가 최고의 배우가 되기 위해 밤낮없이 온갖 노력을 다했습니다.

얼마 지나지 않아 그 배우는 신기에 가까운 연기로
사람들의 입에 오르내리기 시작했습니다.
대통령은 그 배우를 국민배우로 발탁하게 되었고,
국가의 홍보영화에 출연시키려고 마음먹었습니다.

그날도 그 배우가 온몸이 땀에 흠뻑 젖을 정도로
연습에 열중하고 있었는데 뜻밖에도 대통령이 나타났습니다.

위엄에 찬 얼굴로 배우에게 다가가 대통령은 인사를 건넸습니다.
"자네는 항상 그렇게 열심히 연습하나?
무엇이 그토록 연기에 열중하게 하는가?"

"저는 연기에 제 생을 걸었으니까요."

뜻밖의 대답에 대통령은 흐뭇한 미소를 지으며 이렇게 이야기했습니다.
"생애를 걸었다고?
그래, 그것이 삶이 우리에게 대가를 주는 비밀이고말고."

I

기본 도형

blacklabel

기본 도형

100점 노트

Ⓐ 입체도형에서 꼭짓점은 모서리와 모서리 또는 면과 모서리의 교점이고, 모서리는 면과 면의 교선이다.

교점

교선

(1) (교점의 개수)=(꼭짓점의 개수)
(2) (교선의 개수)=(모서리의 개수)
▶ STEP 2 | 02번

참고

Ⓑ 일반적으로 점은 알파벳 대문자 A, B, C, …로 나타내고, 직선은 소문자 l, m, n, …으로 나타낸다.

주의

Ⓒ 직선, 반직선, 선분을 기호로 나타낼 때, 다음에 주의한다.
(1) $\overleftrightarrow{AB}=\overleftrightarrow{BA}$
(2) $\overrightarrow{AB}\neq\overrightarrow{BA}$
(3) $\overline{AB}=\overline{BA}$
▶ STEP 1 | 02번, STEP 2 | 04번

100점 공략

Ⓓ **선분 AB의 삼등분점**
선분 AB를 삼등분하는 두 점 M, N
⇨ $\overline{AM}=\overline{MN}=\overline{NB}=\dfrac{1}{3}\overline{AB}$

$\overline{AN}=\overline{MB}=\dfrac{2}{3}\overline{AB}$

A   M   N   B

▶ STEP 1 | 04번, STEP 2 | 11번

점, 선, 면 Ⓐ

(1) 도형의 기본 요소
  ① 도형을 이루는 기본 요소 : 점, 선, 면
  ② 점을 연속하여 움직이면 선이 되고, 선을 연속하여 움직이면 면이 된다.
  ③ 선은 무수히 많은 점으로 이루어져 있고, 면은 무수히 많은 선으로 이루어져 있다. ← 선에는 직선과 곡선이 있고, 면에는 평면과 곡면이 있다.

(2) 도형의 종류
  ① 평면도형 : 삼각형, 원과 같이 한 평면 위에 있는 도형
  ② 입체도형 : 직육면체, 원기둥, 구와 같이 한 평면 위에 있지 않은 도형

(3) 교점과 교선
  ① 교점 : 선과 선 또는 선과 면이 만나서 생기는 점
  ② 교선 : 면과 면이 만나서 생기는 선 ← 평면과 평면의 교선은 직선이다.

직선, 반직선, 선분 Ⓑ Ⓒ

┌ 서로 다른 두 점은 하나의 직선을 결정한다.

(1) 직선이 정해질 조건
  한 점을 지나는 직선은 무수히 많지만 서로 다른 두 점을 지나는 직선은 오직 하나뿐이다.

(2) 직선, 반직선, 선분
  ① 서로 다른 두 점 A, B를 지나는 직선을 직선 AB라 하고 $\overleftrightarrow{AB}$로 나타낸다.
  ② 직선 AB 위의 점 A에서 시작하여 점 B의 방향으로 한없이 뻗은 부분을 반직선 AB라 하고 $\overrightarrow{AB}$로 나타낸다.
  ③ 직선 AB 위의 점 A에서 점 B까지의 부분을 선분 AB라 하고 $\overline{AB}$로 나타낸다.

직선 AB($\overleftrightarrow{AB}$)   반직선 AB($\overrightarrow{AB}$)   선분 AB($\overline{AB}$)

두 점 사이의 거리, 선분의 중점 Ⓓ

┌ $\overline{AB}$는 선분을 나타내기도 하고, 선분의 길이를 나타내기도 한다.

(1) 두 점 A, B 사이의 거리 : 서로 다른 두 점 A, B를 잇는 선 중에서 길이가 가장 짧은 선인 선분 $\overline{AB}$의 길이

두 점 A, B 사이의 거리

(2) 선분 AB의 중점 : 선분 AB 위의 점 M에 대하여 $\overline{AM}=\overline{BM}$을 만족시키는 점 M
  ┌ 선분 AM과 선분 BM의 길이가 같을 때, $\overline{AM}=\overline{BM}$으로 나타낸다.
  ⇨ $\overline{AM}=\overline{MB}=\dfrac{1}{2}\overline{AB}$

선분 AB의 중점

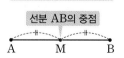

각

(1) 각 AOB : 두 반직선 OA, OB로 이루어진 도형을 각 AOB라 하고 ∠AOB, ∠BOA, ∠O, ∠a로 나타낸다.

└ ∠AOB는 각을 나타내기도 하고, 각의 크기를 나타내기도 한다.
└ 각의 꼭짓점을 가운데 쓴다.

(2) ∠AOB의 크기 : ∠AOB에서 꼭짓점 O를 중심으로 변 OB가 변 OA까지 회전한 양

(3) 각의 크기에 따른 분류

① 평각 : 각의 두 변이 꼭짓점을 중심으로 서로 반대쪽에 있으면서 한 직선을 이루는 각, 즉 크기가 180°인 각

② 직각 : 평각의 크기의 $\frac{1}{2}$인 각, 즉 크기가 90°인 각

③ 예각 : 크기가 0°보다 크고 90°보다 작은 각

④ 둔각 : 크기가 90°보다 크고 180°보다 작은 각

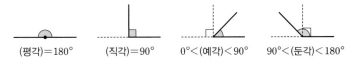

(평각)=180° (직각)=90° 0°<(예각)<90° 90°<(둔각)<180°

맞꼭지각

(1) 교각 : 서로 다른 두 직선이 한 점에서 만날 때 생기는 네 개의 각 ⇨ ∠a, ∠b, ∠c, ∠d

(2) 맞꼭지각 : 교각 중에서 서로 마주 보는 두 각
⇨ ∠a와 ∠c, ∠b와 ∠d

(3) 맞꼭지각의 성질 : 맞꼭지각의 크기는 서로 같다.
⇨ ∠a=∠c, ∠b=∠d

수직과 수선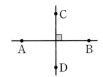

(1) 수직과 수선

① 직교 : 두 직선 AB, CD의 교각이 직각일 때, 이 두 직선은 서로 직교한다고 하고 $\overleftrightarrow{AB} \perp \overleftrightarrow{CD}$로 나타낸다.

② 수직과 수선 : 두 직선이 직교할 때 두 직선은 서로 수직이라 하고, 한 직선을 다른 직선의 수선이라 한다.

③ 수직이등분선 : 선분 AB의 중점 M을 지나고 선분 AB에 수직인 직선 l을 선분 AB의 수직이등분선이라 한다. ⇨ $\overline{AM}=\overline{BM}$, $l \perp \overline{AB}$

(2) 점과 직선 사이의 거리

① 수선의 발 : 직선 l 위에 있지 않은 한 점 P에서 직선 l에 그은 수선과 직선 l의 교점 H를 점 P에서 직선 l에 내린 수선의 발이라 한다.

② 점과 직선 사이의 거리 : 직선 l 위에 있지 않은 한 점 P와 이 점에서 직선 l에 내린 수선의 발 H 사이의 거리를 점 P와 직선 l 사이의 거리라 한다.

└ 선분 PH의 길이와 같다.

100점 노트

참고

E

위의 그림에서 ∠AOB의 크기는 160° 또는 200°로 생각할 수 있지만 일반적으로 ∠AOB는 크기가 작은 쪽의 각을 나타낸다.

F (1) 직각을 표시할 때, 기호 ㄱ을 사용하여 나타낸다.

(2) 각의 크기를 구할 때, 평각의 크기가 180°임을 이용한다.

▶ STEP 1 | 05번, STEP 2 | 15번

G 맞꼭지각의 성질의 설명

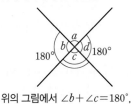

위의 그림에서 ∠b+∠c=180°, ∠c+∠d=180°이므로
∠b+∠c=∠c+∠d
∴ ∠b=∠d
같은 방법으로 ∠a=∠c

H 직교

선분과 반직선의 경우도 교각이 직각일 때, '직교한다.'라 하고, $\overline{AB} \perp \overline{CD}$, $\overrightarrow{AB} \perp \overline{CD}$ 등과 같이 나타낸다.

Step 1 | 시험에 꼭 나오는 문제

01 점, 선, 면

다음 • 보기 •에서 옳은 것을 모두 고른 것은?

┌─ • 보기 • ─────────────────────────┐
│ ㄱ. 직육면체에서 교선의 개수는 면의 개수의 2배이다. │
│ ㄴ. 삼각뿔에서 교점의 개수는 꼭짓점의 개수와 같다. │
│ ㄷ. 면과 면이 만나서 곡선이 생길 수 없다. │
└────────────────────────────────────┘

① ㄱ   ② ㄴ   ③ ㄱ, ㄴ

④ ㄴ, ㄷ   ⑤ ㄱ, ㄴ, ㄷ

02 직선, 반직선, 선분

오른쪽 그림과 같이 네 점 A, B, C, D가 한 직선 위에 있다. 다음 중 옳지 않은 것을 모두 고르면? (정답 2개)

① $\overline{AB}=\overline{BA}$ ② $\overrightarrow{AC}=\overrightarrow{AD}$

③ $\overrightarrow{CD}=\overrightarrow{DC}$ ④ $\overrightarrow{AB}=\overleftrightarrow{CD}$

⑤ $\overrightarrow{BC}$는 $\overrightarrow{DA}$에 포함된다.

03 직선, 반직선, 선분의 개수

오른쪽 그림과 같이 어느 세 점도 한 직선 위에 있지 않은 네 점 A, B, C, D가 있다. 이 중에서 두 점을 이어 만들 수 있는 서로 다른 직선, 반직선, 선분의 개수를 각각 a, b, c라 할 때, $a+2b-3c$의 값을 구하시오.

A•   •D

        •C

B•

04 두 점 사이의 거리

다음 그림에서 두 점 M, N은 선분 AB의 삼등분점이고, $\overline{AN}=10$일 때, 선분 AB의 길이를 구하시오.

05 각의 크기 – 평각

오른쪽 그림과 같이 직선 AB 위의 점 O에 대하여 $2\angle AOC=3\angle COD$, $2\angle EOB=3\angle DOE$일 때, $\angle COE$의 크기는?

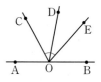

① $72°$ ② $73°$ ③ $74°$

④ $75°$ ⑤ $76°$

06 각의 크기 – 직각

오른쪽 그림에서 $\angle AOC=90°$, $\angle BOD=90°$, $\angle AOB+\angle COD=48°$일 때, $\angle BOC$의 크기는?

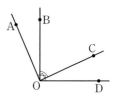

① $60°$ ② $62°$

③ $64°$ ④ $66°$

⑤ $68°$

07 맞꼭지각

다음 그림과 같이 세 직선이 한 점 O에서 만나고 $\angle AOB=90°$일 때, $x-y$의 값을 구하시오.

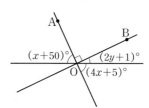

08 수직과 수선

다음 중 오른쪽 그림의 삼각형 ABC에 대한 설명으로 옳지 않은 것은?

① $\overline{AD}$와 $\overline{BC}$는 서로 직교한다.
② 점 D는 $\overline{BC}$의 중점이다.
③ $\overleftrightarrow{AD}$는 $\overline{BC}$의 수직이등분선이다.
④ 점 A에서 $\overline{BC}$에 내린 수선의 발은 점 D이다.
⑤ 점 A와 $\overline{BC}$ 사이의 거리는 $\overline{AB}$의 길이와 같다.

유형❶ 도형의 이해

01 대표문제

다음 설명 중 옳지 않은 것을 모두 고르면? (정답 2개)

① 사각형, 원, 구는 모두 평면도형이다.
② 선이 움직인 자리는 점이 된다.
③ 두 점을 지나는 직선은 오직 하나뿐이다.
④ 한 점을 지나는 직선은 무수히 많다.
⑤ 두 점을 잇는 선 중에서 길이가 가장 짧은 것은 두 점을 잇는 선분이다.

02

오각기둥의 교점, 교선의 개수를 각각 a, b라 하고 원기둥의 교점, 교선의 개수를 각각 x, y라 할 때, $a+b+x+y$의 값은?

① 25　　　② 26　　　③ 27
④ 28　　　⑤ 29

유형❷ 직선, 반직선, 선분

03 대표문제

오른쪽 그림과 같이 직선 l 위에 있는 세 점 A, B, C와 직선 l 위에 있지 않은 한 점 P가 있다. 이 중에서 두 점을 이어 만들 수 있는 서로 다른 직선의 개수를 a, 서로 다른 반직선의 개수를 b라 할 때, $a+2b$의 값을 구하시오.

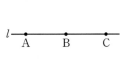

04

오른쪽 그림과 같이 곡선과 직선으로 둘러싸인 도형 위에 6개의 점 A, B, C, D, E, F가 있다. 이 중에서 두 점을 이어 만들 수 있는 서로 다른 반직선의 개수를 구하시오.

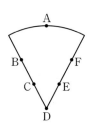

05

서로 다른 5개의 점 중에서 두 점을 이어 만들 수 있는 서로 다른 직선의 최대 개수를 M, 최소 개수를 m이라 할 때, $M-m$의 값은?

① 6　　　② 7　　　③ 8
④ 9　　　⑤ 10

06

오른쪽 그림과 같이 5개의 직선 위에 각각 3개의 점이 있을 때, 이 중에서 두 점을 이어 만들 수 있는 선분의 개수와 서로 다른 직선의 개수의 차를 구하시오. (단, 서로 다른 직선 위에 있는 점은 어느 세 점도 한 직선 위에 있지 않다.)

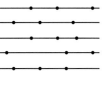

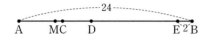

유형❸ 두 점 사이의 거리

07 대표문제

다음 그림에서 $\overline{AB}=24$이고, 점 M은 선분 AD의 중점이다. $4\overline{AC}=\overline{AB}$, $4\overline{CD}=\overline{CE}$, $\overline{BE}=2$일 때, 선분 MC의 길이를 구하시오.

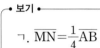

08

오른쪽 그림에서 선분 AB의 중점을 M, 선분 MB의 중점을 N이라 할 때, •보기•에서 옳은 것을 모두 고른 것은?

┌─ •보기• ─────────────────────┐
│ ㄱ. $\overline{MN}=\dfrac{1}{4}\overline{AB}$ ㄴ. $\overline{NB}=2\overline{MB}$ │
│   │
│ ㄷ. $\overline{AB}=3\overline{NB}$ ㄹ. $\overline{AB}=\dfrac{4}{3}\overline{AN}$ │
└──────────────────────────────┘

① ㄱ, ㄷ ② ㄱ, ㄹ ③ ㄴ, ㄷ
④ ㄴ, ㄹ ⑤ ㄷ, ㄹ

09

다음 그림에서 $\overline{AP}:\overline{PB}=1:3$, $\overline{AQ}:\overline{QB}=5:2$이고 $\overline{PQ}=13$일 때, 선분 AB의 길이는?

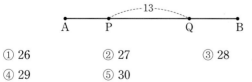

① 26 ② 27 ③ 28
④ 29 ⑤ 30

10

운동장 위에 가람, 수진, 유선, 병진, 희정 다섯 사람이 이 순서대로 한 직선 위에 있고 다음 조건을 모두 만족시킬 때, 병진과 희정 사이의 거리를 구하시오.

┌──────────────────────────────────────┐
│ ㈎ 가람과 희정 사이의 거리는 36 m이다.   │
│ ㈏ 가람과 유선 사이의 거리와 유선과 희정 사이의 거리 │
│   는 같다.   │
│ ㈐ 가람과 수진 사이의 거리는 수진과 유선 사이의 거리 │
│   의 $\dfrac{1}{3}$이다.   │
│ ㈑ 가람과 수진 사이의 거리와 유선과 병진 사이의 거리 │
│   의 합은 7.5 m이다.   │
└──────────────────────────────────────┘

11

길이가 81인 선분 AB가 있다. 선분 AB를 삼등분한 점 중에서 점 A에 가까운 점을 A_1, 점 B에 가까운 점을 B_1이라 하고, 선분 A_1B_1을 삼등분한 점 중에서 점 A_1에 가까운 점을 A_2, 점 B_1에 가까운 점을 B_2라 하자. 이와 같은 과정을 반복할 때, 선분 A_4B의 길이는?

① 39 ② 40 ③ 41
④ 42 ⑤ 43

12

다음 그림에서 두 점 M, N은 각각 두 선분 AC, BC의 중점이고, 점 P는 선분 MN의 중점이다. 두 상수 x, y에 대하여 $\overline{PC}=x\overline{AB}+y\overline{BC}$일 때, x, y의 값을 각각 구하시오. (단, $\overline{AC}>\overline{BC}$)

13

수직선 위에 서로 다른 두 점 A, B가 있다. 선분 AB를 5등분한 점 중에서 점 A에 가장 가까운 점을 P라 하고, 선분 PB를 3등분한 점 중에서 점 B에 가까운 점을 Q라 하자. 점 A의 좌표가 a, 점 B의 좌표가 b일 때, 점 Q의 좌표를 a와 b를 사용한 식으로 나타내면? (단, $a<b$)

① $\dfrac{4a+11b}{15}$ ② $\dfrac{11a+4b}{15}$ ③ $\dfrac{2a+13b}{15}$

④ $\dfrac{13a+2b}{15}$ ⑤ $\dfrac{7a+8b}{15}$

14 도전문제

좌표평면의 x축 위에 x좌표가 작은 순서대로 네 점 A, B, C, D가 있고, y축 위에 점 P가 있다. 원점 O는 선분 AC의 중점이고, 두 삼각형 PAB와 PBC의 넓이의 비가 1 : 5, 두 삼각형 PBD와 PCD의 넓이의 비가 4 : 3일 때, $\overline{OB} : \overline{OD}$를 가장 간단한 자연수의 비로 나타내시오.

유형❹ 각

15 대표문제

다음 그림과 같이 직선 AE 위의 점 O에 대하여 $\angle AOB : \angle BOE = 4 : 5$, $\angle AOB = 2\angle BOC$, $\angle COE = 3\angle DOE$일 때, $\angle BOD$의 크기는?

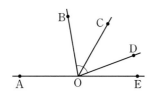

① 72° ② 74° ③ 76°

④ 78° ⑤ 80°

16

오른쪽 그림은 직사각형 모양의 종이 ABCD를 선분 DE를 접는 선으로 하여 접은 것이다. $\angle BEC' : \angle DEC' = 2 : 3$일 때, $\angle DEC$의 크기를 구하시오.

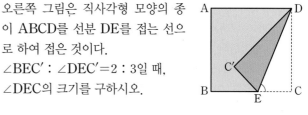

17

오른쪽 그림과 같이 두 직선 BD, CE와 반직선 OA가 한 점 O에서 만난다. $\angle AOB = 110°$, $20° \le \angle BOC \le 60°$일 때, $\angle AOE$의 크기가 가장 클 때와 가장 작을 때의 차를 구하시오.

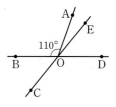

18

다음 그림은 직사각형 ABCD를 두 선분 AP와 PQ를 각각 접는 선으로 하여 접은 것이다. $\angle B'PC' = 40°$일 때, $x+y$의 값은?

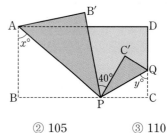

① 100 ② 105 ③ 110

④ 115 ⑤ 120

19

다음 그림과 같은 원 O에서 ∠POQ=90°이고, 두 반직선 OA, OB는 각각 일정한 속도로 점 O를 중심으로 시계 방향으로 회전한다. 원 O를 1회전하는 데 $\overrightarrow{OA}$는 40분, $\overrightarrow{OB}$는 90분이 걸린다. 두 반직선이 현재의 위치에서 동시에 출발하여 처음으로 ∠AOB=180°가 될 때까지 몇 분이 걸리는가?

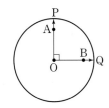

① 51분   ② 52분   ③ 53분
④ 54분   ⑤ 55분

20

다음 그림에서 세 점 A, O, E는 한 직선 위에 있고 $\dfrac{∠b}{∠a}=\dfrac{∠c}{∠b}=\dfrac{∠d}{∠c}=\dfrac{2}{3}$일 때, ∠a−∠b−∠c+∠d의 값을 구하시오.

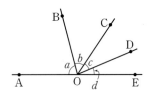

21

앗! 실수

어떤 수학자는 1부터 15까지의 눈금이 있는 시계를 사용한다. 이 수학자의 시계의 시침과 분침이 시계를 한 바퀴 도는 데 걸리는 시간은 각각 15시간, 60분이다. 이 시계의 시침과 분침이 오른쪽 그림과 같이 놓여 있

었을 때부터 7시간 40분이 지났을 때, 시침과 분침이 이루는 각 중에서 작은 쪽의 각의 크기를 구하시오.

22

서술형

다음 그림의 네 반직선 OA_1, OA_2, OA_3, OA_4 중에서 두 반직선을 변으로 하고 점 O를 꼭짓점으로 하는 모든 각에 대하여 작은 쪽의 각의 크기의 합이 450°이고 ∠c=2∠a, 2∠b=3∠a일 때, $∠A_1OA_4$의 크기를 구하시오.

(단, $0°<∠A_1OA_4<180°$)

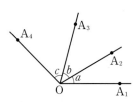

유형❺ 맞꼭지각

23 대표문제

다음 그림과 같이 세 직선 AB, CD, EF와 반직선 OG가 한 점 O에서 만나고, ∠COB=90°, ∠GOE=90°일 때, x의 값은?

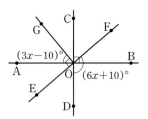

① 18   ② 20   ③ 22
④ 24   ⑤ 26

24

오른쪽 그림에서 ∠x+∠y의 값은?

① 210°   ② 240°
③ 270°   ④ 300°
⑤ 330°

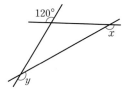

25

다음 그림과 같이 세 직선 AD, BE, CF가 한 점 O에서 만나고, $6\angle a=4\angle b=3\angle c$일 때, $\angle AOC$의 크기는?

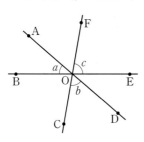

① 115° ② 120° ③ 125°
④ 130° ⑤ 135°

26

한 평면 위의 서로 다른 n개의 직선이 한 점에서 만날 때 생기는 맞꼭지각이 모두 110쌍이다. 이때, 자연수 n의 값을 구하시오.

27

〔서술형〕

다음 그림과 같이 네 직선 AE, BF, CG, DH가 한 점 O 에서 만나고 $\overleftrightarrow{AE} \perp \overleftrightarrow{DH}$, $\angle FOG=3\angle AOB$, $\angle DOE=3\angle COD$일 때, $\angle HOF$의 크기를 구하시오.

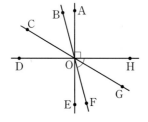

유형❻ 수직과 수선

28 대표문제

오른쪽 그림에서 $\overline{DE}=9$, $\overline{EB}=4$, $\overline{BC}=12$이고, 두 삼각형 ABC와 DEC의 넓이가 같다. 이때, •보기• 에서 옳은 것을 모두 고른 것은?

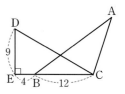

• 보기 •

ㄱ. $\overleftrightarrow{DE}$는 $\overleftrightarrow{BC}$의 수선이다.
ㄴ. 점 C에서 $\overleftrightarrow{DE}$에 내린 수선의 발은 점 B이다.
ㄷ. 점 A와 $\overleftrightarrow{EC}$ 사이의 거리는 13이다.

① ㄱ ② ㄴ ③ ㄱ, ㄴ
④ ㄱ, ㄷ ⑤ ㄱ, ㄴ, ㄷ

29

오른쪽 그림에서 직선 l은 선분 AB의 수직이등분선이다. $\overline{AD}=15$, $\overline{BE}=13$, $\overline{CE}=5$, $\overline{DE}=4$이고, 두 삼각형 ACD, BCE의 넓이의 합이 84일 때, 점 A와 직선 l 사이의 거리를 구하시오.

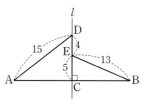

30

좌표평면 위에 두 점 P(-2, 5), Q(4, -4)가 있다. 점 P 에서 x축과 y축에 내린 수선의 발을 각각 A, B라 하고, 점 Q에서 x축과 y축에 내린 수선의 발을 각각 C, D라 할 때, 육각형 PADQCB의 넓이는?

① 40 ② $\dfrac{81}{2}$ ③ 41
④ $\dfrac{83}{2}$ ⑤ 42

01

다음 그림의 직각삼각형 ABC에서 꼭짓점 A와 변 BC 사이의 거리를 구하시오.

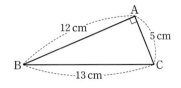

02

수직선 위에 있는 10개의 점 A_1, A_2, A_3, $\cdots$, A_{10}의 좌표는 각각 1, 2, 3, $\cdots$, 10이다. 이 10개의 점 중에서 두 점을 이어 선분을 만들 때, 길이가 소수인 선분의 개수를 구하시오.

03

다음 그림과 같은 도형이 있다.

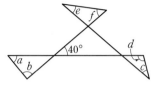

$\angle c + \angle d + \angle e + \angle f - \angle a - \angle b$의 값을 구하시오.

04

다음 그림과 같이 직선을 시계 방향으로 회전시키는 데 첫 번째에 $x°$만큼 회전시켰다면 두 번째에는 $2x°$만큼, 세 번째에는 $3x°$만큼 회전시킨다고 한다. 이때, 다음 물음에 답하시오.

(1) 같은 방법으로 직선을 8번 회전시켰더니 처음으로 원래 직선과 겹쳐졌다. 첫 번째에 회전시킨 각의 크기를 $x°$라 할 때, 가장 작은 x의 값을 구하시오.

(2) 같은 방법으로 직선을 3번 회전시켰더니 원래 직선과 수직이 되었다. 첫 번째에 회전시킨 각의 크기를 $x°$라 할 때, x의 값을 구하시오. (단, $60° \leq x° < 90°$)

05

다음 그림과 같이 수직선 위에 5개의 점 A, P, M, Q, B가 있다. 점 M은 선분 AB의 중점이고, $\overline{AP}=\dfrac{1}{3}\overline{AM}$, $\overline{QB}=\dfrac{1}{5}\overline{AB}$이다. 점 A의 좌표가 a, 점 B의 좌표가 b일 때, 선분 PQ의 중점의 좌표를 a와 b를 사용하여 나타내면 $ma+nb$이다. 이때, $60(m-n)$의 값을 구하시오.

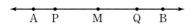

06

다음 규칙에 따라 좌표평면 위에 선분 n개를 그리려고 한다. (단, n은 자연수이다.)

[규칙 1] 두 점 $(1, 0)$, $(0, n)$을 이은 선분을 그린다.
[규칙 2] 두 점 $(2, 0)$, $(0, n-1)$을 이은 선분을 그린다.
[규칙 3] 두 점 $(3, 0)$, $(0, n-2)$를 이은 선분을 그린다.
$\vdots$
[규칙 n] 두 점 $(n, 0)$, $(0, 1)$을 이은 선분을 그린다.

예를 들어, $n=10$일 때에는 다음 그림과 같다.

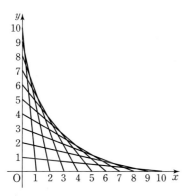

주어진 규칙에 따라 짝수 n에 대하여 선분 n개를 그리면 교점의 개수가 120일 때, n의 값을 구하시오.

07

다음 그림과 같이 반원의 지름을 n등분한 점을 차례로 A_0, A_1, A_2, A_3, $\cdots$, A_n이라 하자. 반원 위의 점 B, C, A_0, A_1, A_2, A_3, $\cdots$, A_n 중에서 두 점을 이어 만들 수 있는 서로 다른 직선의 개수를 a, 서로 다른 반직선의 개수를 b라 할 때, $b-a$를 n을 사용하여 나타내시오.

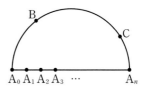

08

4시와 5시 사이에 시계의 시침과 분침이 이루는 각 중에서 작은 쪽의 각의 크기가 90° 이하인 것은 몇 분 동안인지 구하시오.

위치 관계

100점 노트

ⓐ 두 선분의 연장선이 평행할 때, 두 선분이 평행하다고 한다.

ⓑ 두 점을 지나는 평면은 무수히 많다. 또한, 두 점은 한 직선을 결정하므로 한 직선을 지나는 평면도 무수히 많다.

ⓒ 평면이 하나로 정해질 조건
(1) 한 직선 위에 있지 않은 세 점이 주어질 때
(2) 한 직선과 그 직선 밖의 한 점이 주어질 때
(3) 한 점에서 만나는 두 직선이 주어질 때
(4) 평행한 두 직선이 주어질 때

▶ STEP 2 | 07번

100점 공략

ⓓ 입체도형에서 꼬인 위치에 있는 모서리를 찾는 방법
(1) 평행한 모서리를 제외한다.
(2) 한 점에서 만나는 모서리를 제외한다.
(3) 한 평면 위에 있는 모서리를 제외한다.

▶ STEP 1 | 02번, STEP 2 | 09번

ⓔ 한 평면 위에서 직선 밖의 한 점을 지나면서 이 직선에 평행한 직선은 하나뿐이지만 평면 밖의 한 점을 지나면서 이 평면에 평행한 직선은 무수히 많다.

ⓕ 직선 l과 평면 P가 수직인지 알아보기 위해서는 직선 l과 평면 P의 교점 H를 지나는 평면 P 위의 두 직선이 직선 l과 수직인지 알아보면 된다.

▶ STEP 2 | 08번

ⓖ 점과 평면 사이의 거리
평면 P 위에 있지 않은 점 A와 점 A에서 평면 P에 내린 수선의 발 H 사이의 거리를 점 A와 평면 P 사이의 거리라 한다.

▶ STEP 2 | 04번

점과 직선의 위치 관계

(1) 점 P는 직선 l 위에 있다. ← 직선 l이 점 P를 지난다.
(2) 점 Q는 직선 l 위에 있지 않다. ← 직선 l이 점 Q를 지나지 않는다.

평면에서 두 직선의 위치 관계 ⓐ ⓑ ⓒ

(1) 두 직선의 평행 : 한 평면 위에 있는 두 직선 l, m이 만나지 않을 때, 두 직선 l, m이 평행하다고 하고, $l /\!/ m$으로 나타낸다.
(2) 한 평면 위에 있는 두 직선 l, m의 위치 관계는 다음과 같다.

    ① 한 점에서 만난다.   ② 일치한다.   ③ 평행하다.

공간에서 두 직선의 위치 관계 ⓓ

(1) 꼬인 위치 : 공간에서 두 직선이 만나지도 않고 평행하지도 않을 때, 두 직선은 꼬인 위치에 있다고 한다.
(2) 공간에서 두 직선 l, m의 위치 관계는 다음과 같다.

    ① 한 점에서 만난다.   ② 일치한다.   ③ 평행하다.   ④ 꼬인 위치에 있다.

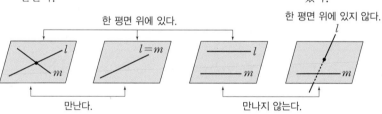

공간에서 직선과 평면의 위치 관계 ⓔ ⓕ ⓖ

(1) 직선과 평면의 평행 : 공간에서 직선 l과 평면 P가 만나지 않을 때, 직선 l과 평면 P가 평행하다고 하고, $l /\!/ P$로 나타낸다.
(2) 공간에서 직선 l과 평면 P의 위치 관계는 다음과 같다.

    ① 한 점에서 만난다.   ② 직선이 평면에 포함된다.   ③ 평행하다.

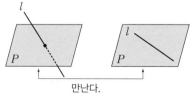

(3) 직선과 평면의 수직 : 직선 l이 평면 P와 점 H에서 만나고 직선 l이 점 H를 지나는 평면 P 위의 모든 직선과 수직일 때, 직선 l과 평면 P는 서로 수직이다 또는 직교한다고 하고, $l \perp P$로 나타낸다. 이때, 직선 l을 평면 P의 수선, 점 H를 수선의 발이라 한다.

공간에서 두 평면의 위치 관계 ⒣ ⒤ ⒥

(1) 두 평면의 평행 : 공간에서 두 평면 P, Q가 만나지 않을 때, 두 평면 P, Q 가 평행하다고 하고, $P /\!/ Q$로 나타낸다.

(2) 공간에서 두 평면 P, Q의 위치 관계는 다음과 같다.

① 한 직선에서 만난다.　② 일치한다.　③ 평행하다.

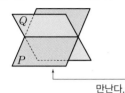　　

만난다.　　　　　　　　　　　　만나지 않는다.

(3) 두 평면의 수직 : 평면 P가 평면 Q에 수직인 직선 l을 포함할 때, 평면 P와 평면 Q는 서로 수직이다 또는 직교한다고 하고, $P \perp Q$로 나타낸다.

동위각과 엇각 ⓚ

한 평면 위의 서로 다른 두 직선이 한 직선과 만나서 생기는 각 중에서

(1) 동위각 : 서로 같은 위치에 있는 두 각

⇨ $\angle a$와 $\angle e$, $\angle b$와 $\angle f$, $\angle c$와 $\angle g$, $\angle d$와 $\angle h$의 4쌍

(2) 엇각 : 서로 엇갈린 위치에 있는 두 각

⇨ $\angle c$와 $\angle e$, $\angle d$와 $\angle f$의 2쌍

평행선의 성질 ⓛ

평행한 두 직선이 한 직선과 만날 때

(1) 동위각의 크기는 같다.　　(2) 엇각의 크기는 같다.

즉, $l /\!/ m$이면 $\angle a = \angle h$　　즉, $l /\!/ m$이면 $\angle b = \angle h$

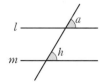　　　　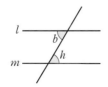

두 직선이 평행할 조건 ⓜ

서로 다른 두 직선 l, m이 다른 한 직선과 만날 때

(1) 동위각의 크기가 같으면 두 직선 l, m은 평행하다.

(2) 엇각의 크기가 같으면 두 직선 l, m은 평행하다.

100점 노트

ⓗ 공간에서 서로 다른 두 평면이 만나서 생기는 교선은 직선이고, 두 평면이 만나지 않을 때 이 두 평면은 평행하다.

ⓘ **두 평면 사이의 거리**

평행한 두 평면 P, Q 에 대하여 평면 P 위의 점 A와 점 A에서 평면 Q에 내린 수선의 발 H 사이의 거리를 두 평면 P, Q 사이의 거리라 한다.

100점 공략

ⓙ 공간에서 직선과 평면의 위치 관계에 대한 문제는 직육면체를 그려서 모서리는 직선으로, 면은 평면으로 생각하여 해결할 수 있다.

⇨ $l /\!/ m$,　　⇨ $P /\!/ Q$,
$l /\!/ n$, $m /\!/ n$　　$P \perp R$, $Q \perp R$

▶ STEP 1 | 04번, STEP 2 | 06번

ⓚ 서로 다른 두 직선이 한 직선과 만나면 8개의 교각이 생긴다. 이 중에서 동위각은 4쌍, 엇각은 2쌍이다.

주의

ⓛ 맞꼭지각의 크기는 항상 같지만 동위각과 엇각의 크기는 두 직선이 평행할 때에만 같다.

ⓜ **평행선의 성질과 평행할 조건**

다음 그림에서

(1) $l /\!/ m$이면 $\angle a + \angle b = 180°$

(2) $\angle a + \angle b = 180°$이면 $l /\!/ m$

▶ STEP 1 | 07번, STEP 2 | 18번, 21번

blacklabel Step ① 시험에 꼭 나오는 문제

01 평면에서 두 직선의 위치 관계

한 평면 위에 있는 서로 다른 세 직선 l, m, n에 대하여 • 보기 •에서 옳은 것을 모두 고르시오.

• 보기 •

ㄱ. $l \, / \! / \, m$, $m \, / \! / \, n$이면 $l \, / \! / \, n$이다.
ㄴ. $l \, / \! / \, m$, $l \perp n$이면 $m \, / \! / \, n$이다.
ㄷ. $l \perp m$, $m \perp n$이면 $l \perp n$이다.

---

02 공간에서 두 직선의 위치 관계

오른쪽 그림과 같은 정오각기둥에서 각 모서리를 연장한 직선을 그을 때, 직선 AB와 평행한 직선의 개수를 a, 직선 BG와 꼬인 위치에 있는 직선의 개수를 b, 직선 CD와 수직으로 만나는 직선의 개수를 c라 하자. 이때, $a+b+c$의 값을 구하시오.

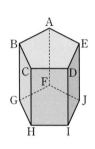

03 공간에서 직선과 평면의 위치 관계

오른쪽 그림은 직육면체를 평면 BFGC에 수직인 평면으로 잘라 만든 입체도형이다. 모서리 IJ와 평행한 면이 <u>아닌</u> 것을 모두 고르면? (정답 2개)

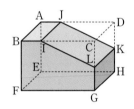

① 면 ABFE
② 면 ABIJ
③ 면 EFGH
④ 면 GHKL
⑤ 면 AEHKJ

04 공간에서 두 평면의 위치 관계

서로 다른 세 평면 P, Q, R와 직선 l에 대하여 다음 중 옳은 것을 모두 고르면? (정답 2개)

① $P \, / \! / \, R$, $Q \, / \! / \, R$이면 $P \, / \! / \, Q$이다.
② $l \, / \! / \, P$, $l \, / \! / \, Q$이면 $P \, / \! / \, Q$이다.
③ $l \, / \! / \, P$, $P \, / \! / \, Q$이면 $l \, / \! / \, Q$이다.
④ $l \perp P$, $P \, / \! / \, Q$이면 $l \perp Q$이다.
⑤ $P \perp Q$, $P \perp R$이면 $Q \, / \! / \, R$이다.

05 동위각과 엇각

세 직선이 오른쪽 그림과 같이 만날 때, 다음 중 옳은 것은?

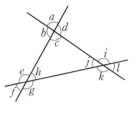

① $\angle a$의 엇각은 $\angle e$와 $\angle i$이다.
② $\angle b$의 엇각은 $\angle f$와 $\angle j$이다.
③ $\angle c$의 동위각은 $\angle e$와 $\angle i$이다.
④ $\angle d$의 동위각은 $\angle g$와 $\angle l$이다.
⑤ $\angle h$의 동위각은 $\angle d$와 $\angle i$이다.

06 평행선의 성질

다음 그림에서 $l \, / \! / \, m$일 때, $\angle x - \angle y$의 값을 구하시오.

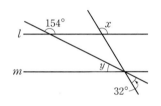

07 평행선의 성질의 활용 – 보조선 긋기

오른쪽 그림에서 $l \, / \! / \, m$일 때, $x+y$의 값은?

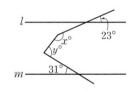

① 218
② 222
③ 226
④ 230
⑤ 234

08 평행선의 성질의 활용 – 종이 접기

오른쪽 그림은 직사각형 모양의 종이 ABCD를 선분 BE를 접는 선으로 하여 접은 것이다. 이때, $\angle$FBC$+\angle$DEF의 값을 구하시오.

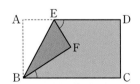

Step 2 A등급을 위한 문제

유형❶ 평면에서의 위치 관계

01 대표문제

오른쪽 그림과 같은 정육각형에서 위치 관계가 나머지 넷과 다른 하나는?

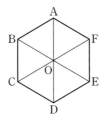

① $\overleftrightarrow{AD}$와 $\overleftrightarrow{BC}$
② $\overleftrightarrow{AF}$와 $\overleftrightarrow{DE}$
③ $\overleftrightarrow{AO}$와 $\overleftrightarrow{CD}$
④ $\overleftrightarrow{BE}$와 $\overleftrightarrow{CF}$
⑤ $\overleftrightarrow{BC}$와 $\overleftrightarrow{FO}$

02

한 평면 위에 서로 다른 5개의 직선을 그릴 때 생기는 교점의 최대 개수를 M, 최소 개수를 m이라 할 때, $M+m$의 값을 구하시오.

유형❷ 공간에서의 위치 관계

03 대표문제

오른쪽 그림과 같은 직육면체에 대하여 다음 개수를 각각 a, b, c, d라 할 때, $a+b-c-d$의 값을 구하시오.

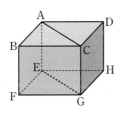

> a : $\overline{AB}$와 수직으로 만나는 모서리의 개수
> b : $\overline{AC}$와 꼬인 위치에 있는 모서리의 개수
> c : 평면 AEGC와 평행한 모서리의 개수
> d : 평면 BFGC와 수직인 면의 개수

04

오른쪽 그림과 같이 서로 다른 세 직선 l, m, n은 평면 P 위의 한 점 H에서 만난다. $l \perp P$이고, 직선 l 위의 점 A와 평면 P 사이의 거리가 6일 때, •보기•에서 옳은 것을 모두 고르시오.

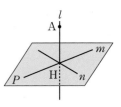

> ┌ 보기 ┐
> ㄱ. $l \perp n$
> ㄴ. $\overline{AH} \perp n$
> ㄷ. $m \perp n$
> ㄹ. $\overline{AH} = 6$

05

오른쪽 그림과 같은 직육면체에 대하여 대각선 AG, 모서리 EH와 동시에 꼬인 위치에 있는 모서리의 개수를 구하시오.

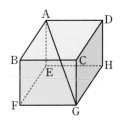

06

평면 P와 서로 다른 두 직선 l, m에 대하여 다음 중 옳은 것을 모두 고르면? (정답 2개)

① $l \perp P$, $m \perp P$이면 $l /\!/ m$
② $l /\!/ P$, $m /\!/ P$이면 $l /\!/ m$
③ $l \perp P$, $l /\!/ m$이면 $m \perp P$
④ $l /\!/ P$, $l \perp m$이면 $m \perp P$
⑤ $l /\!/ P$, $l /\!/ m$이면 $m /\!/ P$

07

오른쪽 그림과 같이 세 점 A, B, C는 평면 P 위에 있고, 세 점 D, E, F는 평면 Q 위에 있다. 이 6개의 점 중에서 세 점으로 정해지는 서로 다른 평면의 개수를 구하시오. (단, 6개의 점 중 어느 세 점도 한 직선 위에 있지 않고, 어느 네 점도 한 평면 위에 있지 않다.)

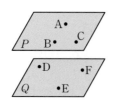

08

오른쪽 그림과 같이 크기가 같은 정삼각형 8개로 이루어진 입체도형에서 모서리 AB와 꼬인 위치에 있는 모서리의 개수는?

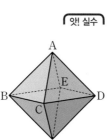

① 1
② 2
③ 3
④ 4
⑤ 5

09

오른쪽 그림과 같은 정육면체에서 $\overline{AC}$와 $\overline{BD}$의 교점을 M, $\overline{EG}$와 $\overline{FH}$의 교점을 N이라 할 때, 직선 AC와 평면 BDHF가 수직임을 설명하는 데 필요한 조건을 모두 고르면?

(정답 2개)

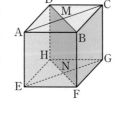

① $\overline{AC} \perp \overline{BD}$
② $\overline{BF} \perp \overline{BD}$
③ $\overline{AC} \perp \overline{AE}$
④ $\overline{AC} \perp \overline{MN}$
⑤ $\overline{EG} \perp \overline{HF}$

유형❸ 잘린 입체도형에서의 위치 관계

10 대표문제

오른쪽 그림은 직육면체를 세 꼭짓점 B, G, D를 지나는 평면으로 잘라 만든 입체도형이다. 모서리 BF와 수직으로 만나는 모서리의 개수를 구하시오.

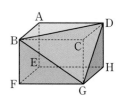

11

오른쪽 그림과 같이 직육면체를 평면 ABCD에 수직인 평면으로 잘라 만든 입체도형에서 점 M은 $\overline{BC}$의 중점, 점 N은 $\overline{FG}$의 중점이고 $\overline{AB}=\overline{BM}=5$일 때, 다음 중 옳은 것은?

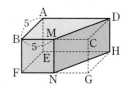

① 면 ABMD와 평행한 면은 모두 2개이다.
② 모서리 MD와 평행한 모서리는 모두 3개이다.
③ 면 ABFE와 평행한 모서리는 모두 2개이다.
④ 점 M과 모서리 NH 사이의 거리는 5이다.
⑤ 모서리 AB와 꼬인 위치에 있는 모서리는 모두 4개이다.

12

오른쪽 그림은 직육면체에서 삼각기둥을 잘라 만든 입체도형이다. 면 BFGJIC와 수직인 면의 개수를 x, 모서리 IJ와 꼬인 위치에 있는 모서리의 개수를 y라 할 때, $x+y$의 값을 구하시오. (단, 두 선분 DK, KH는 모서리로 취급하지 않고, 선분 DH를 모서리 하나로 생각한다.)

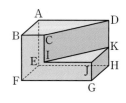

유형❹ 전개도가 주어졌을 때의 위치 관계

13 대표문제

오른쪽 전개도로 정육면체를 만들 때, 다음 중 모서리 AB와 꼬인 위치에 있고, 동시에 면 ABCN과 평행한 모서리는?

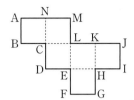

① $\overline{CL}$ ② $\overline{EL}$
③ $\overline{EH}$ ④ $\overline{KL}$
⑤ $\overline{NM}$

14

오른쪽 그림과 같은 정사각형 모양의 종이 ABCD의 두 변 AB, BC의 중점을 각각 E, F라 하자. 점선을 따라 접어 만든 삼각뿔에 대하여 면 ADE와 수직인 면의 개수를 a, 모서리 EF와 꼬인 위치에 있는 모서리의 개수를 b라 할 때, $a+b$의 값을 구하시오.

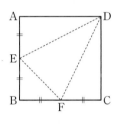

15   서술형

다음 그림은 직육면체를 어떤 평면으로 잘라 내고 남은 입체도형의 전개도이다. 이 전개도로 만든 입체도형에서 모서리 BC와 꼬인 위치에 있는 모서리의 개수를 구하시오.
(단, $\overline{BE} < \overline{CF}$)

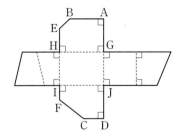

유형❺ 동위각과 엇각

16 대표문제

네 직선이 오른쪽 그림과 같이 만날 때, •보기•에서 옳은 것을 모두 고른 것은?

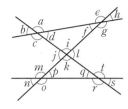

┌─ 보기 ─────────────────────┐

ㄱ. $\angle d$의 동위각은 $\angle g$, $\angle l$, $\angle s$이다.

ㄴ. $\angle g$와 $\angle l$의 크기는 같다.

ㄷ. $\angle p$는 $\angle f$의 엇각이다.

ㄹ. $\angle m$의 엇각은 $\angle j$이다.

└──────────────────────────┘

① ㄱ, ㄷ   ② ㄱ, ㄹ   ③ ㄴ, ㄷ
④ ㄴ, ㄹ   ⑤ ㄱ, ㄷ, ㄹ

17

오른쪽 그림에서 $\angle x$의 모든 엇각의 크기의 합이 245°일 때, $\angle x$의 크기를 구하시오.

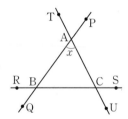

유형❻ 평행선의 성질

18 대표문제

오른쪽 그림에서 $m /\!/ n$일 때, $\angle x$의 모든 엇각의 크기의 합은?

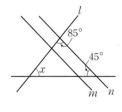

① 130°   ② 210°
③ 260°   ④ 420°
⑤ 460°

19

다음 그림에서 $\angle x + \angle y - \angle z$의 값을 구하시오.

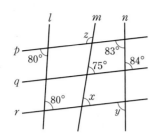

20

오른쪽 그림에서 $\overline{AB} /\!/ \overline{CD}$, $\overline{AD} /\!/ \overline{BC}$이고 $\angle BAF = \angle DAF$, $5\angle ABC = 4\angle DAB$일 때, $\angle CEA$의 크기는?

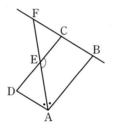

① 110°　　　② 115°

③ 120°　　　④ 125°

⑤ 130°

21

오른쪽 그림과 같이 직선 o 위의 두 점 M, N에서 각각 시작하는 네 반직선 k, l, m, n과 네 반직선 p, q, r, s가 있다. 다음 중 서로 평행한 두 반직선을 바르게 짝지은 것을 모두 고르면? (정답 2개)

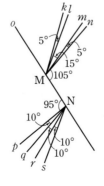

① k와 q　　　② k와 r

③ l과 s　　　④ m과 s

⑤ n과 q

22 대표문제

오른쪽 그림에서 $l /\!/ m$일 때, $\angle a + \angle b + \angle c + \angle d$의 값을 구하시오.

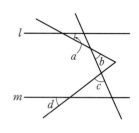

23

다음 그림에서 $l /\!/ m$일 때, $\angle d - \angle a - \angle b - \angle c$의 값을 구하시오.

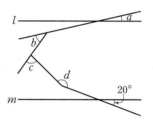

24

다음 그림에서 $l /\!/ m$이고, 정사각형 ABCD의 두 꼭짓점 A, C가 각각 직선 l, m 위에 있다. 반직선 BD와 직선 l의 교점을 E라 하면 $\angle AED = 25°$일 때, $\angle y - \angle x$의 값은?

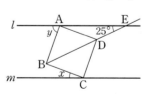

① 30°　　　② 35°　　　③ 40°

④ 45°　　　⑤ 50°

25

오른쪽 그림에서 $\overrightarrow{AB}$∥$\overrightarrow{EF}$일 때, x의 값은?

① 20
② 22
③ 24
④ 26
⑤ 28

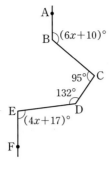

유형❽ 평행선의 성질의 활용 – 종이 접기

28 대표문제

다음 그림은 직사각형 모양의 종이 ABCD를 접은 것이다. ∠EFH＝118°, ∠FGH＝64°일 때, ∠x＋∠y의 값을 구하시오.

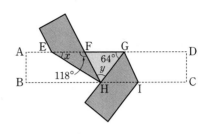

26

오른쪽 그림과 같이 두 정삼각형의 일부분이 포개져 있고 두 정삼각형의 한 꼭짓점이 각각 두 직선 l, m 위에 있다. l∥m일 때, ∠x의 크기를 구하시오.

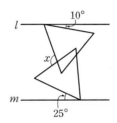

29

다음 그림은 직사각형 모양의 종이 ABCD를 접은 것이다. ∠IJK＝28°, ∠HGC＝58°일 때, ∠EFB의 크기는?

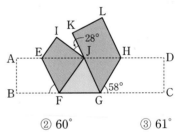

① 59°
② 60°
③ 61°
④ 62°
⑤ 63°

27

오른쪽 그림에서 l∥m이고 $2x=3y$일 때, $x-y$의 값을 구하시오.

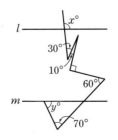

30 도전 문제

직사각형 모양의 종이를 [그림 1]과 같이 $\overline{AB}$를 접는 선으로 하여 접은 후 다시 [그림 2]와 같이 $\overline{BC}$를 접는 선으로 하여 접었다. ∠ABD＝120°일 때, ∠CAB의 크기를 구하시오.

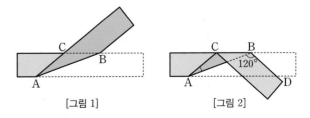

[그림 1]   [그림 2]

01

3 이상의 자연수 n에 대하여 평면 위의 n개의 직선 중에서 어떤 두 직선도 서로 평행하지 않고 어떤 세 직선도 한 점에서 만나지 않는다. 이 n개의 직선으로 만들어지는 유한한 영역의 개수를 $f(n)$이라 하자. 예를 들어, $f(3)=1$, $f(4)=3$이다. 다음 물음에 답하시오.

$n=3$ $n=4$

(1) $f(5)$의 값을 구하시오.

(2) $f(13)$의 값을 구하시오.

02

오른쪽 그림은 정육면체를 세 꼭짓점 A, B, E를 지나는 평면으로 잘라 만든 입체도형이다. 다음 물음에 답하시오.

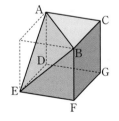

(1) $\angle ABE + \angle ABC + \angle ABF$의 값을 구하시오.

(2) 면 ADE와 평행한 면의 개수를 a, 수직인 면의 개수를 b라 할 때, $2a+3b$의 값을 구하시오.

03

오른쪽 그림과 같이 폭이 일정한 종이테이프를 좌우대칭인 모양으로 접으면 $\angle DGE = 68°$일 때, $\angle x$의 크기를 구하시오.

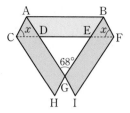

04

다음 그림과 같이 직사각형의 모양의 종이를 접었다가 펼쳤을 때, 접은 선으로 이루어진 도형에서 $\angle x$와 크기가 같은 각의 개수를 구하시오.

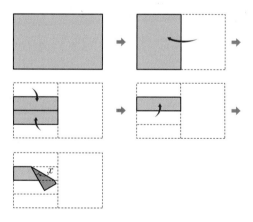

05

일정한 방향으로 진행하는 빛이 평면거울에 닿아 반사될 때 생기는 입사각과 반사각의 크기는 항상 같다. 다음 그림에서 두 직선 l, m은 평행하고, 빛이 직선 l에 수직으로 들어가서 직선 l과 이루는 각의 크기가 20°인 평면거울과 직선 m과 이루는 각의 크기가 25°인 평면거울에 연이어 반사된다고 한다. 이때, $\angle x$의 크기를 구하시오.
(단, 평면거울의 두께는 무시한다.)

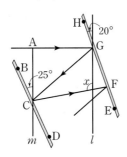

06

다음 그림의 전개도를 이용하여 면 CHID를 밑면으로 하는 선물 상자를 만들어 선물 상자의 모든 모서리에 데코테이프를 붙이려고 한다. 면 CHID와 평행한 모서리, 모서리 AF와 한 점에서 만나는 모서리에 데코테이프를 붙였을 때, 나머지 모서리에도 데코테이프를 붙여 선물 상자를 완성하려고 한다. 이때, 더 필요한 데코테이프의 길이를 구하시오.
(단, 데코테이프의 겹치는 부분은 생각하지 않는다.)

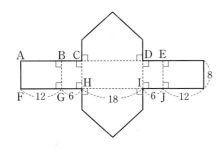

07

오른쪽 그림과 같이 한 변의 길이가 5인 정육각형을 밑면으로 하고, 높이가 8인 각기둥 모양의 상자가 있다. 점 P가 점 A에서 출발하여 상자의 모서리를 따라 다음 ㈎~㈐의 순서대로 이동한다.

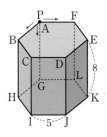

㈎ 모서리 DJ와 평행한 모서리
㈏ 모서리 FL과 수직으로 만나는 모서리
㈐ 모서리 AB와 꼬인 위치에 있는 모서리이면서 면 ABCDEF와 평행한 모서리
㈑ 면 GHIJKL과 수직으로 만나는 모서리
㈒ 모서리 AB와 평행한 모서리

마지막까지 이동을 마칠 때, 점 P가 이동한 총 거리를 구하시오. (단, 한 번 지나간 모서리는 다시 지나지 않는다.)

08

오른쪽 그림에서 $l /\!/ m$이고 $\overline{AE}$, $\overrightarrow{CE}$가 각각 $\angle BAF$, $\angle BCD$의 이등분선이다. $\angle ABC = 80°$, $\angle CDG = 70°$일 때, $\angle x$의 크기를 구하시오.

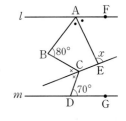

03 작도와 합동

100점 노트

100점 공략

Ⓐ 여러 가지 도형의 작도

(1) 평행선의 작도

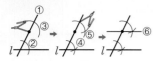

(2) 선분의 수직이등분선의 작도

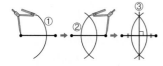

(3) 각의 이등분선의 작도

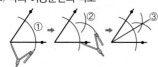

▶ STEP 2 | 05번, 06번

주의

Ⓑ 삼각형이 만들어지지 않거나 하나로 정해지지 않는 경우

(1) 두 변의 길이의 합이 나머지 한 변의 길이보다 작거나 같은 경우

(2) 두 변의 길이와 그 끼인각이 아닌 다른 한 각의 크기가 주어진 경우

(3) 세 각의 크기가 주어진 경우

(4) 두 각의 크기의 합이 180° 이상인 경우

▶ STEP 1 | 04번, STEP 2 | 11번

참고

Ⓒ 합동인 두 도형에서 서로 포개지는 꼭짓점, 변, 각은 서로 대응한다고 하고, 합동을 기호로 나타낼 때에는 두 도형의 대응하는 꼭짓점의 순서를 맞추어 쓴다.

Ⓓ 삼각형의 합동 조건에서 S는 Side(변), A는 Angle(각)의 첫 글자이다.

작도 Ⓐ

└ 두 점을 이어 선분을 그리거나 선분을 연장하는 데 사용

(1) 작도 : 눈금이 없는 자와 컴퍼스만을 사용하여 도형을 그리는 것

└ 원을 그리거나 선분의 길이를 다른 직선 위로 옮기는 데 사용

(2) 기본 도형의 작도

① 길이가 같은 선분의 작도　　② 크기가 같은 각의 작도

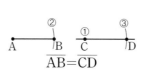
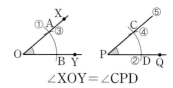

$\overline{AB}=\overline{CD}$　　　　$\angle XOY = \angle CPD$

삼각형의 작도 Ⓑ

┌ 삼각형 ABC의 넓이

(1) 세 꼭짓점이 A, B, C인 삼각형을 △ABC로 나타낸다.

① 대변 : 한 각과 마주 보는 변 ⇨ ∠A의 대변은 $\overline{BC}$

② 대각 : 한 변과 마주 보는 각 ⇨ $\overline{BC}$의 대각은 ∠A

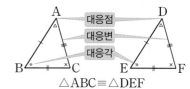

(2) 삼각형의 세 변의 길이 사이의 관계

삼각형의 두 변의 길이의 합은 나머지 한 변의 길이보다

크다. ⇨ $a+b>c,\ b+c>a,\ c+a>b$ ◀ 세 변의 길이가 주어질 때 삼각형이 될 수 있는 조건은
(가장 긴 변의 길이)<(나머지 두 변의 길이의 합)

(3) 삼각형의 작도 : 삼각형은 다음의 각 경우에 하나로 작도된다.

① 세 변의 길이가 주어질 때

② 두 변의 길이와 그 끼인각의 크기가 주어질 때

③ 한 변의 길이와 그 양 끝 각의 크기가 주어질 때

각 경우에 모양과 크기가 하나로 정해진다.

도형의 합동 Ⓒ

(1) 합동 : 모양과 크기가 같아서 완전히 포개지는 두 도형 P와 Q를 서로 합동이라 하고, 기호 ≡를 사용하여 $P≡Q$로 나타낸다.

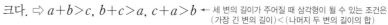

△ABC≡△DEF

(2) 합동인 도형의 성질

두 도형이 서로 합동이면

① 대응하는 변의 길이가 서로 같다.　② 대응하는 각의 크기가 서로 같다.

삼각형의 합동 조건 Ⓓ

(1) 대응하는 세 변의 길이가 각각 같을 때 (SSS 합동)

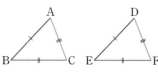

⇨ $\overline{AB}=\overline{DE},\ \overline{BC}=\overline{EF},\ \overline{AC}=\overline{DF}$

(2) 대응하는 두 변의 길이가 각각 같고, 그 끼인각의 크기가 같을 때 (SAS 합동)

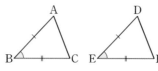

⇨ $\overline{AB}=\overline{DE},\ \overline{BC}=\overline{EF},\ \angle B=\angle E$

(3) 대응하는 한 변의 길이가 같고, 그 양 끝 각의 크기가 각각 같을 때 (ASA 합동)

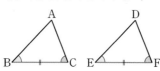

⇨ $\overline{BC}=\overline{EF},\ \angle B=\angle E,\ \angle C=\angle F$

01 작도의 뜻

다음 중 작도에 대한 설명으로 옳지 <u>않은</u> 것은?

① 선분을 연장할 때에는 자를 사용한다.
② 선분의 길이를 옮길 때에는 컴퍼스를 사용한다.
③ 원을 그릴 때에는 컴퍼스를 사용한다.
④ 각의 크기를 잴 때에는 컴퍼스를 사용한다.
⑤ 두 선분의 길이를 비교할 때에는 컴퍼스를 사용한다.

02 기본 도형의 작도

오른쪽 그림은 직선 l 밖의 한 점 P
를 지나고 직선 l에 평행한 직선 m
을 작도하는 과정을 나타낸 것이다.
• 보기 •에서 옳은 것을 모두 고른 것은?

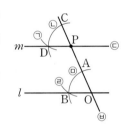

┌─ 보기 ─────────────────────┐
ㄱ. $\overline{CP}=\overline{BO}$
ㄴ. $\triangle ABO$는 이등변삼각형이다.
ㄷ. 엇각의 크기가 같으면 두 직선은 평행함을 이용하였다.
ㄹ. 작도 순서는 ㉮ → ㉭ → ㉡ → ㉣ → ㉠ → ㉢이다.
└────────────────────────────┘

① ㄱ, ㄴ　　② ㄷ, ㄹ　　③ ㄱ, ㄴ, ㄷ
④ ㄱ, ㄴ, ㄹ　　⑤ ㄴ, ㄷ, ㄹ

03 삼각형의 세 변의 길이 사이의 관계

삼각형의 세 변의 길이가 각각 6, 8, $2a-4$일 때, a의 값이
될 수 있는 자연수의 개수를 구하시오.

04 삼각형의 작도

삼각형 ABC에서 $\overline{BC}=5$일 때, 다음 중 삼각형 ABC가 하
나로 정해지는 것은?

① $\overline{AB}=3$, $\overline{AC}=8$
② $\overline{AB}=5$, $\overline{AC}=12$
③ $\angle A=80°$, $\angle B=100°$
④ $\overline{AB}=6$, $\angle A=60°$
⑤ $\overline{AC}=6$, $\angle C=45°$

05 삼각형의 합동 조건

오른쪽 그림에서 △ABC는
$\overline{AB}=\overline{AC}$인 이등변삼각형이고,
두 점 D, E는 각각 $\overline{AB}$, $\overline{AC}$의
중점이다. 다음 중
△DBC≡△ECB임을 설명할 때, 사용하지 <u>않는</u> 것은?

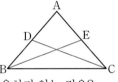

① $\overline{DB}=\overline{EC}$　　　　② $\overline{BC}$는 공통
③ $\angle DBC=\angle ECB$　　④ $\angle DCB=\angle EBC$
⑤ SAS 합동

06 삼각형의 합동의 활용

오른쪽 그림에서 △ABC,
△ADE가 합동인 정삼각형일
때, 다음 중 옳지 <u>않은</u> 것은?

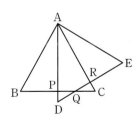

① △ABP≡△AER
② $\overline{AP}=\overline{AR}$
③ $\overline{CP}=\overline{DR}$
④ $\angle DPQ=\angle CRQ$
⑤ $\angle BAP=\angle PAR$

유형① 기본 도형의 작도

01 대표문제

다음 그림은 $\angle a$, $\angle b$를 이용하여 $\angle a + \angle b$와 크기가 같은 각을 작도한 것이다. • 보기 •에서 옳은 것을 모두 고른 것은?

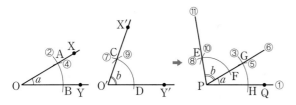

• 보기 •

ㄱ. $\overline{OA} = \overline{OB}$　　　ㄴ. $\overline{OA} = \overline{O'C}$

ㄷ. $\overline{OA} = \overline{PG}$　　　ㄹ. $\overline{CD} = \overline{GH}$

① ㄱ, ㄴ　　　② ㄱ, ㄷ　　　③ ㄴ, ㄷ

④ ㄴ, ㄹ　　　⑤ ㄷ, ㄹ

02

엇각을 이용하여 한 직선과 평행한 직선을 작도할 때 컴퍼스의 최소 사용 횟수를 a회, 한 각과 크기가 같은 각을 작도할 때 컴퍼스의 최소 사용 횟수를 b회라 하자. $a+b$의 값을 구하시오.

03

아래 그림은 3개의 원을 이용하여 직선 l 밖의 한 점 P를 지나고 직선 l에 평행한 직선을 작도하는 과정이다. 다음 중 옳지 <u>않은</u> 것은?

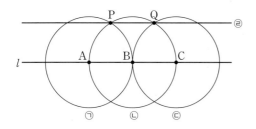

① 점 B는 선분 AC의 중점이다.
② ㉠ → ㉡ → ㉢ → ㉣의 순서로 작도할 수 있다.
③ 컴퍼스는 최소 4회 사용한다.
④ $\angle PQB = \angle QBC$
⑤ $\triangle PBQ$는 정삼각형이다.

04

오른쪽 그림은 크기가 $90°$인 $\angle XOY$의 삼등분선을 작도하는 과정을 나타낸 것이다. • 보기 •에서 옳은 것을 모두 고른 것은?

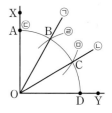

• 보기 •

ㄱ. $\overline{AC} = \overline{BD} = \overline{OB}$

ㄴ. 작도 순서는 ㉢ → ㉠ → ㉣ → ㉤ → ㉡이다.

ㄷ. $\angle OBD = 60°$

① ㄱ　　　② ㄱ, ㄴ　　　③ ㄱ, ㄷ

④ ㄴ, ㄷ　　　⑤ ㄱ, ㄴ, ㄷ

05

다음 그림과 같은 작도에서 $\angle BDC$의 크기를 구하시오.

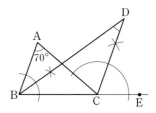

06 서술형

다음 그림과 같이 직선 l과 직선 l 밖의 서로 다른 두 점 A, B가 주어졌을 때, $\overline{AP} + \overline{PB}$의 값이 최소가 되도록 하는 직선 l 위의 점 P를 작도하시오.

유형② 삼각형의 세 변의 길이 사이의 관계

07 대표문제

세 변의 길이가 각각 2, $2a+2$, $3a+2$인 삼각형의 둘레의 길이를 구하시오. (단, a는 자연수이다.)

08

길이가 3, 4, 6, 7인 4개의 선분 중에서 서로 다른 3개를 골라 만들 수 있는 삼각형의 개수를 구하시오.

09 도전 문제

다음 조건을 모두 만족시키는 이등변삼각형의 개수는?

> ㈎ 둘레의 길이가 30이다.
> ㈏ 세 변의 길이가 모두 자연수이다.

① 4 　　　　② 5 　　　　③ 6
④ 7 　　　　⑤ 8

유형③ 삼각형의 작도

10 대표문제

삼각형 ABC에서 ∠B의 크기와 $\overline{AB}$의 길이가 주어졌을 때, 한 가지 조건을 추가하여 삼각형 ABC가 하나로 정해지도록 하려고 한다. 이때, •보기•에서 필요한 조건을 모두 고르시오.

> ┌ 보기 ┐
> ㄱ. ∠A 　　　　　 ㄴ. ∠C
> ㄷ. $\overline{BC}$ 　　　　　 ㄹ. $\overline{AC}$

11

다음 중 삼각형 ABC가 하나로 정해지는 것을 모두 고르면?
(정답 2개)

① $\overline{AB}=3$, $\overline{BC}=4$, $\overline{CA}=8$
② $\overline{AB}=6$, $\overline{BC}=8$, ∠C$=50°$
③ $\overline{AB}=4$, $\overline{CA}=5$, ∠A$=60°$
④ $\overline{AB}=7$, ∠B$=30°$, ∠C$=80°$
⑤ ∠A$=60°$, ∠B$=40°$, ∠C$=80°$

12

오른쪽 그림과 같이 두 변의 길이와 그 끼인각의 크기가 주어졌을 때, 다음 중 삼각형 ABC를 작도하는 순서로 옳지 <u>않은</u> 것을 모두 고르면?
(정답 2개)

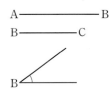

① ∠B → $\overline{BC}$ → $\overline{AB}$
② ∠B → $\overline{AB}$ → $\overline{BC}$
③ $\overline{AB}$ → $\overline{BC}$ → ∠B
④ $\overline{BC}$ → ∠B → $\overline{AB}$
⑤ $\overline{BC}$ → $\overline{AB}$ → ∠B

13

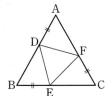

다음 두 조건 (개), (내)를 만족시키는 삼각형의 개수를 각각 a, b라 할 때, $a+b$의 값을 구하시오.

> (개) $\overline{AB}=10$, $\overline{BC}=8$, $\angle A=30°$인 삼각형 ABC
>
> (내) 한 변의 길이가 5이고, 두 내각의 크기가 각각 30˚, 50˚인 삼각형

유형❹ 삼각형의 합동 조건

14 대표문제

오른쪽 그림과 같은 △ABC에서 변 BC의 중점을 M, 점 B에서 $\overline{AM}$에 내린 수선의 발을 D, 점 C에서 $\overline{AM}$의 연장선에 내린 수선의 발을 E라 할 때, △BDM과 합동인 삼각형을 찾고, 합동 조건을 쓰시오.

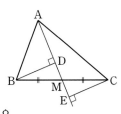

15

다음 그림에서 $\angle B=\angle F$, $\angle C=\angle E$일 때, 한 가지 조건을 추가하여 △ABC와 △DFE가 ASA 합동이 되도록 하려고 한다. 이때, •보기•에서 필요한 조건을 모두 고른 것은?

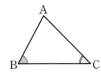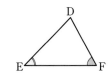

> • 보기 •
> ㄱ. $\overline{AB}=\overline{DF}$ ㄴ. $\overline{AC}=\overline{FE}$
> ㄷ. $\overline{BC}=\overline{DE}$ ㄹ. $\overline{AC}=\overline{DE}$

① ㄱ, ㄷ   ② ㄱ, ㄹ   ③ ㄴ, ㄷ
④ ㄴ, ㄹ   ⑤ ㄷ, ㄹ

16

오른쪽 그림에서 △ABC는 정삼각형이고, $\overline{AD}=\overline{BE}=\overline{CF}$일 때, 다음 중 옳은 것은?

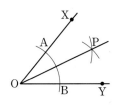

① $\overline{DE}=\overline{AF}$
② $\angle BDE=\angle EFC$
③ $\angle DEF=45°$
④ △ADF≡△EDF (SAS 합동)
⑤ △DBE≡△ECF (SAS 합동)

17

오른쪽 그림은 각의 이등분선을 작도하는 과정을 나타낸 것이다. $\angle AOB$의 이등분선이 $\overline{OP}$임을 설명하기 위해서 필요한 것을 (개), 그때의 합동 조건을 (내)라 할 때, 다음 중 (개), (내)에 알맞은 것은?

	(개)	(내)
①	△XOP≡△YOP	SSS 합동
②	△XOP≡△YOP	ASA 합동
③	△AOP≡△BOP	SSS 합동
④	△AOP≡△BOP	SAS 합동
⑤	△AOY≡△BOX	SAS 합동

18

오른쪽 그림에서 $\overline{AB}/\!/\overline{DF}$, $\overline{AC}/\!/\overline{EF}$이고, $\overline{BE}=\overline{CD}$이다. △ABC≡△FDE임을 설명하기 위해서 필요한 삼각형의 합동 조건을 구하시오.

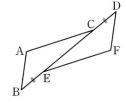

19

정삼각형 ABC에서 $\overline{AE}=\overline{DC}$가 되도록 두 변 BC, AC 위에 각각 두 점 D, E를 잡고, 두 선분 AD, BE의 교점을 P라 할 때, ∠APB의 크기를 구하는 과정은 다음과 같다. 이때, (가), (나), (다), (라), (마)에 들어갈 것으로 옳지 <u>않은</u> 것은?

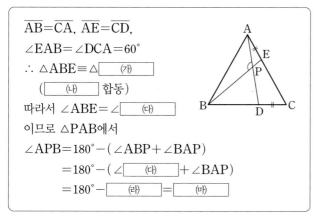

$\overline{AB}=\overline{CA}$, $\overline{AE}=\overline{CD}$,

∠EAB=∠DCA=60°

∴ △ABE≡△ [(가)]

([(나)] 합동)

따라서 ∠ABE=∠ [(다)]

이므로 △PAB에서

∠APB=180°−(∠ABP+∠BAP)

    =180°−(∠ [(다)] +∠BAP)

    =180°− [(라)] = [(마)]

① (가) − CAD
② (나) − SAS
③ (다) − CBE
④ (라) − 60°
⑤ (마) − 120°

20

다음 그림과 같은 정사각형 ABCD에 대하여 △BEC와 △CFD는 모두 정삼각형일 때, △ABE와 합동인 삼각형을 모두 찾고, 합동 조건을 쓰시오.

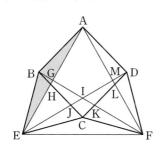

유형⑤ 삼각형의 합동의 활용

21 대표문제

오른쪽 그림에서 두 사각형 ABCD, CEFG는 모두 정사각형이고, ∠ABG=72°, ∠DCE=36°일 때, ∠DEF의 크기는?

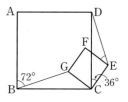

① 18°
② 21°
③ 24°
④ 30°
⑤ 36°

22

서술형

오른쪽 그림에서 △ABC, △DEC는 모두 정삼각형일 때, ∠BEC의 크기를 구하시오.

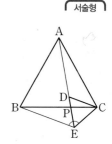

23

다음 그림에서 두 사각형 ABCD, CEFG는 모두 정사각형이고, $\overline{AG}=\overline{DG}$이다. $\overline{AB}=8$일 때, 사각형 GCED의 넓이를 구하시오.

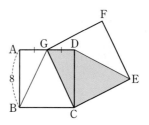

24

다음 그림은 $\overline{\text{AB}}$ 위에 점 C를 잡아 $\overline{\text{AC}}$, $\overline{\text{CB}}$를 각각 한 변으로 하는 두 정삼각형 DAC, ECB를 그린 것이다. $\overline{\text{DC}}$와 $\overline{\text{AE}}$의 교점을 P, $\overline{\text{DB}}$와 $\overline{\text{CE}}$의 교점을 Q라 하면 ∠QBE=24°일 때, ∠APC의 크기를 구하시오.

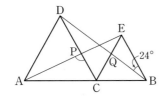

25

오른쪽 그림과 같이 $\overline{\text{AB}}=\overline{\text{AC}}$인 이등변삼각형 ABC의 꼭짓점 B에서 변 AC에 내린 수선의 발을 D라 하자. 또한, 변 AC 위에 $\overline{\text{CD}}=\overline{\text{DE}}$가 되도록 점 E를 잡고, 변 AB 위에 $\overline{\text{BF}}=\overline{\text{CE}}$가 되도록 점 F를 잡으면 ∠CBD=25°일 때, ∠BCF의 크기를 구하시오.

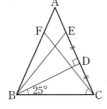

26

다음 그림과 같이 정사각형 ABCD에서 $\overline{\text{BC}}$의 연장선 위에 $\overline{\text{CE}}=4$가 되도록 점 E를 잡자. $\overline{\text{AE}}$와 $\overline{\text{DC}}$의 교점을 F라 하고 두 점 B, D에서 $\overline{\text{AF}}$에 내린 수선의 발을 각각 G, H라 하면 $\overline{\text{DH}}=\overline{\text{FC}}$이다. 이때, 삼각형 ABH의 넓이를 구하시오.

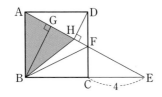

27

오른쪽 그림과 같이 ∠C=90°인 직각삼각형 ABC에서 변 AB 위에 $\overline{\text{AM}}=\overline{\text{BM}}$이 되도록 점 M을 잡자. ∠B=40°일 때, ∠ACM의 크기는?

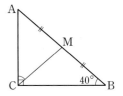

① 30°　　　② 35°

③ 40°　　　④ 45°

⑤ 50°

28

오른쪽 그림과 같은 정삼각형 ABC에서 $\overline{\text{AB}}=\overline{\text{BE}}$, $\overline{\text{BD}}=\overline{\text{AD}}$, ∠ABE=∠ABD=20°일 때, ∠ADE의 크기는?

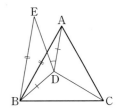

① 20°　　　② 25°

③ 30°　　　④ 35°

⑤ 40°

29

오른쪽 그림과 같이 한 변의 길이가 12인 정사각형 ABCD가 있다. 변 AD 위에 $\overline{\text{AE}}:\overline{\text{ED}}=1:2$가 되도록 점 E를 잡고, $\overline{\text{AE}}$를 빗변으로 하는 직각이등변삼각형 AEF를 그렸다. 또한, 변 AB 위의 점 G에 대하여 사각형 FGCH가 정사각형일 때, 선분 EH의 길이를 구하시오. (단, 점 H는 변 AD의 연장선 위에 있다.)

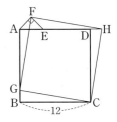

Step ❸ 종합 사고력 도전 문제

01

다음은 카시오페아 별자리를 이용하여 북극성을 찾는 방법이다. 길이가 같은 선분의 작도를 이용하여 북극성의 위치를 찾아 표시할 때, 눈금이 없는 자와 컴퍼스의 최소 사용 횟수를 구하시오.

> ㈎ 직선 AB와 직선 DE를 그리고 그 교점을 F라 한다.
> ㈏ 반직선 FC를 그린다.
> ㈐ 반직선 FC 위의 점 중에서 점 C로부터의 거리가 선분 CF의 길이의 5배가 되는 점이 북극성의 위치이다.

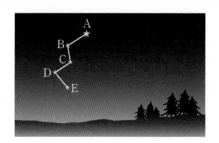

02

삼각형 ABC에 대하여 $\overline{AB}=6$, $\overline{BC}=8$, $\overline{CA}=x$일 때, 다음 물음에 답하시오.

(1) x의 값의 범위를 구하시오.

(2) 삼각형 ABC의 넓이의 최댓값을 구하시오.

03

오른쪽 그림과 같이 한 변의 길이가 3인 정사각형 ABCD에서 삼각형 PBC는 $\angle PBC=\angle PCB=15°$인 이등변삼각형이다. 두 삼각형 PBC와 QAB가 합동일 때, 선분 AP의 길이를 구하시오.

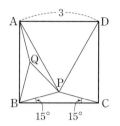

04

$\overline{AB}=5$, $\angle B=70°$일 때, 한 가지 조건을 추가하여 삼각형 ABC가 하나로 정해지도록 하려고 한다. 추가로 필요한 한 가지 조건을 모두 쓰고, 그 이유를 각각 서술하시오.

05

오른쪽 그림과 같이 사각형 ABCD의
내부에 점 P를 작도하려고 한다. 점 P
가 다음 조건을 모두 만족시키도록 할
때, 다음 물음에 답하시오.

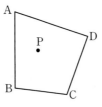

┌─────────────────────────────────────┐
│ ㈎ 점 P는 두 꼭짓점 A, B에서 같은 거리에 있다.
│ ㈏ 점 P는 두 변 BC, CD에서 같은 거리에 있다.
└─────────────────────────────────────┘

(1) 점 P의 작도를 위해 작도해야 할 것을 • **보기** •에서 모두
고르시오.

┌─ • 보기 • ──────────────────────────┐
│ ㄱ. 선분 AB의 수직이등분선
│ ㄴ. 선분 CD의 수직이등분선
│ ㄷ. ∠C의 이등분선
│ ㄹ. ∠D의 이등분선
└─────────────────────────────────────┘

(2) (1)에서 고른 작도의 이유를 설명하시오.

06

오른쪽 그림과 같은 직사각형 모
양의 종이 ABCD를 $\overline{DE}$를 접는
선으로 하여 점 A가 $\overline{BC}$ 위의 점
F에 오도록 접은 다음, $\overline{FG}$를 접
는 선으로 하여 점 C가 $\overline{DF}$ 위의
점 H에 오도록 접었다. $\overline{BC}=4$, $\overline{CD}=3$일 때, 사각형
DEFG의 넓이를 구하시오.

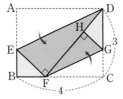

07

세 자연수 a, b, c가 다음 조건을 모두 만족시킨다.

┌─────────────────────────────────────┐
│ ㈎ $a \leq b \leq c$
│ ㈏ $a+b+c=14$
└─────────────────────────────────────┘

a, b, c를 세 변의 길이로 하는 삼각형의 개수를 구하시오.

08

다음 그림에서 점 M은 $\overline{AB}$의 중점이고, $\angle ABQ=30°$,
$\angle APM=40°$, $\overline{AP}=\overline{BQ}$이다. 이때, $\angle PMA$의 크기를 구
하시오.

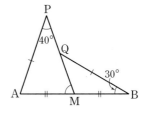

Ⅱ

평면도형

다각형

100점 노트

100점 공략

Ⓐ 다각형의 내각, 외각

(1) 한 꼭짓점에서 외각은 두 개이고 맞꼭
지각이므로 그 크기가 같다.

(2) 다각형의 한 꼭짓점에서
(내각의 크기)+(외각의 크기)=180°

▶ STEP 2 | 01번, 11번

Ⓑ 정다각형

(1) 변의 길이가 모두 같아도 내각의 크기가
모두 같지 않으면 정다각형이 아니다.

(2) 내각의 크기가 모두 같아도 변의 길이가
모두 같지 않으면 정다각형이 아니다.

예 (1) (2)

Ⓒ 다각형의 대각선

(1) n각형의 한 꼭짓점에서는 꼭짓점 자
신과 이웃하는 두 꼭짓점을 제외한 점
으로 대각선을 그을 수 있다.

(2) n각형의 대각선의 개수

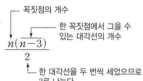

▶ STEP 2 | 07번

Ⓓ 삼각형의 내각과 외각

위의 그림과 같이 △ABC에서 변 BC의
연장선을 긋고 $\overline{BA} /\!/ \overline{CE}$가 되도록 반직
선 CE를 그으면 ∠A=∠ACE (엇각),
∠B=∠ECD (동위각)이므로

(1) ∠A+∠B+∠C
　＝∠ACE+∠ECD+∠C
　＝180°

(2) ∠ACD=∠ACE+∠ECD
　　　　＝∠A+∠B

100점 공략

Ⓔ n각형의 내각과 외각의 크기의 합

n각형의 한 꼭짓점에서 내각과 외각의
크기의 합은 180°이므로

(내각의 크기의 합)+(외각의 크기의 합)
＝180°×n

변의 개수가 3개, 4개, ···, n개인 다각형을
각각 삼각형, 사각형, ···, n각형이라 한다.

다각형 Ⓐ Ⓑ

(1) 다각형 : 세 개 이상의 선분으로 둘러싸인 평면도형

① 변 : 다각형의 각 선분

② 꼭짓점 : 다각형의 변과 변의 교점

③ 내각 : 다각형에서 이웃하는 두 변으로 이루어진 내부의 각

④ 외각 : 다각형의 한 꼭짓점에서 한 변과 그 변에 이웃한
변의 연장선이 이루는 각

(2) 정다각형 : 모든 변의 길이가 같고 모든 내각의 크기가 같은 다각형

변의 개수에 따라 정삼각형, 정사각형, 정오각형, ···이라 하고
변의 개수가 n개인 정다각형을 정n각형이라 한다.

다각형의 대각선 Ⓒ

(1) 대각선 : 다각형에서 서로 이웃하지 않는 두 꼭짓점을 이은
선분

(2) 다각형의 대각선의 개수

① n각형의 한 꼭짓점에서 그을 수 있는 대각선의 개수는
$n-3$

② n각형의 대각선의 개수는
$$\frac{n(n-3)}{2}$$

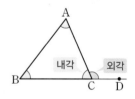

삼각형의 내각과 외각 Ⓓ

(1) 삼각형의 세 내각의 크기의 합은 180°이다. 즉,
∠A+∠B+∠C=180°

(2) 삼각형의 내각과 외각 사이의 관계

삼각형의 한 외각의 크기는 그와 이웃하지 않는
두 내각의 크기의 합과 같다. 즉,
∠ACD=∠A+∠B

다각형의 내각과 외각의 크기 Ⓔ

삼각형의 세 내각의 크기의 합

(1) n각형의 내각의 크기의 합 : $180° × (n-2)$

n각형의 한 꼭짓점에서 대각선을 모두 그으면
$(n-2)$개의 삼각형으로 나누어진다.

(2) n각형의 외각의 크기의 합 : 360°

(3) 정n각형의 한 내각의 크기 : $\dfrac{180° × (n-2)}{n}$

정n각형의 모든 내각과 외각의 크기는
각각 같으므로 내각과 외각의 크기의
합을 각각 n으로 나눈다.

(4) 정n각형의 한 외각의 크기 : $\dfrac{360°}{n}$

Step ❶ 시험에 꼭 나오는 문제

01 다각형과 정다각형

다음 중 다각형에 대한 설명으로 옳은 것은?

① 정다각형의 종류는 5가지이다.
② 모든 변의 길이가 같으면 정다각형이다.
③ 다각형의 한 꼭짓점에 대하여 외각은 3개가 있다.
④ 다각형의 한 내각의 크기는 한 외각의 크기보다 작다.
⑤ 다각형에서 변의 개수와 꼭짓점의 개수는 항상 같다.

02 다각형의 대각선의 개수

어떤 다각형의 한 꼭짓점에서 그을 수 있는 대각선의 개수가 9일 때, 이 다각형의 대각선의 개수는?

① 48   ② 54   ③ 60
④ 66   ⑤ 72

03 다각형의 대각선의 개수 – 대각선의 개수가 주어질 때

대각선의 개수가 44인 다각형의 한 꼭짓점에서 대각선을 모두 그었을 때 생기는 삼각형의 개수는?

① 9   ② 10   ③ 11
④ 12   ⑤ 13

04 삼각형의 내각과 외각

오른쪽 그림과 같은 삼각형 ABC에서 $\angle x$의 크기를 구하시오.

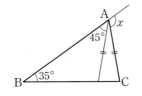

05 다각형의 내각과 외각

내각의 크기와 외각의 크기의 합이 1620°인 다각형의 변의 개수는?

① 8   ② 9   ③ 10
④ 11   ⑤ 12

06 다각형의 내각과 외각의 활용

다음 그림에서 $\angle x$의 크기를 구하시오.

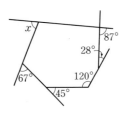

07 정다각형의 내각과 외각

정십이각형의 한 내각의 크기를 $a°$, 정십각형의 한 외각의 크기를 $b°$라 할 때, $a+b$의 값은?

① 180   ② 182   ③ 184
④ 186   ⑤ 188

08 정다각형의 내각과 외각의 활용

다음 그림과 같이 한 변의 길이가 같은 정구각형과 정오각형이 서로 붙어 있을 때, $\angle x$의 크기를 구하시오.

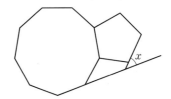

유형❶ 다각형과 정다각형

01 대표문제

다음 중 다각형에 대한 설명으로 •보기•에서 옳은 것을 모두 고른 것은?

•보기•
ㄱ. 정다각형의 각각의 외각의 크기는 모두 같다.
ㄴ. 다각형의 한 꼭짓점에서 내각의 크기가 커질수록 그 꼭짓점에서의 외각의 크기는 작아진다.
ㄷ. 다각형의 한 꼭짓점에서의 외각은 2개이고, 그 크기는 서로 같다.
ㄹ. 꼭짓점이 4개이고, 각 변의 길이가 모두 같은 다각형은 정사각형이다.

① ㄱ, ㄴ ② ㄴ, ㄹ ③ ㄱ, ㄴ, ㄷ
④ ㄱ, ㄷ, ㄹ ⑤ ㄴ, ㄷ, ㄹ

02

다음 그림과 같은 정팔각형에서 3개의 꼭짓점으로 만들어지는 이등변삼각형의 개수는?

① 16 ② 20 ③ 22
④ 24 ⑤ 28

03

다음 그림과 같이 25개의 점이 같은 간격으로 놓여 있다. 이 중에서 4개의 점을 꼭짓점으로 하는 크기가 서로 다른 정사각형은 몇 개인지 구하시오.

```
· · · · ·
· · · · ·
· · · · ·
· · · · ·
· · · · ·
```

유형❷ 다각형의 대각선의 개수

04 대표문제

어느 다각형의 한 꼭짓점에서 그을 수 있는 대각선의 개수가 칠각형의 대각선의 개수와 같을 때, 이 다각형의 대각선의 개수를 구하시오.

05

어떤 다각형의 한 꼭짓점에서 2개의 대각선을 그었더니 삼각형, 사각형, 오각형의 세 부분으로 나누어졌다. 이 다각형의 대각선의 개수를 구하시오.

06

다음 그림과 같이 원형으로 위치한 9개의 도시 A, B, C, …, I가 있을 때, 이들 도시 사이를 서로 직통으로 연결하는 도로를 만들려고 한다. 이때, 만들어야 하는 도로의 개수의 최솟값은?

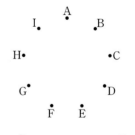

① 27 ② 30 ③ 33
④ 36 ⑤ 39

07

다음은 다각형의 대각선의 개수를 구하는 과정이다.

> n각형의 한 꼭짓점에서 그을 수 있는 대각선의 개수는
> ㉠ 이므로 n개의 꼭짓점에서 그을 수 있는 대각
> 선의 개수는 ㉡ 이다.
> 그런데 이 개수는 한 대각선을 ㉢ 번씩 센 것이
> 므로 n각형의 대각선의 개수는 ㉣ 이다.

위의 과정에서 ㉠에 알맞은 식을 $f(n)$, ㉡에 알맞은 식을
$g(n)$, ㉢에 알맞은 수를 k, ㉣에 알맞은 식을 $h(n)$이라 할
때, $f(k)+2g(k^2)+3h(k^3)$의 값을 구하시오.

08

[앗! 실수]

오른쪽 그림과 같이 반지름의 길이가
10인 원 O가 있다. 이 원의 원주를 20
등분한 점을 차례대로 P_1, P_2, P_3, $\cdots$,
P_{20}이라 할 때, 이 점들을 순서대로
연결하여 만든 다각형의 대각선 중에
서 길이가 20보다 짧은 대각선의 개수
를 구하시오.

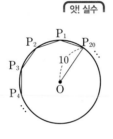

09

한 꼭짓점에서 그을 수 있는 대각선의 개수가 a이고, 한 꼭
짓점에서 대각선을 모두 그었을 때 생기는 삼각형의 개수가
b인 다각형이 있다. $a+b=15$일 때, 이 다각형의 대각선의
개수는?

① 27　　　　　② 29　　　　　③ 31
④ 33　　　　　⑤ 35

유형❸ 삼각형의 내각, 외각

10 대표문제

오른쪽 그림에서 $\overline{AB}=\overline{BE}$이고
$\angle ABC=48°$, $\angle ACB=52°$,
$\angle DCE=22°$이다. 이때,
$\angle ABE+\angle BDC$의 값은?

① 94°　　　　② 96°　　　　③ 98°
④ 100°　　　⑤ 102°

11

어떤 삼각형의 세 내각의 크기의 비가 2 : 3 : 5일 때, 이 삼
각형의 크기가 가장 큰 외각의 크기를 구하시오.

12

다음 그림에서 $\angle ADB+\angle DBE+\angle AFC$의 값을 구하시오.

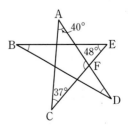

13

다음 그림과 같이 ∠ABC=40°인 삼각형 ABC에서 ∠A의 외각의 이등분선과 ∠C의 외각의 이등분선이 만나는 점을 D라 하고, 변 AB의 연장선과 선분 CD의 연장선이 만나는 점을 E라 하자. $\overline{BC}=\overline{CE}$일 때, ∠BAC+∠ADC의 값은?

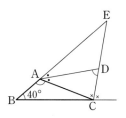

① 130°　　　② 150°　　　③ 160°

④ 170°　　　⑤ 190°

14

오른쪽 그림과 같이 ∠A=62°인 삼각형 ABC에서 $\overline{BD}=\overline{BE}$, $\overline{CE}=\overline{CF}$가 되도록 세 변 AB, BC, AC 위에 세 점 D, E, F를 각각 정할 때, ∠DEF의 크기를 구하시오.

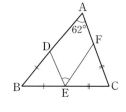

15

오른쪽 그림과 같이 ∠A=81°인 삼각형 ABC에서 ∠B의 삼등분선과 ∠C의 삼등분선의 교점으로 사각형 PQRS를 만들었다. 이때, ∠PQR+∠PSR의 값을 구하시오.

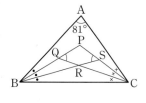

16

(도전 문제)

다음 그림과 같은 삼각형 ABC에서 $\overline{AB}=\overline{BC}=\overline{AE}$이고, $\overline{CD}=\overline{CE}$, $\overline{BD}=\overline{DE}$일 때, ∠BED의 크기를 구하시오.

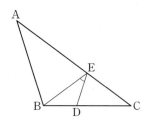

유형❹ 다각형의 내각, 외각

17 대표문제

오른쪽 그림에서 ∠x의 크기는?

① 44°　　　② 46°

③ 48°　　　④ 50°

⑤ 52°

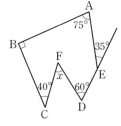

18

다음 그림에서 ∠a+∠b+∠c+∠d+∠e+∠f의 값을 구하시오.

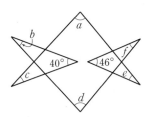

19

세 다각형 A, B, C의 한 꼭짓점에서 그을 수 있는 대각선의 개수의 비가 1 : 3 : 4이고, 세 다각형 A, B, C의 내각의 크기의 합을 모두 더하면 4860°일 때, 세 다각형 A, B, C의 모든 변의 개수의 합은?

① 33   ② 36   ③ 39
④ 42   ⑤ 45

20

다음 그림은 오각형의 각 변을 연장하여 한 변을 오각형의 각 변으로 하는 삼각형, 사각형, 오각형, 육각형, 칠각형을 그린 것이다. 이 다각형의 내각 중에서 중앙에 있는 오각형과 인접하지 <u>않는</u> 각의 크기의 합을 구하시오.

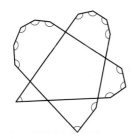

21

다음 그림과 같이 ∠A=130°, ∠B=150°, ∠E=140°, ∠CFD=150°이다. ∠BCF와 ∠EDF의 이등분선의 교점을 G라 할 때, ∠CGD의 크기는?

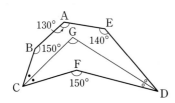

① 100°   ② 105°   ③ 110°
④ 115°   ⑤ 120°

22

오른쪽 그림과 같이 사각형 ABCD에서 두 꼭짓점 A, B에서의 외각의 이등분선의 교점을 P, 두 꼭짓점 C, D에서의 외각의 이등분선의 교점을 Q라 하자. 이때, ∠P+∠Q의 값을 구하시오.

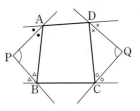

유형⑤ 정다각형의 내각, 외각

23 대표문제

한 내각의 크기와 한 외각의 크기의 비가 6 : 1인 정다각형의 대각선의 개수는?

① 54   ② 65   ③ 77
④ 90   ⑤ 104

24

다음 그림에서 $l \mathbin{/\mkern-3mu/} m$이고, 오각형 ABCDE는 정오각형일 때, ∠x의 크기는?

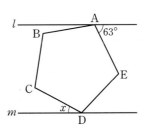

① 27°   ② 32°   ③ 36°
④ 40°   ⑤ 72°

25

서술형

한 꼭짓점에서 대각선을 모두 그었을 때 생기는 삼각형의 개수의 비가 5 : 8인 두 정다각형의 한 내각의 크기의 비가 15 : 16일 때, 두 정다각형의 모든 변의 개수의 합을 구하시오.

26

다음 그림과 같이 정오각형 ABCDE에서 두 변 AB, CD의 연장선이 만나는 점을 F라 할 때, $\angle x + \angle y + 2\angle z - \angle w$의 값을 구하시오.

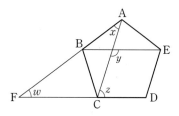

27

다음 그림과 같이 정육각형에서 $\overline{BP} = \overline{CQ}$가 되도록 $\overline{BC}$, $\overline{CD}$ 위에 각각 두 점 P, Q를 잡았을 때, $\angle AGQ$의 크기는?

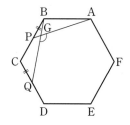

① 120°　　　② 125°　　　③ 130°
④ 135°　　　⑤ 140°

28

다음 그림과 같이 정오각형의 한 변을 변으로 하는 두 정삼각형 BCQ, APE가 있다. $\overline{CQ}$와 $\overline{PE}$의 교점을 R라 할 때, $\angle PRQ$의 크기는?

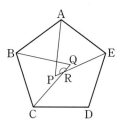

① 152°　　　② 154°　　　③ 156°
④ 158°　　　⑤ 160°

29

오른쪽 그림과 같이 합동인 정오각형의 한 변을 이어 붙여 원주를 완벽하게 채우려고 할 때, 필요한 정오각형은 모두 몇 개인지 구하시오.

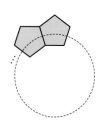

30

도전 문제

다음 그림과 같이 정팔각형의 한 변을 변으로 하는 정육각형과 정오각형을 각각 그릴 때, $\angle x$의 크기는?

① 121°　　　② 122°　　　③ 123°
④ 124°　　　⑤ 125°

01

4 이상의 자연수 k에 대하여

$f(k)=($정 k각형의 서로 다른 길이의 대각선의 개수$)$

라 할 때, $f(n)+f(n+1)=13$을 만족시키는 자연수 n의
값을 구하시오.

02

다음 그림과 같이 한 변의 길이가 같은 정삼각형, 정사각
형, 정육각형을 빈틈없이 이어 붙여 만든 십이각형에 대하
여 물음에 답하시오.

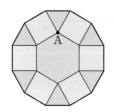

(1) 점 A에서 각 도형들을 빈틈없이 이어 붙일 수 있는 이유
를 설명하시오.

(2) 주어진 십이각형이 정십이각형인지 아닌지 판단하고, 그
이유를 설명하시오.

03

오른쪽 그림과 같은 육각형의 내각의 크
기가 모두 같을 때, 두 수 x, y에 대하여
x^2+y^2의 값을 구하시오.

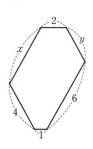

04

다음 그림과 같이 합동인 사다리꼴 ABCD 9개를 이어 붙인
아치형 구조물에서 ∠B의 크기를 구하시오.

(단, ∠A=∠D, ∠B=∠C)

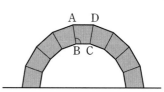

05

다음 그림은
$$\overline{A_1B_1}=\overline{A_1B_2}=\overline{A_2B_2}=\overline{A_2B_3}=\cdots=\overline{A_nB_1}$$
이고,
$$\angle A_1=\angle A_2=\cdots=\angle A_n,$$
$$\angle A_nB_1A_1=\angle A_1B_2A_2=\cdots=\angle A_{n-1}B_nA_n$$
이 모두 예각인 해 모양의 다각형의 일부이다.
$\angle B_1-\angle A_1=15°$일 때, 자연수 n의 값을 구하시오.

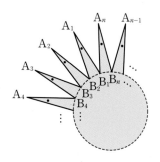

06

다음 그림과 같이 $\angle BAC=92°$인 삼각형 ABC에서 $\angle B$의 이등분선과 $\angle C$의 외각을 삼등분하는 두 직선이 만나는 점을 각각 D, E라 하고, 변 AB의 연장선과 선분 CE의 연장선이 만나는 점을 F라 하자. $\angle BDC=26°$일 때, $\angle BEF$의 크기를 구하시오.

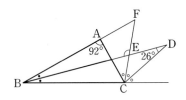

07

다음 그림에서
$$\angle a+\angle b+\angle c+\angle d+\angle e+\angle f+\angle g+\angle h+\angle i$$
의 값을 구하시오.

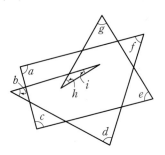

08

정십이각형의 12개의 꼭짓점 중에서 3개의 꼭짓점을 택하여 만들어지는 삼각형은 모두 220개이다. 이 삼각형 중에서 정십이각형과 겹치는 변이 하나도 없는 삼각형의 개수를 구하시오.

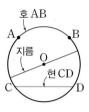

05

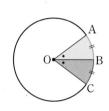

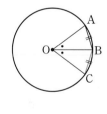

II. 평면도형

원과 부채꼴

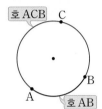

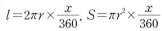

100점 노트

100점 공략

Ⓐ 원과 부채꼴

(1) 원의 중심을 지나는 현은 그 원의 지름으로, 한 원에서 길이가 가장 긴 현이다.

(2) 반원은 활꼴인 동시에 부채꼴이다.

▶ STEP 1 | 01번

Ⓑ $\overset{\frown}{AB}$는 보통 작은 쪽의 호를 나타내고, 큰 쪽의 호를 나타낼 때에는 그 호 위에 한 점 C를 잡아 $\overset{\frown}{ACB}$와 같이 나타낸다.

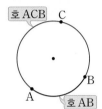

호 ACB

호 AB

▶ STEP 2 | 05번

100점 공략

Ⓒ 중심각의 크기와 호의 길이

한 원에서 부채꼴의 호의 길이는 중심각의 크기에 정비례하므로 다음 그림에서

$$\overset{\frown}{AB} : \overset{\frown}{CD} = \angle AOB : \angle COD$$

주의

Ⓓ 중심각의 크기와 현의 길이

한 원에서 크기가 같은 중심각에 대한 현의 길이는 같다. 하지만 현의 길이는 중심각의 크기에 정비례하지 않는다.

다음 그림과 같은 원 O에서 $\angle AOC = \angle BOC$이면 $\overline{AC} = \overline{BC}$이다. 하지만 $\angle AOB = 2\angle AOC$일 때, $\overline{AB} < 2\overline{AC}$, 즉 $\overline{AB} \neq 2\overline{AC}$이다.

▶ STEP 1 | 02번

원과 부채꼴 Ⓐ Ⓑ

(1) 원 : 평면 위의 한 점 O로부터 일정한 거리에 있는 점들로 이루어진 도형

　① 호 AB : 원 O 위의 두 점 A, B를 양 끝으로 하는 원의 일부분으로, $\overset{\frown}{AB}$로 나타낸다.

　② 현 CD : 원 O 위의 두 점 C, D를 이은 선분

(2) 부채꼴 AOB : 원 O에서 두 반지름 OA, OB와 호 AB로 이루어진 도형

(3) 호 AB에 대한 중심각 : 두 반지름 OA, OB가 이루는 각

(4) 활꼴 : 원 O에서 현 CD와 호 CD로 이루어진 도형

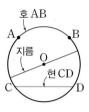

호 AB / 지름 / 현 CD / 원의 중심 / 반지름의 길이

부채꼴 / 중심각 / 활꼴

중심각의 크기와 호의 길이, 부채꼴의 넓이 Ⓒ

한 원 또는 합동인 두 원에서

(1) 같은 크기의 중심각에 대한 호의 길이는 같다. 즉,

$$\angle AOB = \angle BOC이면 \overset{\frown}{AB} = \overset{\frown}{BC}$$

(2) 같은 길이의 호에 대한 중심각의 크기는 같다. 즉,

$$\overset{\frown}{AB} = \overset{\frown}{BC}이면 \angle AOB = \angle BOC$$

(3) 부채꼴의 호의 길이는 중심각의 크기에 정비례한다.

(4) 부채꼴의 넓이는 중심각의 크기에 정비례한다.

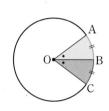

중심각의 크기와 현의 길이 Ⓓ

한 원 또는 합동인 두 원에서

(1) 같은 크기의 중심각에 대한 현의 길이는 같다. 즉,

$$\angle AOB = \angle BOC이면 \overline{AB} = \overline{BC}$$

(2) 같은 길이의 현에 대한 중심각의 크기는 같다. 즉,

$$\overline{AB} = \overline{BC}이면 \angle AOB = \angle BOC$$

(3) 현의 길이는 중심각의 크기에 정비례하지 않는다.

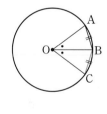

원의 둘레의 길이와 넓이

(1) 원주율 : 원의 지름의 길이에 대한 원의 둘레의 길이의 비율을 원주율이라 하고, π로 나타낸다.

　(원주율) $= \dfrac{(둘레의 길이)}{(지름의 길이)}$

　　└ 원의 크기에 관계없이 그 값은 일정하다.

(2) 원의 둘레의 길이와 넓이

　반지름의 길이가 r인 원의 둘레의 길이를 l, 넓이를 S라 하면

$$l = 2\pi r, \ S = \pi r^2$$

부채꼴의 호의 길이와 넓이

(1) 부채꼴의 호의 길이와 넓이

　반지름의 길이가 r, 중심각의 크기가 $x°$인 부채꼴의 호의 길이를 l, 넓이를 S라 하면

$$l = 2\pi r \times \frac{x}{360}, \ S = \pi r^2 \times \frac{x}{360}$$

(2) 부채꼴의 호의 길이와 넓이 사이의 관계

　반지름의 길이가 r, 호의 길이가 l인 부채꼴의 넓이를 S라 하면

$$S = \frac{1}{2} rl$$ ← 중심각의 크기를 몰라도 반지름의 길이와 호의 길이를 알면 부채꼴의 넓이를 구할 수 있다.

01 원과 부채꼴

원과 부채꼴에 대한 설명 중 옳은 것을 모두 고르면?

(정답 2개)

① 한 원에서 가장 긴 현은 지름이다.
② 두 원에서 중심각의 크기가 같으면 현의 길이도 항상 같다.
③ 한 원에서 현의 길이는 중심각의 크기에 정비례한다.
④ 한 원에서 부채꼴의 호의 길이와 넓이는 각각 중심각의 크기에 정비례한다.
⑤ 한 원에서 부채꼴이면서 활꼴이 되는 경우는 존재하지 않는다.

02 중심각의 크기와 호, 현, 넓이 사이의 관계

오른쪽 그림과 같이 $\overline{AC}$, $\overline{BD}$가 지름인 원 O에 대한 설명 중 옳지 <u>않은</u> 것을 모두 고르면? (정답 2개)

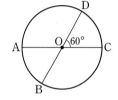

① $\overparen{AB}=\overparen{CD}$
② $\overparen{AD}=2\overparen{CD}$
③ $\overline{AD}=2\overline{CD}$
④ 부채꼴 COD의 넓이가 36 cm²이면 부채꼴 DOA의 넓이는 72 cm²이다.
⑤ 원의 둘레의 길이는 $\overparen{AD}$의 4배이다.

03 원의 둘레의 길이와 넓이

오른쪽 그림과 같이 반원 3개를 겹쳐서 만든 도형에서 색칠한 부분의 둘레의 길이를 $x\pi$ cm, 넓이를 $y\pi$ cm²라 할 때, x, y의 값을 각각 구하시오.

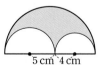

04 부채꼴의 호의 길이와 넓이

오른쪽 그림과 같이 호 AB의 중심각의 크기가 150°이고, 호 AB의 길이가 10π일 때, 부채꼴 AOB의 넓이는?

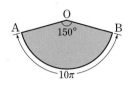

① 50π
② 55π
③ 60π
④ 65π
⑤ 70π

05 색칠한 부분의 넓이 구하기

오른쪽 그림과 같이 ∠B=90°, $\overline{AB}=\overline{BC}=8$인 직각이등변삼각형 ABC에서 두 변 AB, BC를 반지름으로 하는 부채꼴을 각각 그릴 때, 색칠한 부분의 넓이는?

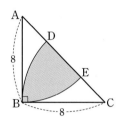

① $16\pi-16$
② $16\pi-32$
③ $24\pi-16$
④ $24\pi-32$
⑤ $32\pi-32$

06 움직이는 도형의 길이와 넓이

오른쪽 그림과 같이 반지름의 길이가 3 cm인 원이 한 변의 길이가 15 cm인 정오각형의 둘레를 따라 한 바퀴 돌고 제자리로 돌아왔을 때, 원이 지나간 영역의 넓이는?

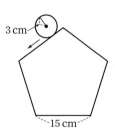

① $(480+48\pi)$ cm²
② $(450+36\pi)$ cm²
③ $(450+48\pi)$ cm²
④ $(420+36\pi)$ cm²
⑤ $(420+48\pi)$ cm²

Step 2 A등급을 위한 문제

유형❶ 중심각의 크기와 호, 현, 부채꼴의 넓이 사이의 관계

01 대표문제

오른쪽 그림과 같은 원 O에서 $\overline{\text{OA}}=\overline{\text{AB}}$이고 부채꼴 AOB의 넓이가 $15\,\text{cm}^2$이다. ∠AOB의 이등분선과 현 AB가 만나는 점을 M, 반직선 MO가 원 O와 만나는 점을 C라 하자. ∠COD=50°일 때, 부채꼴 AOD의 넓이는?

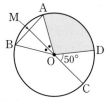

① $20\,\text{cm}^2$ ② $25\,\text{cm}^2$ ③ $30\,\text{cm}^2$
④ $35\,\text{cm}^2$ ⑤ $40\,\text{cm}^2$

02

오른쪽 그림과 같은 반원 O에서 $\overline{\text{AC}} /\!/ \overline{\text{OD}}$이고 ∠BOD=40°, $\overset{\frown}{\text{CD}}=6\,\text{cm}$일 때, 호 DB의 길이를 구하시오.

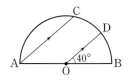

03

오른쪽 그림과 같이 두 점 P, Q는 원 O 위의 점 A에서 출발하여 서로 반대 방향으로 원 위를 돈다. 두 점 P, Q가 움직이는 속력의 비가 9 : 5이고, 점 P가 출발한 지 25분 후에 점 P보다 5분 먼저 출발한 점 Q와 점 B에서 처음으로 만났다.
이때, 점 P가 점 B에 도착할 때까지 움직인 호 AB와 두 반지름 OA, OB로 이루어진 부채꼴 AOB의 중심각의 크기를 구하시오.

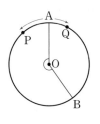

04

다음 그림과 같이 원 O의 지름 AB를 연장한 직선과 현 CD를 연장한 직선이 만나는 점을 E라 하자. $\overset{\frown}{\text{AC}} : \overset{\frown}{\text{CD}}=3 : 5$이고 $\overline{\text{OD}}=\overline{\text{DE}}$일 때, ∠COD의 크기를 구하시오.

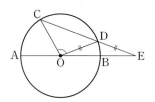

05

오른쪽 그림과 같이 둘레의 길이가 $12\,\text{cm}$인 원 O의 지름 AB와 현 CD가 한 점에서 만난다.
$\overset{\frown}{\text{AD}} : \overset{\frown}{\text{ACD}}=7 : 11$이고, ∠BOC : ∠OCD=3 : 2일 때, 호 AC의 길이는?

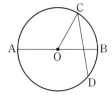

① $3\,\text{cm}$ ② $3.5\,\text{cm}$ ③ $4\,\text{cm}$
④ $4.5\,\text{cm}$ ⑤ $5\,\text{cm}$

06

오른쪽 그림과 같이 원 O의 두 지름 AB, CD가 수직으로 만나고 $\overline{\text{PO}}=\overline{\text{PS}}$이다. 부채꼴 BOQ의 넓이가 $8\,\text{cm}^2$일 때, 부채꼴 ROQ의 넓이는?
(단, $\overline{\text{PQ}}$는 지름이다.)

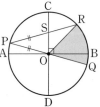

① $20\,\text{cm}^2$ ② $24\,\text{cm}^2$
③ $28\,\text{cm}^2$ ④ $32\,\text{cm}^2$
⑤ $36\,\text{cm}^2$

07

[도전 문제]

오른쪽 그림과 같이 부채꼴 AOB에서 호 AB를 삼등분하는 두 점을 C, D라 하고, 두 점 C, D에서 선분 OB와 평행한 직선을 그어 선분 OA와 만나는 점을 각각 E, F라 하자. 부채꼴 AOB의 넓이가 18일 때, 색칠한 부분의 넓이를 구하시오.

유형❷ 원의 둘레의 길이와 넓이

08 대표문제

오른쪽 그림과 같이 $\overline{AD}$를 지름으로 하는 원에서 $\overline{AB}:\overline{BC}:\overline{CD}=3:4:3$이 되도록 $\overline{AB}$, $\overline{CD}$를 지름으로 하는 반원과 $\overline{AC}$, $\overline{BD}$를 지름으로 하는 반원을 각각 그렸다. $\overline{AD}=20$ cm이고 색칠한 부분의 둘레의 길이는 a cm, 넓이는 b cm²일 때, a, b의 값은?

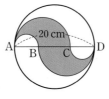

① $a=20\pi$, $b=20\pi$
② $a=30\pi$, $b=30\pi$
③ $a=20\pi$, $b=30\pi$
④ $a=30\pi$, $b=40\pi$
⑤ $a=20\pi$, $b=40\pi$

09

반지름의 길이가 2 cm인 네 원을 오른쪽 그림과 같이 겹쳐서 만든 도형에서 색칠한 부분의 둘레의 길이를 a cm, 넓이를 b cm²라 할 때, a, b의 값을 각각 구하시오.

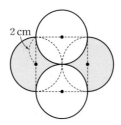

10

반지름의 길이가 a인 원 모양의 종이에서 원주를 4등분한 네 점을 각각 A, B, C, D라 할 때, 오른쪽 그림과 같이 원을 네 현 AB, BC, CD, AD를 따라 접었다. 색칠한 부분의 넓이가 $16-4\pi$일 때, a의 값은?

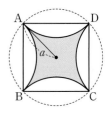

① 1 ② 2 ③ 3
④ 4 ⑤ 5

11

오른쪽 그림과 같이 $\overline{BC}$를 지름으로 하는 반원 O 안에 지름의 길이가 각각 8, 4인 두 반원과 $\overline{BC}$를 빗변으로 하는 직각삼각형 ABC가 있다. ∠ABC=45°일 때, 색칠한 부분의 넓이는?

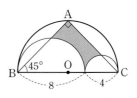

① $26-5\pi$ ② $26-4\pi$ ③ $36-5\pi$
④ $36-4\pi$ ⑤ $36-3\pi$

12

오른쪽 그림과 같이 반지름의 길이가 8인 원 안에 반지름의 길이가 4인 네 원을 일정하게 겹쳐서 그렸을 때, 색칠한 부분의 넓이를 구하시오.

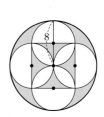

유형③ 부채꼴의 호의 길이와 넓이

13 대표문제

오른쪽 그림과 같이 반지름의 길이가 2인 5개의 원이 이웃하는 원과 서로 붙어 있다. 각 원의 중심을 꼭짓점으로 하는 다각형을 그릴 때, 색칠한 부분의 둘레의 길이는?

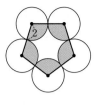

① 4π ② 6π ③ $4\pi+10$

④ $6\pi+10$ ⑤ $6\pi+20$

14

두 부채꼴 A, B의 호의 길이가 각각 6π, 10π이고, 넓이의 비가 $9:8$일 때, 두 부채꼴 A, B의 반지름의 길이의 비를 가장 간단한 자연수의 비로 나타내시오.

15

오른쪽 그림과 같이 길이가 6 cm인 $\overline{AB}$를 지름으로 하는 반원이 있다. 이 반원을 점 A를 중심으로 $40°$만큼 시계 반대 방향으로 회전시킬 때, 색칠한 부분의 넓이는?

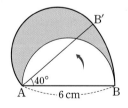

① $\dfrac{5}{2}\pi$ cm^2 ② 3π cm^2 ③ $\dfrac{7}{2}\pi$ cm^2

④ 4π cm^2 ⑤ $\dfrac{9}{2}\pi$ cm^2

16 〔서술형〕

오른쪽 그림은 반지름의 길이가 6이고, 중심이 각각 A, B, C인 세 원을 겹쳐 놓은 것이다. 색칠한 부분의 둘레의 길이를 구하시오.

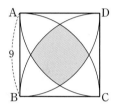

17

오른쪽 그림과 같이 한 변의 길이가 9인 정사각형 ABCD의 각 변을 반지름으로 하는 부채꼴이 4개 있다. 이때, 색칠한 부분의 둘레의 길이는?

① 4π ② 5π

③ 6π ④ 7π

⑤ 8π

18

다음 그림과 같이 원 O의 중심을 한 꼭짓점으로 하는 정오각형이 원 O와 두 점 B, C에서 만나고 있다. $\overline{OA} /\!/ \overline{BC}$이고, $\overparen{AB}$의 길이가 3π cm일 때, 부채꼴 AOC의 넓이를 구하시오.

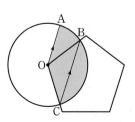

19

다음 그림과 같이 $\overline{AB}$=6 cm인 직사각형 ABCD에서 변 BC의 연장선 위에 $\overline{CE}$=6 cm인 점 E를 잡고 선분 CE를 반지름으로 하는 부채꼴 DCE를 그린다. 색칠한 부분의 넓이와 직사각형 ABCD의 넓이가 같을 때, 색칠한 부분의 넓이를 구하시오.

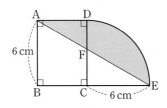

20

오른쪽 그림은 한 변의 길이가 2인 정사각형 AOCD 안에 부채꼴 AOC와 지름이 $\overline{CD}$인 반원 O'을 그린 것이다. 반원의 호와 부채꼴의 호가 만나는 점을 B라 할 때, 색칠한 부분의 넓이를 구하시오.

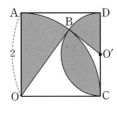

21

다음 그림은 정사각형 ABCD를 꼭짓점 D를 중심으로 회전시켜 사각형 A'B'C'D가 되도록 한 것이다. 회전하는 동안 점 B가 움직인 자리는 곡선으로 나타나고 ∠A'DC=30°, $\overline{BD}$=8 cm일 때, 색칠한 부분의 넓이를 구하시오.

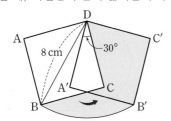

22

다음 그림과 같이 지름이 $\overline{AB}$인 반원 O 안에 지름이 $\overline{BC}$인 반원 O'이 있다. $\overline{AB}$=12, $\overline{AC}$=2이고 색칠한 두 부분의 넓이가 서로 같을 때, 호 AD의 길이는?

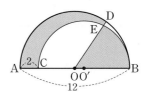

① $\dfrac{10}{3}\pi$ ② $\dfrac{25}{6}\pi$ ③ 5π

④ $\dfrac{35}{6}\pi$ ⑤ $\dfrac{20}{3}\pi$

유형❹ 부채꼴의 호의 길이와 넓이의 활용

23 대표문제

한 변의 길이가 3 cm인 정삼각형의 꼭짓점 A에 변의 연장선 방향으로 길이가 10 cm인 줄이 연결되어 있다. 오른쪽 그림과 같이 줄을 팽팽하게 당겨 시계 반대 방향으로 돌렸을 때, 줄의 끝이 움직인 거리는?

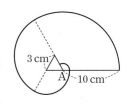

① $\dfrac{40}{3}\pi$ cm   ② 14π cm   ③ $\dfrac{44}{3}\pi$ cm

④ $\dfrac{46}{3}\pi$ cm   ⑤ 16π cm

24   앗! 실수

다음 그림과 같이 반지름의 길이가 2 cm인 원이 반지름의 길이가 10 cm이고 중심각의 크기가 120°인 부채꼴의 둘레를 따라 한 바퀴 돌아 출발 지점으로 왔을 때, 원이 지나간 부분의 넓이를 구하시오.

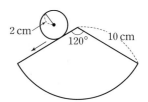

25

다음 그림과 같이 정육각형 모양의 울타리의 한 기둥에 길이가 12 m인 줄로 강아지를 매어 놓았다. 울타리의 이웃한 두 기둥 사이의 거리는 5 m일 때, 강아지가 움직일 수 있는 영역의 최대 넓이를 구하시오. (단, 강아지는 울타리의 내부로 들어갈 수 없고, 줄의 매듭의 길이와 기둥의 두께는 생각하지 않는다.)

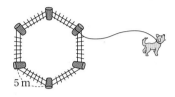

26

다음 그림과 같이 $\overline{AB}=6$ cm, $\overline{AD}=8$ cm, $\overline{BD}=10$ cm인 직사각형 ABCD를 직선 l 위에서 시계 방향으로 미끄러지지 않게 한 바퀴 굴렸을 때, 선분 AA′과 꼭짓점 A가 그리는 곡선으로 둘러싸인 부분의 넓이를 구하시오.

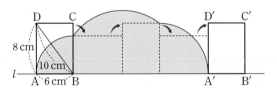

27

다음 그림과 같이 반지름의 길이가 2 cm인 3개의 원이 접하고 있다. 두 원 O′, O″의 위치는 고정되어 있고 원 O가 원 O′, 원 O″에 접하면서 화살표 방향으로 한 바퀴 돌아 제자리로 돌아올 때까지 원 O의 중심이 움직인 거리를 구하시오.

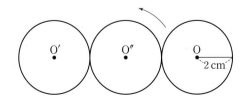

28

다음 그림은 밑면의 반지름의 길이가 6 cm인 원기둥 모양의 통조림 7개를 끈을 이용하여 두 가지 방법으로 묶는 것이다. 방법 A를 선택할 때 필요한 끈의 길이의 최솟값을 a cm, 방법 B를 선택할 때 필요한 끈의 길이의 최솟값을 b cm라 할 때, 두 수 a, b에 대하여 $a-b$의 값을 구하시오.
(단, 매듭의 길이는 생각하지 않는다.)

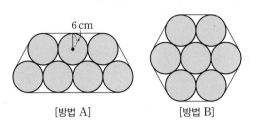

29

다음 그림과 같이 가로, 세로의 길이가 4 m, 3 m인 직사각형 모양의 방을 지름의 길이가 20 cm인 원형 로봇청소기로 청소할 때, 청소기가 닿지 않는 부분의 넓이는? (단, 청소기는 침대, 의자, 탁자, 책상 밑으로 들어갈 수 없다.)

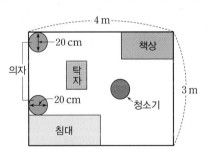

① $(1000-250\pi)$ cm^2
② $(1200-250\pi)$ cm^2
③ $(1200-300\pi)$ cm^2
④ $(1400-300\pi)$ cm^2
⑤ $(1400-350\pi)$ cm^2

01

다음 그림과 같이 폭이 2 m로 일정하고 직선 부분과 반원의 곡선 부분으로 이루어진 트랙이 2개인 육상 경기장이 있다. 출발선과 결승선은 같은 직선 구간쪽에 있고 출발선에서 결승선까지의 거리가 같도록 하려면 2번 트랙에 있는 선수는 1번 트랙에 있는 선수보다 몇 m 앞에서 출발해야 하는지 구하시오. (단, 선수는 각 트랙의 폭의 중앙을 따라 시계 반대 방향으로 달리는 것으로 생각한다.)

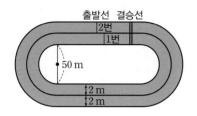

02

다음 그림과 같이 $\angle A = 30°$이고, $\overline{BC} = 6$, $\overline{AC} = 12$인 직각삼각형 ABC를 꼭짓점 C를 중심으로 하여 $\overline{AC} /\!/ \overline{DE}$가 되도록 회전시켰다. 이때, 색칠한 부분의 넓이를 구하시오.

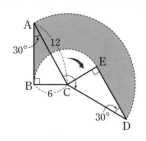

03

한 변의 길이가 2인 정n각형의 내부에 각 꼭짓점을 중심으로 하는 반지름의 길이가 1인 호를 그릴 때, l_n을

$$l_n = (\text{정 } n\text{각형의 둘레의 길이})$$
$$+ (\text{새로 생긴 호의 길이의 합})$$

으로 정하자.

예를 들어, $n=3$일 때, 정삼각형에 호를 모두 그리면 오른쪽 그림과 같고 $l_3 = 6 + \pi$이다. 이때,

$$l_3 + l_4 + l_5 + l_6 + \cdots + l_{10}$$

의 값을 구하시오.

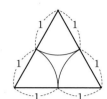

04

다음 그림과 같이 $\angle A = 30°$, $\angle B = 90°$, $\overline{BC} = 2$ cm인 삼각형 BAC의 빗변 AC 위에 $\overline{AD} = \overline{BD}$가 되도록 점 D를 정하자. 삼각형 BAC를 직선 l 위에서 시계 방향으로 한 바퀴 회전시켜 삼각형 B′A′C′이 되게 할 때, 점 D가 움직인 거리를 구하시오.

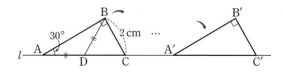

05

한 변의 길이가 12인 정사각형 1개, 지름의 길이가 12인 원 1개와 지름의 길이가 6인 원 4개가 다음 그림과 같이 겹쳐져 있다. 이때, 색칠한 부분의 넓이와 빗금친 부분의 넓이의 차를 구하시오.

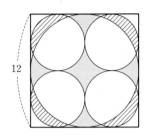

06

다음 그림과 같이 한 변의 길이가 10 cm인 정오각형과 한 변 BC를 공유하는 정삼각형 ABC의 꼭짓점 A는 정오각형의 내부에 있다. 이 정삼각형이 정오각형의 변을 따라 내부를 반시계 방향으로 한 바퀴 돌아 다시 제자리에 왔을 때, 점 A가 이동한 거리를 구하시오.

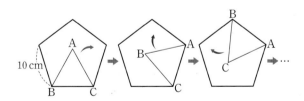

07

다음 그림과 같이 길이가 12인 선분 A_0B_0와 이 선분에 수직인 반직선 B_0B_1 및 선분 A_0B_0를 지름으로 하는 반원 D_1이 있다. 반원 D_1의 호 위의 점 A_1에 대하여 $\angle A_1B_0B_1=45°$, $\angle A_1B_1B_0=90°$일 때, 호 A_1B_0와 두 선분 A_1B_1, B_0B_1으로 둘러싸인 부분의 넓이를 S_1이라 하자.

선분 A_1B_1을 지름으로 하는 반원을 D_2라 하면 반원 D_2의 호 위의 점 A_2에 대하여 $\angle A_2B_1B_2=45°$, $\angle A_2B_2B_1=90°$일 때, 호 A_2B_1과 두 선분 A_2B_2, B_1B_2로 둘러싸인 부분의 넓이를 S_2라 하자.

이와 같은 과정을 반복하여 n번째 반원 D_n을 그리고 반원 D_n의 호 위의 점 A_n에 대하여 $\angle A_nB_{n-1}B_n=45°$, $\angle A_nB_nB_{n-1}=90°$일 때, 호 A_nB_{n-1}과 두 선분 A_nB_n, $B_{n-1}B_n$으로 둘러싸인 부분의 넓이를 S_n이라 하자.

$S_m=\dfrac{9}{64}-\dfrac{9}{256}\pi$를 만족시키는 자연수 m의 값을 구하시오.

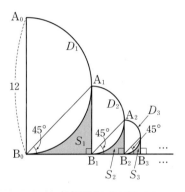

08

오른쪽 그림과 같이 반지름의 길이가 8인 원에서 중심각의 크기가 90°인 부채꼴 2개를 잘라내었다. 반지름의 길이가 2인 원이 자르고 남은 도형의 둘레를 따라 한 바퀴 돌고 제자리로 돌아왔을 때, 반지름의 길이가 2인 원이 지나간 부분의 넓이를 구하시오.

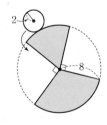

세미나

● 도형의 성질을 이용한 지구의 둘레의 길이 구하기

기원전 3세기 경 그리스의 수학자 에라토스테네스는 햇빛과 그림자를 이용하여 지구의 둘레를 측정한 후, 지구의 둘레는 약 46000 km(실제 값은 약 40000 km)라는 값을 얻었다. 당시의 기술 수준을 생각하면 비교적 정확한 값이라 할 수 있다.

그럼, 에라토스테네스는 어떻게 지구의 둘레의 길이를 재었을까?

하짓날 정오에 에라토스테네스는 시에네라는 도시의 우물에 그림자가 생기지 않는다는 것을 발견하였다. 에라토스테네스는 자기가 살고 있는 알렉산드리아에도 하짓날 정오에 그림자가 생기지 않는지 궁금하였다. 에라토스테네스는 알렉산드리아에서 바닥에 수직으로 막대를 꽂고 지켜봤더니 시에네와는 달리 그림자가 생기는 것을 발견하였다.

알렉산드리아에서 바닥에 꽂은 막대와 햇빛이 이루는 각의 크기가 7°이고, 알렉산드리아와 시에네 사이의 거리가 900 km인 것을 알게 된 에라토스테네스는 다음 세 가지 사실을 이용하여 지구의 둘레를 측정하려고 하였다.

> 1. 지구는 구 모양이다.
> 2. 평행한 두 직선이 다른 한 직선과 만날 때, 동위각, 엇각의 크기는 각각 같다.
> 3. 부채꼴의 호의 길이는 중심각의 크기에 정비례한다.

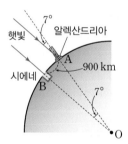

햇빛이 평행하게 비춘다는 가정 하에 오른쪽 그림과 같이 지구의 중심, 알렉산드리아, 시에네를 각각 점 O, A, B라 하자.

평행선의 성질에 의하여 동위각의 크기는 같으므로
$\angle AOB = 7°$

이때, $\overarc{AB} = 900$ km이므로 지구의 둘레의 길이를 x km라 하면 부채꼴의 호의 길이는 중심각의 크기에 정비례하므로
$7° : 360° = 900 : x$, $7x = 324000$
$\therefore x = 46285.71\cdots$

따라서 지구의 둘레의 길이는 약 46000 km이다.

입체도형

06

다면체와 회전체

100점 노트

100점 공략

Ⓐ 다면체의 꼭짓점, 모서리, 면의 개수 사이의 관계

다면체의 꼭짓점의 개수를 v, 모서리의 개수를 e, 면의 개수를 f라 하면 v, e, f 사이에 다음 관계가 성립한다.

$$v-e+f=2$$

▶ STEP 2 | 13번

Ⓑ 각기둥과 각뿔

(1) 각기둥 : 두 밑면이 서로 평행하고 합동인 다각형이며 옆면이 모두 직사각형인 다면체

(2) 각뿔 : 밑면이 다각형이고 옆면이 모두 한 꼭짓점에서 모이는 삼각형인 다면체

중요

Ⓒ 다면체의 면, 모서리, 꼭짓점의 개수와 옆면의 모양

	n각기둥	n각뿔	n각뿔대
면의 개수	$n+2$	$n+1$	$n+2$
모서리의 개수	$3n$	$2n$	$3n$
꼭짓점의 개수	$2n$	$n+1$	$2n$
옆면의 모양	직사각형	삼각형	사다리꼴

▶ STEP 1 | 02번, STEP 2 | 02번

Ⓓ 정다면체가 5가지뿐인 이유

정다면체는 입체도형이므로 한 꼭짓점에서 3개 이상의 면이 모여야 하고, 한 꼭짓점에 모인 각의 크기의 합이 360°보다 작아야 한다.

따라서 정다면체의 면이 될 수 있는 다각형은 정삼각형, 정사각형, 정오각형뿐이고, 만들 수 있는 정다면체는 다음과 같다.

정사면체	정육면체	정팔면체
60° 60° 60°	90° 90° 90°	60° 60° 60° 60° 60° 60°

정십이면체	정이십면체
108° 108° 108°	60° 60° 60° 60° 60° 60°

다면체 Ⓐ Ⓒ

> 다각형이 되려면 3개 이상의 변이 있어야 하고, 다면체가 되려면 4개 이상의 면이 있어야 한다.

(1) 다면체 : 다각형인 면으로만 둘러싸인 입체도형

① 면 : 다면체를 둘러싸고 있는 다각형

② 모서리 : 다면체를 이루는 다각형의 변

③ 꼭짓점 : 다면체를 이루는 다각형의 꼭짓점

(2) 다면체는 면의 개수에 따라 사면체, 오면체, 육면체, …라 한다.

주의 원기둥, 원뿔, 구 등은 다면체가 아니다.

각뿔대 Ⓑ Ⓒ

(1) 각뿔대 : 각뿔을 밑면에 평행한 평면으로 자를 때 생기는 두 다면체 중에서 각뿔이 아닌 쪽의 다면체

① 밑면 : 각뿔대에서 서로 평행한 두 면

② 옆면 : 각뿔대에서 밑면이 아닌 면

③ 높이 : 각뿔대에서 두 밑면에 수직인 선분의 길이

(2) 각뿔대의 밑면은 다각형이고 옆면은 모두 사다리꼴이다.

(3) 각뿔대는 밑면의 모양에 따라 삼각뿔대, 사각뿔대, 오각뿔대, …라 한다.

정다면체 Ⓓ

(1) 정다면체 : 모든 면이 합동인 정다각형이고, 각 꼭짓점에 모인 면의 개수가 같은 다면체

(2) 정다면체의 종류 : 정사면체, 정육면체, 정팔면체, 정십이면체, 정이십면체의 5가지뿐이다.

	정사면체	정육면체	정팔면체	정십이면체	정이십면체
겨냥도					
전개도					
면의 모양	정삼각형	정사각형	정삼각형	정오각형	정삼각형
한 꼭짓점에 모인 면의 개수	3	3	4	3	5
면의 개수	4	6	8	12	20
꼭짓점의 개수	4	8	6	20	12
모서리의 개수	6	12	12	30	30

회전체 **E**

┌ 평면도형이 회전축에서 떨어져 있으면 가운데가 빈 회전체가 만들어진다.

(1) 회전체 : 평면도형을 한 직선을 축으로 하여 1회전
시킬 때 생기는 입체도형

① 회전축 : 회전시킬 때 축으로 사용하는 직선

② 모선 : 회전체에서 옆면을 만드는 선분

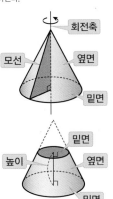

(2) 원뿔대 : 원뿔을 밑면에 평행한 평면으로 자를 때
생기는 두 입체도형 중에서 원뿔이 아닌 쪽의 입체
도형

① 밑면 : 원뿔대에서 서로 평행한 두 면

② 옆면 : 원뿔대에서 밑면이 아닌 면

③ 높이 : 원뿔대에서 두 밑면에 수직인 선분의 길이

회전체의 성질 **F** **G**

(1) 회전체를 회전축에 수직인 평면으로 잘라서 생긴 단면의 모양은 항상 원이다.

┌ 입체도형을 평면으로
└ 자를 때 생기는 면

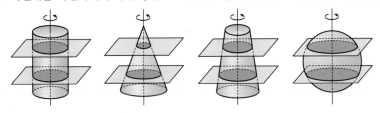

(2) 회전체를 회전축을 포함하는 평면으로 잘라서 생긴 단면은 모두 합동이고,
회전축을 대칭축으로 하는 선대칭도형이다.

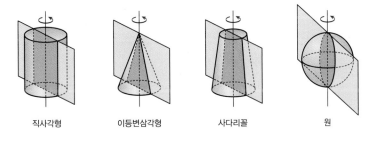

직사각형   이등변삼각형   사다리꼴   원

회전체의 전개도 **H**

회전체의 전개도는 다음과 같다. ◀ 구의 전개도는 그릴 수 없다.

원기둥	원뿔	원뿔대
밑면 옆면 밑면	옆면 밑면	밑면 옆면 밑면

100점 노트

참고

E 회전체에서의 모선

원기둥, 원뿔, 원뿔대에서 모선은 다음 그
림과 같다.

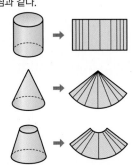

이때, 구와 같이 옆면을 만드는 선이 곡
선인 경우는 모선을 생각하지 않는다.

F 구의 성질

(1) 구는 어느 방향으로 잘라도 그 단면의
모양은 항상 원이다.

(2) 구의 단면이 가장 큰 경우는 구의 중
심을 지나는 평면으로 잘랐을 때이다.

▶ STEP 2 | 17번

G 선대칭도형

한 평면도형을 어떤 직선을 기준으로 반
으로 접을 때 완전히 겹치는 도형을 선대
칭도형이라 하고, 이때 기준이 되는 직선
을 대칭축이라 한다.

중요

H (1) 원기둥의 전개도에서
(옆면인 직사각형의 가로의 길이)
=(밑면인 원의 둘레의 길이)

(2) 원뿔의 전개도에서
(옆면인 부채꼴의 호의 길이)
=(밑면인 원의 둘레의 길이)

▶ STEP 1 | 06번, STEP 2 | 28번

01 다면체

다음 다면체 중 칠면체의 개수를 구하시오.

오각기둥,	칠각기둥,	오각뿔,
칠각뿔,	오각뿔대,	육각뿔대

02 다면체의 꼭짓점, 모서리, 면의 개수

꼭짓점의 개수가 18인 각기둥의 면의 개수를 x, 모서리의 개수를 y라 할 때, $x+y$의 값을 구하시오.

03 정다면체

다음 표에서 정다면체에 대한 내용이 모두 옳은 것은?

	정다면체	면의 모양	모서리의 개수	한 꼭짓점에 모인 모서리의 개수
①	정사면체	정삼각형	6	4
②	정육면체	정사각형	8	3
③	정팔면체	정오각형	12	4
④	정십이면체	정오각형	30	3
⑤	정이십면체	정삼각형	20	5

04 정다면체의 전개도

오른쪽 그림과 같은 전개도로 정다면체를 만들 때, 다음 중 $\overline{IE}$와 꼬인 위치에 있는 모서리가 <u>아닌</u> 것을 모두 고르면?

(정답 2개)

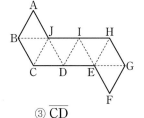

① $\overline{AJ}$ ② $\overline{BC}$ ③ $\overline{CD}$
④ $\overline{CJ}$ ⑤ $\overline{DJ}$

05 회전체

다음 중 직선 l을 회전축으로 하여 1회전시킬 때, 오른쪽 그림과 같은 입체도형이 생기는 것은?

① 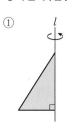   ②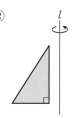

③    ④ 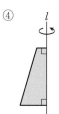   ⑤

06 회전체의 전개도

오른쪽 그림과 같은 전개도로 만들어지는 원뿔의 옆면의 넓이를 구하시오.

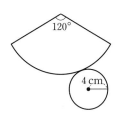

07 다면체와 회전체의 이해

다면체와 회전체에 대한 설명으로 •보기•에서 옳은 것을 모두 고른 것은?

• 보기 •
ㄱ. 각뿔의 옆면은 항상 이등변삼각형이다.
ㄴ. 사면체를 밑면에 평행한 평면으로 자르면 사각뿔과 사각뿔대가 만들어진다.
ㄷ. 원기둥을 회전축에 수직인 평면으로 잘라서 생긴 단면은 항상 합동이다.
ㄹ. 원뿔대를 회전축을 포함한 평면으로 잘라서 생긴 단면은 사다리꼴이다.

① ㄱ, ㄴ   ② ㄱ, ㄹ   ③ ㄴ, ㄷ
④ ㄴ, ㄹ   ⑤ ㄷ, ㄹ

Step ❷ A등급을 위한 문제

유형❶ 다면체

01 대표문제

다음 조건을 모두 만족시키는 입체도형은?

> ㈎ 두 밑면이 서로 평행하다.
> ㈏ 옆면의 모양이 직사각형이다.
> ㈐ 한 밑면의 대각선의 총 개수는 20이다.

① 육각기둥   ② 칠각기둥   ③ 칠각뿔대
④ 팔각기둥   ⑤ 팔각뿔대

02

다음 네 수 A, B, C, D의 대소 관계를 바르게 나타낸 것은?

> A : 삼각뿔대의 꼭짓점의 개수
> B : 오각기둥의 모서리의 개수
> C : 육각뿔의 면의 개수
> D : 칠각뿔의 모서리의 개수

① $A<B<C<D$ ② $A<C<D<B$
③ $B<A<D<C$ ④ $C<D<B<A$
⑤ $D<B<A<C$

03

밑면은 내각의 크기의 합이 $1080°$인 다각형이고 옆면의 모양은 삼각형인 다면체의 모서리의 개수를 구하시오.

04

다음 그림과 같이 변의 길이가 모두 같은 정사각형 3개와 정삼각형 6개를 모두 사용하여 구면체를 만들 때, 이 다면체와 꼭짓점의 개수가 같은 각기둥을 구하시오.

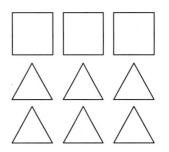

05

오른쪽 그림과 같은 사각뿔대 ABCD−EFGH에서 네 점 K, L, M, N은 각각 네 모서리 AD, BC, AE, BF의 중점이다. 네 점 K, L, M, N을 지나는 평면으로 사각뿔대를 잘라 두 개의 입체도형을 만들 때, 두 입체도형의 면의 개수의 합을 구하시오.

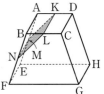

06

다음 그림은 신라시대 놀이에 사용된 주사위인 '목제주령구'의 전개도인데, 모든 면은 정사각형 또는 육각형으로 이루어져 있다. 이 전개도로 만들어지는 다면체에 대한 설명으로 •보기•에서 옳은 것을 모두 고르시오.

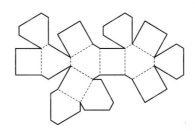

> ─ • 보기 • ─
> ㄱ. 각 꼭짓점에 모인 면의 수가 모두 같다.
> ㄴ. 모서리의 개수는 40이다.
> ㄷ. 꼭짓점의 개수는 24이다.

유형❷ 정다면체

07 대표문제

다음 중 정다면체에 대한 설명으로 옳지 <u>않은</u> 것은?

① 각 꼭짓점에 모인 면의 개수가 같다.
② 모든 정다면체는 평행한 면이 있다.
③ 정육면체와 정팔면체의 모서리의 개수는 같다.
④ 면의 모양이 정삼각형인 정다면체는 3가지이다.
⑤ 정팔면체의 각 면의 한가운데에 있는 점을 꼭짓점으로 하는 다면체는 정육면체이다.

08

다음 그림과 같은 전개도로 정팔면체 모양의 주사위를 만들었더니 평행한 면에 있는 눈의 수의 합이 일정하였다. 두 면 P, Q의 눈의 수를 각각 a, b라 할 때, $a-b$의 값을 구하시오. (단, 눈의 수는 1, 2, 3, $\cdots$, 8이다.)

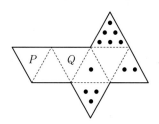

09 앗 실수

정다면체의 한 꼭짓점을 A, 한 모서리의 길이를 l이라 하자. 꼭짓점 A에 모인 모든 모서리에 대하여 점 A로부터 $\frac{1}{3}l$ 만큼 떨어진 모서리 위의 점들을 모두 지나는 평면으로 정다면체를 자를 때 생기는 단면의 모양이 바르게 짝 지어진 것은?

① 정사면체 ⇨ 정사각형
② 정육면체 ⇨ 정육각형
③ 정팔면체 ⇨ 정삼각형
④ 정십이면체 ⇨ 정사각형
⑤ 정이십면체 ⇨ 정오각형

10

다음 그림과 같은 전개도로 정다면체를 만들 때, 일곱 개의 점 B, C, D, E, F, G, H 중에서 꼭짓점 A와 만나는 점을 모두 구하시오.

11

정팔면체의 모서리의 개수를 a, 정이십면체의 꼭짓점의 개수를 b, 정십이면체의 모서리를 잘라 그 전개도를 만들 때, 잘라야 하는 최소한의 모서리의 개수를 c라 하자. 이때, $a+b-c$의 값은?

① 4   ② 5   ③ 6
④ 7   ⑤ 8

12

오른쪽 그림과 같은 전개도로 만든 정육면체를 세 점 A, B, C를 지나는 평면으로 자를 때 생기는 단면에서 ∠ABC의 크기를 구하시오.

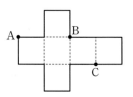

13

다음 세 조건 ㈎, ㈏, ㈐를 만족시키는 정다면체의 개수가 각각 a, b, c일 때, $a+b+c$의 값은?

> ㈎ 꼭짓점의 개수는 모서리의 개수의 $\dfrac{2}{3}$배이다.
>
> ㈏ 모서리의 개수와 면의 개수의 비는 5 : 2이다.
>
> ㈐ 꼭짓점의 개수와 면의 개수의 합에서 모서리의 개수를 빼면 2이다.

① 7 　　　　② 8 　　　　③ 9
④ 10 　　　　⑤ 11

14

(서술형)

다음 그림과 같은 정이십면체를 각 꼭짓점에 모이는 모서리의 $\dfrac{1}{3}$ 지점을 지나는 평면으로 자르면 정오각형과 정육각형으로 이루어진 축구공 모양의 입체도형이 만들어진다. 이 축구공 모양의 입체도형의 꼭짓점의 개수를 구하시오.

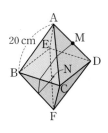

15

(도전 문제)

오른쪽 그림은 한 모서리의 길이가 20 cm인 정팔면체이다. 모서리 AD와 모서리 EF의 중점을 각각 M, N이라 할 때, 개미 한 마리가 점 M에서 출발하여 세 모서리 AC, BC, BF를 거쳐 점 N까지 최단 거리로 이동하려고 한다. 개미의 이동 거리를 구하시오.

유형③ 회전체

16 대표문제

오른쪽 그림과 같은 직사각형 ABCD를 대각선 BD를 회전축으로 하여 1회전시킬 때 생기는 입체도형은?

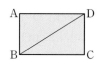

① 　　② 　　③

④ 　　⑤

17

다음 중 회전체에 대한 설명으로 옳지 <u>않은</u> 것은?

① 회전체에는 원기둥, 원뿔, 원뿔대, 구 등이 있다.
② 회전체를 회전축에 수직인 평면으로 자른 단면의 모양은 항상 원이다.
③ 회전체를 회전축을 포함하는 평면으로 자른 단면은 회전축에 대하여 선대칭도형이다.
④ 원뿔을 밑면과 수직인 평면으로 자른 단면의 모양은 삼각형이다.
⑤ 구를 평면으로 자른 단면 중 지름을 포함하는 평면으로 자른 단면의 넓이가 가장 크다.

18

오른쪽 그림과 같은 직각삼각형 ABC를 1회전시켜서 원뿔을 만들려고 한다. •보기•에서 회전축이 될 수 있는 것을 모두 고르시오. (단, $\overline{BD} > \overline{CD}$)

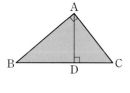

┌ 보기 ┐
ㄱ. 직선 AB 　　　　ㄴ. 직선 AC
ㄷ. 직선 AD 　　　　ㄹ. 직선 BC
└─────────────┘

19

오른쪽 그림과 같이 직선 l로부터 3 cm 떨어진 위치에 한 변의 길이가 2 cm인 정육각형이 있다. 직선 l을 회전축으로 하여 1회전시킬 때 생기는 회전체를 정육각형의 두 꼭짓점을 지나면서 회전축에 수직인 평면으로 자른 단면의 넓이를 구하시오.

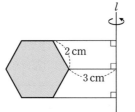

20

오른쪽 그림과 같은 직각삼각형 ABC를 직선 l을 회전축으로 하여 1회전시켜 생기는 입체도형을 한 평면으로 자를 때, 다음 중 그 단면의 모양이 될 수 <u>없는</u> 것은? (단, $\overline{BE} > \overline{CE}$)

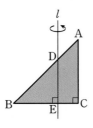

① ②

③ ④ ⑤

21

오른쪽 그림과 같은 평면도형을 직선 l을 회전축으로 하여 1회전시킬 때 생기는 회전체를 회전축을 포함하는 평면으로 잘랐다. 이때 생기는 단면의 둘레의 길이를 a cm, 넓이를 b cm^{2}라 할 때, $a+b$의 값을 구하시오.

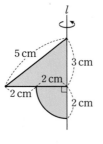

22

오른쪽 그림과 같은 도형을 직선 l을 회전축으로 하여 1회전시킬 때 생기는 도형에 시간당 일정한 양의 물을 넣는다고 할 때, 다음 중 경과 시간 x에 따른 물의 높이 y 사이의 관계를 나타낸 그래프로 알맞은 것은?

① ②

③ ④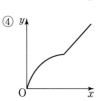

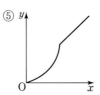

⑤

23

【도전 문제】

오른쪽 그림과 같은 정사각형 ABCD의 변 AD 위의 한 점 E를 지나고 변 AD에 수직인 직선 l을 그었다. 정사각형 ABCD를 직선 l을 회전축으로 하여 1회전시킬 때 생기는 입체도형을 회전축을 포함하는 평면으로 자른 단면의 넓이가 사각형 ABCD의 넓이의 $\frac{3}{2}$일 때, $\overline{AE} : \overline{ED}$는?

(단, $\overline{AE} < \overline{ED}$)

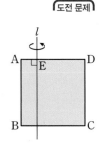

① 1:2   ② 1:3   ③ 2:3

④ 2:5   ⑤ 3:5

유형④ 회전체의 전개도

24 대표문제

다음 중 오른쪽 그림과 같은 전개도로 만들어지는 회전체에 대한 설명으로 옳지 <u>않은</u> 것은?

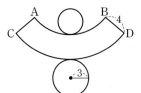

① 회전체는 원뿔대이다.
② 모선의 길이는 4이다.
③ $\overarc{CD}$의 길이는 6π이다.
④ 회전축을 포함하는 평면으로 자른 단면의 모양은 사다리꼴이다.
⑤ 회전축에 수직인 평면으로 자른 단면은 항상 합동인 원이다.

25

오른쪽 그림과 같은 사다리꼴을 직선 l을 회전축으로 하여 1회전시킬 때 생기는 입체도형의 전개도에서 각 도형의 둘레의 길이의 합을 구하시오.

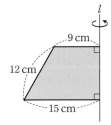

26

오른쪽 그림과 같은 원기둥의 한 모선 AB에 대하여 점 A에서 점 B까지 원기둥의 옆면을 따라 실로 팽팽하게 두 바퀴 감을 때, 다음 중 실이 지나는 경로를 전개도 위에 바르게 나타낸 것은?

①   ②   ③

④   ⑤

27 서술형

오른쪽 그림과 같은 전개도로 만들어지는 원뿔대의 두 밑면의 넓이의 합을 구하시오.

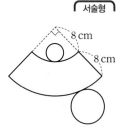

28

오른쪽 그림과 같은 원뿔의 한 모선 AB의 중점 C에서 출발하여 원뿔의 옆면을 따라 한 바퀴 돌아 다시 점 C로 돌아오는 가장 짧은 선을 그릴 때, 이 선의 길이는?

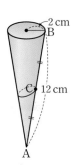

① 4 cm   ② 5 cm
③ 6 cm   ④ 7 cm
⑤ 8 cm

29

다음 그림과 같이 모선의 길이가 같은 세 원뿔 A, B, C가 있다. 각 원뿔의 옆면을 펼쳐 꼭짓점을 이어 붙였더니 한 원이 되었다. 세 원뿔 A, B, C의 밑면의 지름의 길이의 비가 $2:3:4$일 때, 원뿔 A의 모선의 길이는 밑면의 반지름의 길이의 몇 배인가?

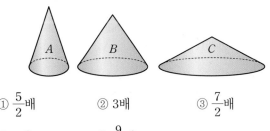

① $\dfrac{5}{2}$배   ② 3배   ③ $\dfrac{7}{2}$배

④ 4배   ⑤ $\dfrac{9}{2}$배

01

m각뿔대의 모서리의 개수와 n각기둥의 꼭짓점의 개수의 합이 30일 때, 다음 물음에 답하시오.

(단, $m \geq 3$, $n \geq 3$이다.)

(1) m과 n 사이의 관계를 식으로 나타내시오.

(2) $m+n$의 최댓값과 최솟값을 차례대로 구하시오.

03

오른쪽 그림에서 모눈 한 칸은 한 변의 길이가 1인 정사각형이다. 이 모눈종이 위에 그려진 사각형 ABCD를 선분 AD에 수직인 직선을 회전축으로 하여 1회전시켜 원뿔대를 만들려고 한다. 다음 물음에 답하시오.

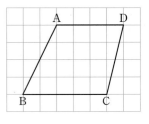

(1) 회전축을 포함한 평면으로 원뿔대를 자를 때, 단면의 넓이의 최댓값을 구하시오.

(2) 원뿔대의 밑면의 넓이의 최솟값을 구하시오.

04

다음 그림과 같이 직육면체 50개를 연결한 입체도형에서 꼭짓점, 모서리, 면의 개수를 각각 v, e, f라 할 때, $v-e+f$의 값을 구하시오.

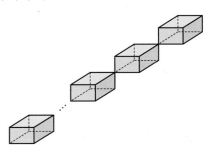

02

다음 그림과 같이 정삼각형 10개로 이루어진 전개도로 다면체를 만들 때, 이 다면체가 정다면체인지 아닌지 말하고, 그 이유를 설명하시오.

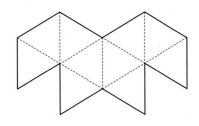

05

오른쪽 그림과 같은 평면도형을 직선 l을 회전축으로 하여 1회전시켜 입체도형을 만들었다. 이 입체도형을 회전축에 수직인 평면으로 자를 때, 넓이가 가장 큰 단면의 넓이를 $a\pi$, 회전축을 포함하거나 회전축에 평행한 평면으로 자를 때, 넓이가 가장 큰 단면의 넓이를 b라 하자. 이때, $25a-b$의 값을 구하시오.

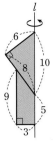

06

오른쪽 그림과 같은 정육면체를 한 평면으로 잘라 두 개의 입체도형을 만들 때, 두 입체도형의 모서리의 개수의 합의 최댓값을 구하시오.

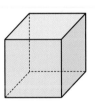

07

다음 조건을 모두 만족시키는 전개도로 만든 입체도형의 꼭짓점, 모서리, 면의 개수를 각각 v, e, f라 할 때, $v+e-f$의 값을 구하시오.

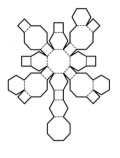

- (개) 정팔각형인 면은 6개이다.
- (내) 각 꼭짓점에 모인 면은 3개로 일정하다.
- (대) 면의 종류는 정팔각형, 정육각형, 정사각형의 3가지이다.
- (래) 정팔각형인 면은 4개의 정사각형인 면과 4개의 정육각형인 면으로 둘러싸여 있다.

08

초속 2 cm의 일정한 속력으로 쉬지 않고 움직이는 두 개미 A, B가 있다. 오른쪽 그림과 같이 $\overline{OP}=4a$ cm이고 밑면의 반지름의 길이가 a cm인 원뿔을 개미 A는 점 P에서 출발하여 옆면을 돌아 다시 점 P로 되돌아오는 가장 짧은 선을 따라 움직이다. 이 선의 길이의 절반인 지점을 점 P′이라 할 때, 개미 B는 점 O에서 출발하여 점 O와 점 P′ 사이를 $\overline{OP'}$을 따라 왕복하며 움직인다. 두 개미 A, B가 동시에 출발하여 두 번째 만날 때까지 걸리는 시간을 구하시오. (단, a는 상수이고, 두 개미 A, B의 크기는 생각하지 않는다.)

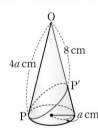

입체도형의 겉넓이와 부피

100점 노트

중요

Ⓐ 구멍이 뚫린 기둥의 겉넓이와 부피
(1) (겉넓이)＝(밑넓이)×2
　　　　　＋(바깥쪽 옆면의 넓이)
　　　　　＋(안쪽 옆면의 넓이)
(2) (부피)＝(밑넓이)×(높이)
▶ STEP 2 | 02번

Ⓑ 일부분을 잘라 낸 기둥의 겉넓이와 부피
(1) 겉넓이 : 단면을 이동시켜 구한다.
(2) (부피)＝(잘라 내기 전 전체의 부피)
　　　　　－(잘라 낸 부분의 부피)
▶ STEP 1 | 08번, STEP 2 | 17번

100점 공략

Ⓒ 뿔대의 겉넓이
(1) (뿔대의 겉넓이)
　　＝(두 밑넓이의 합)＋(옆넓이)
(2) (원뿔대의 옆넓이)
　　＝(큰 부채꼴의 넓이)
　　　－(작은 부채꼴의 넓이)
▶ STEP 1 | 07번, STEP 2 | 14번

Ⓓ 뿔대의 부피
(뿔대의 부피)
＝(큰 뿔의 부피)－(작은 뿔의 부피)

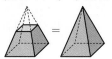

▶ STEP 2 | 16번

Ⓔ 원뿔, 구, 원기둥의 부피 사이의 관계
원기둥 안에 구와 원뿔
이 꼭 맞게 들어 있을
때, 원뿔, 구, 원기둥
사이의 부피의 비는
(원뿔) : (구) : (원기둥)
$=\frac{2}{3}\pi r^3 : \frac{4}{3}\pi r^3 : 2\pi r^3$
$=1 : 2 : 3$

▶ STEP 1 | 12번

기둥의 겉넓이와 부피 Ⓐ Ⓑ Ⓔ

(1) 기둥의 겉넓이
① 각기둥의 겉넓이는 두 밑넓이와 옆넓이의 합이다.
　　　　　　　　　　　　　　기둥이나 뿔에서 한 밑면의 넓이를 간단히 밑넓이라 한다.
　　(각기둥의 겉넓이)＝(밑넓이)×2＋(옆넓이)
　　　　　　　　　　　　　　　　　　(밑면의 둘레의 길이)×(높이)

② 원기둥의 겉넓이 : 밑면의 반지름의
길이가 r, 높이가 h인 원기둥의 겉넓
이 S는
　　$S=2\pi r^2+2\pi rh$

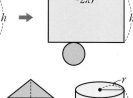

(2) 기둥의 부피
① 각기둥의 부피 : 밑넓이가 S, 높이가 h인 각
기둥의 부피 V는
　　$V=Sh$

② 원기둥의 부피 : 밑면의 반지름의 길이가 r,
높이가 h인 원기둥의 부피 V는
　　$V=\pi r^2h$

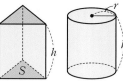

뿔의 겉넓이와 부피 Ⓒ Ⓓ Ⓔ

(1) 뿔의 겉넓이
　　　　　　　　　　　　　n각형의 넓이
① 각뿔의 겉넓이는 밑넓이와 옆넓이의 합이다.
　　　　　　　　　　　　　　　　　　　n개의 삼각형의 넓이의 합
　　(각뿔의 겉넓이)＝(밑넓이)＋(옆넓이)

② 원뿔의 겉넓이 : 밑면의 반지름
의 길이가 r, 모선의 길이가 l인
원뿔의 겉넓이 S는
　　$S=\pi r^2+\pi rl$

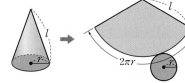

(2) 뿔의 부피
① 각뿔의 부피 : 밑넓이가 S, 높이가 h인
각뿔의 부피 V는
　　$V=\frac{1}{3}Sh$

② 원뿔의 부피 : 밑면의 반지름의 길이가 r, 높이가 h인 원뿔의 부피 V는
　　$V=\frac{1}{3}\pi r^2h$

참고 밑넓이와 높이가 각각 같은 기둥과 뿔의 부피의 비는 3 : 1이다.

구의 겉넓이와 부피 Ⓔ

(1) 구의 겉넓이
반지름의 길이가 r인 구의 겉넓이 S는
　　$S=4\pi r^2$

(2) 구의 부피
반지름의 길이가 r인 구의 부피 V는
　　$V=\frac{4}{3}\pi r^3$

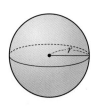

Step 1 시험에 꼭 나오는 문제

01 각기둥의 겉넓이와 부피

오른쪽 그림과 같은 사각기둥의 겉넓이와 부피를 차례대로 구하면?

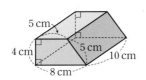

① 260 cm², 260 cm³
② 260 cm², 272 cm³
③ 272 cm², 260 cm³
④ 272 cm², 272 cm³
⑤ 284 cm², 260 cm³

02 원기둥의 겉넓이

오른쪽 그림에서 원기둥 A는 밑면의 반지름의 길이가 4 cm, 높이가 10 cm이고, 원기둥 B는 밑면의 반지름의 길이가 2 cm이다. 두 원기둥 A, B의 겉넓이가 같을 때, 원기둥 B의 높이는?

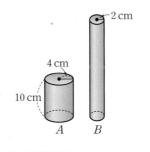

① 26 cm
② 28 cm
③ 30 cm
④ 32 cm
⑤ 34 cm

03 원기둥의 부피

다음 그림과 같은 전개도로 만든 원기둥의 부피는?

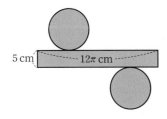

① 120π cm³
② 140π cm³
③ 160π cm³
④ 180π cm³
⑤ 200π cm³

04 각뿔의 겉넓이와 부피

오른쪽 그림과 같이 밑면은 한 변의 길이가 6 cm인 정사각형이고, 높이가 4 cm인 사각기둥의 한 밑면의 대각선의 교점을 O, 다른 한 밑면의 네 꼭짓점을 각각 A, B, C, D라 하자. 이때, 사각뿔 O−ABCD의 겉넓이와 부피를 차례대로 구하면?

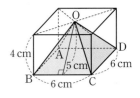

① 48 cm², 48 cm³
② 60 cm², 48 cm³
③ 60 cm², 60 cm³
④ 96 cm², 48 cm³
⑤ 96 cm², 60 cm³

05 원뿔의 겉넓이

오른쪽 그림은 밑면의 반지름의 길이가 6 cm, 모선의 길이가 10 cm, 높이가 8 cm인 원뿔을 꼭짓점과 밑면의 중심을 지나는 평면으로 자른 한쪽 부분을 나타낸 것이다. 이 입체도형의 겉넓이를 구하시오.

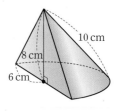

06 원뿔의 부피

어떤 원뿔의 밑면의 반지름의 길이를 2배로 늘여 원뿔 A를 만들고, 높이를 2배로 늘여 원뿔 B를 만들었다. 원뿔 A의 부피가 50π cm³일 때, 원뿔 B의 부피를 구하시오.

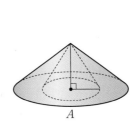

07 뿔대의 겉넓이

오른쪽 그림과 같은 원뿔대의 겉넓이는?

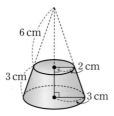

① $20\pi \text{ cm}^2$ 　② $22\pi \text{ cm}^2$
③ $25\pi \text{ cm}^2$ 　④ $28\pi \text{ cm}^2$
⑤ $31\pi \text{ cm}^2$

08 잘라 만든 입체도형의 겉넓이와 부피

오른쪽 그림과 같이 잘린 원기둥 모양의 입체도형을 만들려고 한다. 이 입체도형의 윗면을 제외한 겉넓이를 $a\pi \text{ cm}^2$, 부피를 $b\pi \text{ cm}^3$라 할 때, $a+b$의 값을 구하시오.

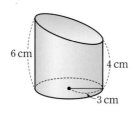

09 회전체의 겉넓이와 부피

다음 그림과 같은 도형을 직선 l을 회전축으로 하여 1회전시킬 때 생기는 회전체의 겉넓이와 부피를 차례대로 구하면?

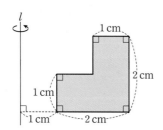

① $32\pi \text{ cm}^2$, $13\pi \text{ cm}^3$ 　② $34\pi \text{ cm}^2$, $13\pi \text{ cm}^3$
③ $34\pi \text{ cm}^2$, $15\pi \text{ cm}^3$ 　④ $36\pi \text{ cm}^2$, $15\pi \text{ cm}^3$
⑤ $36\pi \text{ cm}^2$, $17\pi \text{ cm}^3$

10 구의 겉넓이

오른쪽 그림은 반지름의 길이가 4 cm인 구의 $\frac{1}{8}$을 잘라 내고 남은 입체도형이다. 이 입체도형의 겉넓이는?

① $32\pi \text{ cm}^2$ 　② $44\pi \text{ cm}^2$
③ $56\pi \text{ cm}^2$ 　④ $68\pi \text{ cm}^2$
⑤ $80\pi \text{ cm}^2$

11 구의 부피

다음 그림과 같이 반지름의 길이가 10 cm인 큰 쇠구슬 1개를 녹여 반지름의 길이가 1 cm인 작은 쇠구슬을 여러 개 만들려고 한다. 이때, 작은 쇠구슬은 최대 몇 개까지 만들 수 있는가?

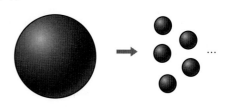

① 10개 　② 100개 　③ 250개
④ 500개 　⑤ 1000개

12 원뿔, 구, 원기둥 사이의 관계

오른쪽 그림과 같이 원기둥 안에 구와 원뿔이 꼭 맞게 들어 있다. 구의 부피가 $36\pi \text{ cm}^3$일 때, 원뿔과 원기둥의 부피를 차례대로 구하시오.

Step 2 A등급을 위한 문제

유형❶ 기둥의 겉넓이

01 대표문제

오른쪽 그림과 같이 밑면이 부채꼴인 기둥의 겉넓이가 $(44\pi+60)$ cm² 일 때, h의 값은?

(단, h는 자연수이다.)

① 2 　　② 3
③ 4 　　④ 5
⑤ 6

02

오른쪽 그림과 같이 밑면이 사다리꼴인 사각기둥에서 밑면이 한 변의 길이가 2 cm인 정사각형이고, 높이가 8 cm인 사각기둥 모양의 구멍을 뚫었다. 이 입체도형의 겉넓이는?

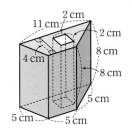

① 342 cm² 　② 328 cm²
③ 294 cm² 　④ 288 cm²
⑤ 264 cm²

03 앗! 실수

오른쪽 그림과 같이 윗부분은 원기둥을 이등분한 모양이고 아랫부분은 직육면체 모양인 창고가 있다. 이 창고의 겉면을 한 통에 8000원 하는 페인트로 칠하려고

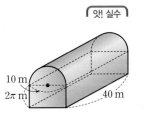

한다. 페인트 한 통으로 25π m²를 칠할 수 있다고 할 때, 창고의 겉면을 모두 칠하는 데 드는 비용은?

① 120000원 　② 128000원 　③ 136000원
④ 144400원 　⑤ 152000원

04

오른쪽 그림과 같이 한 모서리의 길이가 4 cm인 정육면체를 평면 BFGC에 평행인 평면으로 9번 잘라 10개의 직육면체를 만들었다. 이 직육면체들의 겉넓이의 합을 구하시오.

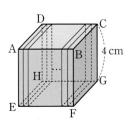

05 서술형

다음 그림과 같이 서로 겹쳐져 있는 합동인 두 원기둥이 있다. 두 점 O, O′은 각각 두 원기둥의 밑면의 중심이고 두 점 A, B는 두 원 O, O′의 교점이다. $\angle AOB=\angle AO'B=90°$ 일 때, 두 원기둥이 겹쳐진 부분의 입체도형의 겉넓이를 구하시오.

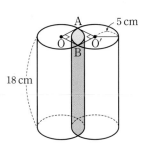

06

한 모서리의 길이가 2 cm인 정육면체를 다음 그림과 같은 규칙에 따라 [6단계]까지 쌓았을 때, [6단계]의 입체도형의 겉넓이를 구하시오.

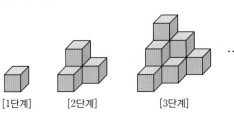

유형❷ 기둥의 부피

07 대표문제

오른쪽 그림과 같이 밑면의 반지름의 길이가 8 cm인 원기둥 모양의 그릇에 물이 가득 차 있다. 이 그릇 안에 한 모서리의 길이가 2 cm인 정육면체 모양의 물체를 물에 잠기게 넣었다가 꺼내면 수면의 높이는 몇 cm 내려가는가? (단, 그릇의 두께는 생각하지 않는다.)

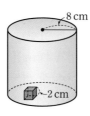

① $\dfrac{1}{8\pi}$ cm ② $\dfrac{1}{24}$ cm ③ $\dfrac{1}{4\pi}$ cm

④ $\dfrac{1}{12}$ cm ⑤ $\dfrac{1}{8}$ cm

08

오른쪽 그림은 한 모서리의 길이가 8 cm인 정육면체의 모든 꼭짓점에서 한 모서리의 길이가 a cm인 정육면체를 잘라내고 남은 입체도형이다. 이 입체도형의 부피를 x cm³, 겉넓이를 y cm²라 하면 $x-y=3$이 성립할 때, a의 값을 구하시오. (단, $0<a<4$)

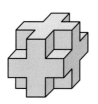

09

좌표평면 위에 네 점 A(1, 1), B(5, 1), C(5, 4), D(1, 4)에 대하여 사각형 ABCD를 x축을 회전축으로 하여 1회전시킬 때 생기는 입체도형의 부피를 V_x, y축을 회전축으로 하여 1회전시킬 때 생기는 입체도형의 부피를 V_y라 하자. 이때, $V_x : V_y$를 가장 간단한 자연수의 비로 나타내시오.

10

오른쪽 그림과 같이 한 모서리의 길이가 6 cm인 정육면체를 한 변의 길이가 2 cm인 정사각형을 밑면으로 하는 사각기둥 모양으로 각 면의 한가운데에 구멍을 뚫을 때, 이 입체도형의 부피는?

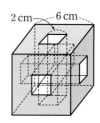

① 144 cm³ ② 160 cm³

③ 176 cm³ ④ 200 cm³

⑤ 216 cm³

11

다음 [그림 1]과 같이 원기둥을 이등분한 모양의 통에 물을 가득 부은 후 [그림 2]와 같이 45°만큼 통을 기울였다. 이때, 흘러 넘친 물의 양은? (단, 통의 두께는 생각하지 않는다.)

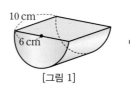

[그림 1]   [그림 2]

① $(90\pi-180)$ cm³ ② $(90\pi+180)$ cm³

③ 180π cm³ ④ $(360\pi-180)$ cm³

⑤ $(360\pi+180)$ cm³

유형❸ 뿔의 겉넓이

12 대표문제

오른쪽 그림과 같이 모선의 길이가 10 cm인 원뿔을 꼭짓점 O를 중심으로 평면 위에서 굴렸더니 $\dfrac{5}{2}$바퀴 회전하고 제자리로 되돌아왔다. 이 원뿔의 겉넓이를 구하시오.

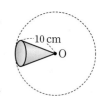

13

다음 그림은 어떤 입체도형을 위, 앞 그리고 옆에서 본 모양이다. 이 입체도형의 겉넓이를 구하시오.

[위]

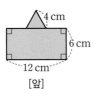
[앞]

[옆]

14

오른쪽 그림과 같은 사다리꼴을 직선 l을 회전축으로 하여 120°만큼 회전시킬 때 생기는 입체도형의 겉넓이를 구하시오.

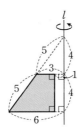

15

오른쪽 그림은 정사면체를 각 꼭짓점으로부터 모서리의 길이의 $\frac{1}{3}$인 지점을 지나는 평면으로 자른 것이다. 잘라 내고 남은 입체도형의 겉넓이를 A, 잘라 낸 4개의 정사면체의 겉넓이의 합을 B라 할 때, $\frac{A}{B}$의 값은?

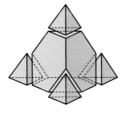

① $\frac{3}{2}$ ② $\frac{7}{4}$ ③ 2

④ $\frac{9}{4}$ ⑤ $\frac{5}{2}$

유형❹ 뿔의 부피

16 대표문제

오른쪽 그림은 어떤 원뿔의 높이를 이등분하는 점을 지나면서 밑면에 평행한 평면으로 잘라 만든 원뿔대의 옆면의 전개도이다. 이 원뿔대의 부피가 $672\pi \text{ cm}^3$일 때, 높이는?

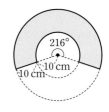

① 5 cm   ② 6 cm   ③ 7 cm

④ 8 cm   ⑤ 9 cm

17

오른쪽 그림은 한 모서리의 길이가 3 cm인 정육면체에서 삼각뿔대를 잘라 내고 남은 입체도형이다. 두 점 P, Q가 각각 두 모서리 AB, BC의 중점이고 세 모서리 PE, QG, BF의 연장선은 한 점 O에서 만난다. $\overline{\text{OB}}=\overline{\text{BF}}$일 때, 이 입체도형의 부피를 구하시오.

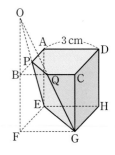

18

지구에서 달까지 왕복하는 우주선은 오른쪽 그림과 같이 원기둥과 원뿔대를 붙여 놓은 입체도형이다. 달에서 출발한 우주선이 지구로 돌아올 때는 부피가 원기둥의 $\frac{1}{a}$배인 원뿔대 부분만 돌아온다고 할 때, a의 값을 구하시오.

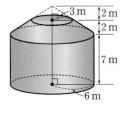

19

밑면이 서로 합동이고 높이의 비가 2 : 3인 원뿔과 원기둥의 밑면이 일치하도록 붙여 놓은 입체도형이 있다. 이 입체도형의 옆면을 깎아 최대한 큰 원뿔을 만들었더니 처음 입체도형보다 부피가 18 cm³만큼 줄어들었다. 이때, 새로 만든 원뿔의 부피는?

① 9 cm³   ② 12 cm³   ③ 15 cm³

④ 18 cm³   ⑤ 21 cm³

20

오른쪽 그림과 같은 삼각기둥의 모서리 BE 위에 점 P가 있다. 세 점 D, P, F를 지나는 평면으로 이 삼각기둥을 잘랐을 때, 꼭짓점 B를 포함하는 입체도형의 부피를 V_1 cm³, 꼭짓점 E를 포함하는 입체도형의 부피를 V_2 cm³라 하자. $V_1=4V_2$일 때, $\overline{BP}$의 길이는?

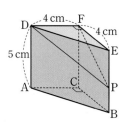

① 1 cm   ② $\dfrac{4}{3}$ cm   ③ $\dfrac{3}{2}$ cm

④ $\dfrac{5}{3}$ cm   ⑤ 2 cm

21

[서술형]

오른쪽 그림과 같은 원뿔 모양의 빈 그릇에 일정한 속도로 물을 넣는다. 물을 넣기 시작한 지 5분이 된 순간의 물의 높이는 10, 수면의 반지름의 길이는 5라 할 때, 빈 그릇에 물을 넣기 시작하여 가득 채우는 데까지 걸리는 시간은 몇 분인지 구하시오.

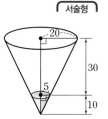

22

오른쪽 그림과 같이 직사각형과 직각삼각형으로 이루어진 평면도형을 직선 l을 회전축으로 하여 1회전시킬 때 생기는 입체도형의 부피는?

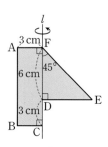

① 112π cm³   ② 117π cm³

③ 122π cm³   ④ 127π cm³

⑤ 132π cm³

23

[도전 문제]

오른쪽 그림과 같이 정육면체의 각 면의 대각선의 교점을 꼭짓점으로 하는 정팔면체의 부피가 36 cm³일 때, 정육면체의 한 모서리의 길이를 구하시오.

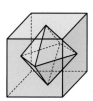

유형❺ 구의 겉넓이

24 대표문제

오른쪽 그림과 같이 반지름의 길이가 각각 6 cm, 4 cm인 2개의 반구를 붙여 만든 입체도형의 겉넓이를 구하시오.

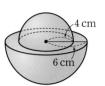

25

오른쪽 그림과 같이 정육면체 안에 꼭 맞게 들어 있는 구의 겉넓이가 144π cm² 일 때, 정육면체의 겉넓이는?

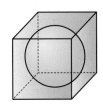

① 720 cm²　② 864 cm²
③ 900 cm²　④ 1008 cm²
⑤ 1152 cm²

26

다음 그림과 같이 크기가 모두 같은 큰 공 8개가 들어 있는 상자 A와 크기가 모두 같은 작은 공 64개가 들어 있는 상자 B가 있다. 두 상자 A, B 모두 한 모서리의 길이가 20 cm 인 정육면체 모양이고 각 상자 안에 꼭 맞게 공을 넣었다. 상자 A와 상자 B 안에 들어 있는 공 전체의 겉넓이의 합을 각각 a cm², b cm²라 할 때, $\dfrac{b}{a}$의 값을 구하시오.

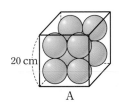

20 cm

A

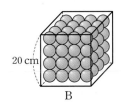

20 cm

B

유형❻ 구의 부피

27 대표문제

오른쪽 그림과 같이 반지름의 길이가 6 cm인 구 안에 정팔면체가 꼭 맞게 들어 있을 때, 구의 부피는 정팔면체의 부피의 몇 배인가?

① 2배　② 3배
③ π배　④ 2π배
⑤ 8배

28

지원이는 다음 그림과 같이 밑면의 반지름의 길이가 1 cm 인 원기둥 모양의 통에 구 모양의 구슬 3개와 높이가 구의 지름과 같은 원뿔 모양의 나무 블록 1개를 꼭 맞게 넣었다. 통의 빈 공간을 물로 채울 때, 필요한 물의 양을 구하시오.

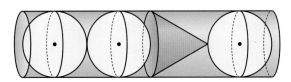

29

오른쪽 그림과 같이 반구와 원기둥이 붙어 있는 모양의 비누가 있다. 반구의 반지름의 길이와 원기둥의 높이의 비가 3 : 5일 때, 이 비누를 깎아 최대한 큰 구 모양의 비누 를 만들었더니 처음 비누보다 부피가 45π cm³만큼 줄어들었다. 처음 비누의 부 피를 구하시오.

30

오른쪽 그림은 가로 10 cm, 세로 8 cm, 높이 6 cm인 직육면체 모 양의 상자의 한 꼭짓점에 줄로 공 을 연결한 것이다. 줄의 길이가 6 cm일 때, 이 공이 움직일 수 있는 공간의 최대 부피는? (단, 공의 크기는 생각하지 않는다.)

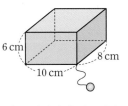

6 cm
8 cm
10 cm

① 216π cm³　② 234π cm³　③ 252π cm³
④ 270π cm³　⑤ 288π cm³

01

다음 그림과 같이 밑면의 지름의 길이가 18 cm인 원기둥 모양의 통에 담겨 있는 주스를 모양과 크기가 모두 같은 원뿔 모양의 컵 6개에 가득 담았더니 통에 남아 있는 주스의 높이가 8 cm가 되었다. 이때, 처음 원기둥 모양의 통에 담겨 있던 주스의 높이를 구하시오.

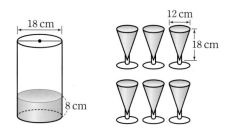

02

수조 A는 한 모서리의 길이가 10 cm인 정육면체이고, 수조 B는 가로, 세로의 길이가 각각 2 cm, 4 cm이고, 높이가 10 cm인 직육면체이다. 다음 ㈎, ㈏, ㈐의 과정을 순서대로 시행할 때, 물음에 답하시오.

㈎ 수조 A에 물이 가득 찬 수조 B를 넣는다.
㈏ 수조 A의 물의 높이가 5 cm가 되도록 물을 붓는다.
㈐ 수조 B를 꺼내어 수조 B의 물을 수조 A에 모두 붓는다.

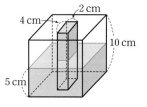

(1) ㈏의 과정까지 시행한 후, 수조 B가 들어 있는 부분을 제외한 수조 A에만 담긴 물의 부피를 구하시오.

(2) ㈐의 과정까지 시행한 후, 수조 A에 담긴 물의 높이를 구하시오.

03

가로, 세로의 길이가 각각 4 cm, 2 cm이고 높이가 3 cm인 직육면체를 이어 붙여서 [그림 1]과 같이 만들었다. 이때, [그림 1]의 가운데에는 [그림 2]와 같은 모양의 공간이 비어 있다고 한다. [그림 1]의 입체도형의 겉넓이를 구하시오.

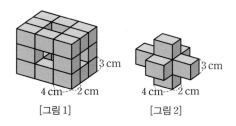

[그림 1]　　　　[그림 2]

04

오른쪽 그림과 같이 빗변이 아닌 한 변의 길이가 4인 직각이등변삼각형을 밑면으로 하는 삼각기둥에서 $\overline{BP}=4$, $\overline{PE}=2$, $\overline{CQ}=\overline{QF}=3$이다. 이 삼각기둥을 면 APQ와 면 DPQ로 자를 때 생기는 세 입체도형의 부피를 위에서부터 차례로 V_1, V_2, V_3이라 할 때, $V_1 : V_2 : V_3$을 가장 간단한 자연수의 비로 나타내시오.

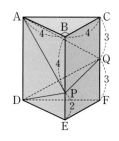

05

오른쪽 그림의 직사각형은 대각선의 길이가 4 cm인 정사각형 3개를 이어 붙여서 만든 도형이다. 이 도형을 가운데 정사각형의 대각선을 지나는 직선 l을 회전축으로 하여 1회전시킬 때 생기는 입체도형의 부피를 구하시오.

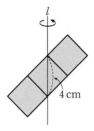

06

겉넓이가 같은 다음 세 가지 모양의 원유 저장 탱크를 만들어서 원유를 가득 채워 넣는다고 한다.

⑺ 밑면의 반지름의 길이가 r인 원기둥 모양의 탱크
⑻ 반지름의 길이가 r인 구 모양의 탱크
⑼ 한 변의 길이가 r인 정사각형을 밑면으로 하는 사각기둥 모양의 탱크

가장 많은 양의 원유가 들어가는 탱크의 부피와 가장 적은 양의 원유가 들어가는 탱크의 부피의 차를 r를 사용하여 나타내시오.

07

다음 그림에서 부채꼴 ABC를 직선 l을 회전축으로 하여 1회전시킬 때 생기는 입체도형의 겉넓이를 S, 부채꼴 EFG를 직선 m을 회전축으로 하여 1회전시킬 때 생기는 입체도형의 겉넓이를 T라 할 때, $\frac{1}{3}S+\frac{2}{3}T$의 값을 구하시오.

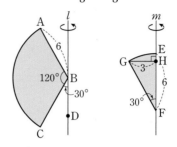

08

오른쪽 그림과 같은 원뿔 모양의 그릇에서 점 A를 지나면서 밑면에 평행한 면과 그릇의 옆면이 만나는 부분에 6개의 구멍을 뚫고, 원뿔의 꼭짓점 B에도 한 개의 구멍을 뚫는다.

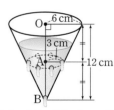

구멍을 모두 막은 상태에서 그릇에 물을 가득 채운 후, 7개의 구멍을 동시에 열어 물을 빼려고 한다. 각 구멍마다 1분에 3π cm³씩 일정한 속도로 물이 빠져나온다고 할 때, 물이 완전히 빠지는 데 몇 분 걸리는 지 구하시오.

소중한 진리

네덜란드의 한 유명한 의사가 장장 700페이지에 달하는 유서를 가족에게 남겼습니다.
유족들은 유서를 개봉하기 전에 재산의 분배에 대한 궁금증을 가졌습니다.

얼마 후 유서를 개봉하기로 한 변호사가 방안으로 들어오자
가족들은 모두 자신에게 얼마만큼의 재산이 분배되었을까 하는 호기심으로 가득 찼습니다.

변호사는 조심스레 첫 페이지를 넘겼습니다.
그러나 어찌된 일인지 첫 장에는 빈 공간뿐 글자라고는 아무 것도 쓰여 있지 않았습니다.
변호사는 그 다음 페이지를 넘겼지만 역시 백지였습니다.
변호사는 또 페이지를 넘겼지만 넘기는 페이지마다 모두 백지였습니다.

유족들은 실망을 금치 못하면서 다음 장이 넘겨질수록 더 큰 기대감을 가졌습니다.
드디어 699페이지.
이제 한 장을 넘기게 되면 한 권으로 된 유언장은 끝나게 되는 것이었습니다.
마지막 700페이지를 변호사가 펼치는 순간
그 안에는 그 무엇보다 소중한 진리가 들어 있었습니다.
'머리는 차게, 발은 따뜻하게, 배는 8할 정도만 채울 것'

IV

통계

blacklabel

08

IV. 통계

도수분포표와 그래프

100점 노트

100점 공략

Ⓐ 잎을 크기순으로 나열하면 자료의 분포 상태를 파악하기에 더 편리하므로 가능하면 잎이 작은 것부터 크기순으로 가로로 나열한다.

Ⓑ **계급의 개수**

계급의 크기는 모두 같아야 하고, 계급의 개수는 자료의 양에 따라 달라지지만 보통 5~15 정도가 적당하다.

Ⓒ a 이상 b 미만인 계급에서
(1) (계급의 크기)$=b-a$
(2) 계급값 : 계급을 대표하는 값으로 각 계급의 가운데 값

$$(계급값)=\frac{(계급의 \ 양 \ 끝 \ 값의 \ 합)}{2}$$
$$=\frac{a+b}{2}$$

주의

Ⓓ 계급, 계급의 크기를 구할 때에는 단위를 빠뜨리지 않도록 한다. 이때, 계급과 계급의 크기의 단위는 같다.

Ⓔ 도수분포다각형에서 계급의 개수를 셀 때, 양 끝에 도수가 0인 계급은 세지 않는다.
▶ STEP 1 | 04번, STEP 2 | 16번

100점 공략

Ⓕ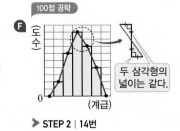
두 삼각형의 넓이는 같다.
▶ STEP 2 | 14번

줄기와 잎 그림 Ⓐ

(1) 변량 : 성적, 무게 등의 자료를 수량으로 나타낸 것
(2) 줄기와 잎 그림 : 줄기와 잎을 이용하여 자료를 나타낸 그림
(3) 줄기와 잎 그림을 나타내는 순서

　(ⅰ) 각 변량을 줄기와 잎으로 나눈다.
　(ⅱ) 세로선을 긋고, 세로선의 왼쪽에 줄기를 크기가 작은 수부터 세로로 크기순으로 쓴다.
　(ⅲ) 각 줄기에 해당하는 잎을 크기가 작은 수부터 세로선의 오른쪽에 가로로 나열한다. ← 중복된 변량은 중복된 횟수만큼 나열한다.

(단위 : 회)

20	12	27	31
31	24	13	35

⇩

1|2는 12회

줄기	잎
1	2　3
2	0　4　7
3	1　1　5

도수분포표 Ⓑ Ⓒ Ⓓ

(1) 계급 : 변량을 일정한 간격으로 나눈 구간
(2) 계급의 크기 : 구간의 너비, 즉 계급의 양 끝 값의 차
(3) 도수 : 각 계급에 속하는 자료의 수
(4) 도수분포표 : 전체 자료를 몇 개의 계급으로 나누고, 각 계급의 도수를 조사하여 나타낸 표
(5) 도수분포표를 나타내는 순서

　(ⅰ) 가장 큰 변량과 가장 작은 변량을 찾는다.
　(ⅱ) 계급의 크기를 정하여 계급을 나눈다.
　(ⅲ) 각 계급에 속하는 변량의 개수를 세어 계급의 도수를 구한다.

계급(회)	도수
10^{이상} ~ 20^{미만}	2
20　~　30	3
30　~　40	3
합계	8

히스토그램

(1) 히스토그램 : 도수분포표에서 각 계급의 크기를 가로로, 그 계급의 도수를 세로로 하는 직사각형으로 나타낸 그래프
(2) 히스토그램의 특징

　① 자료의 분포 상태를 한눈에 알아볼 수 있다.
　② 각 직사각형의 넓이는 그 계급의 도수에 정비례한다. ← (직사각형의 넓이)=(각 계급의 크기)×(그 계급의 도수)
　③ (직사각형의 넓이의 합)=(계급의 크기)×(도수의 총합)

색칠한 두 부분의 넓이는 같다.

도수분포다각형 Ⓔ Ⓕ

이 점의 좌표는 (계급값, 도수)이다.

(1) 도수분포다각형 : 히스토그램에서 각 직사각형의 윗변의 중앙의 점과 그래프의 양 끝에 도수가 0인 계급이 하나씩 더 있는 것으로 생각하여 그 중앙의 점을 선분으로 연결하여 그린 그래프

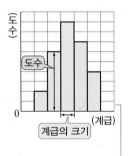

(2) 도수분포다각형의 특징

　① 자료의 분포 상태를 연속적으로 관찰할 수 있다.
　② (도수분포다각형과 가로축으로 둘러싸인 부분의 넓이)
　　　=(히스토그램의 직사각형의 넓이의 합)
　③ 두 개 이상의 자료의 분포 상태를 동시에 나타내어 비교하는 데 편리하다.

blacklabel
Step ❶ 시험에 꼭 나오는 문제

01 줄기와 잎 그림

오른쪽은 윤경이네 반 학생들의 하루 동안의 통화 시간을 조사하여 나타낸 줄기와 잎 그림이다. • 보기 • 에서 옳은 것을 모두 고르시오.

0|8은 8분

줄기	잎
0	1 2 4 8
1	2 3 5 7 8 9
2	2 3 4
3	1 3

• 보기 •

ㄱ. 반 전체 학생은 15명이다.
ㄴ. 잎이 가장 적은 줄기는 2이다.
ㄷ. 통화 시간이 20분 미만인 학생은 6명이다.
ㄹ. 통화 시간이 5번째로 긴 학생의 통화 시간은 22분이다.

02 도수분포표

오른쪽은 경훈이네 중학교 어느 반 학생들의 하루 동안의 TV 시청 시간을 조사하여 나타낸 도수분포표이다. 다음 중 옳지 <u>않은</u> 것은?

시간(분)	학생 수(명)
0^{이상} ~ 30^{미만}	5
30 ~ 60	12
60 ~ 90	A
90 ~ 120	9
120 ~ 150	4
합계	40

① 계급의 크기는 30분이다.
② A의 값은 10이다.
③ TV를 전혀 보지 않는 학생도 있다.
④ 가장 많은 학생이 속하는 계급은 30분 이상 60분 미만이다.
⑤ TV 시청 시간이 12번째로 긴 학생이 속하는 계급은 90분 이상 120분 미만이다.

03 히스토그램

다음 그림은 어느 동호회 회원 25명의 나이를 조사하여 나타낸 히스토그램의 일부이다. 나이가 35세 미만인 회원은 전체의 몇 %인지 구하시오.

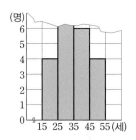

04 도수분포다각형

오른쪽 그림은 점수가 10점 만점인 과녁에 진우가 매일 화살을 70발씩 쏘아 얻은 점수의 합계를 기록하여 나타낸 도수분포다각형이다. 다음 중 옳은 것을 모두 고르면? (정답 2개)

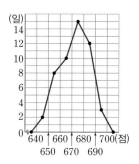

① 계급의 개수는 8이다.
② 계급의 크기는 5점이다.
③ 점수가 645점인 날이 속하는 계급의 도수는 3이다.
④ 670점 이상의 점수를 기록한 날은 30일이다.
⑤ 도수분포다각형과 가로축으로 둘러싸인 부분의 넓이는 500이다.

05 두 도수분포다각형의 비교

아래 그림은 어느 중학교 1학년 1반과 2반 학생들의 과학 실험 점수를 조사하여 나타낸 도수분포다각형이다. 다음 중 옳지 <u>않은</u> 것은?

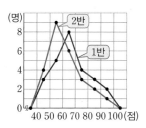

① 두 반의 전체 학생 수는 같다.
② 과학 실험 점수가 가장 우수한 학생은 1반에 있다.
③ 과학 실험 점수가 70점 미만인 학생은 1반보다 2반이 더 많다.
④ 과학 실험 점수가 55점인 학생이 속하는 계급의 도수는 2반이 1반보다 4 더 많다.
⑤ 1반의 과학 실험 점수가 2반보다 더 좋다고 말할 수 있다.

유형❶ 줄기와 잎 그림

01 대표문제

아래의 A, B 두 모둠의 1분 동안의 줄넘기 기록을 조사하여 나타낸 줄기와 잎 그림에 대한 다음 설명 중 옳지 <u>않은</u> 것을 모두 고르면? (정답 2개)

9|5|7은 A 모둠에서 59회, B 모둠에서 57회

잎(A 모둠)	줄기	잎(B 모둠)
9	5	7 9
9 8 5	6	2 5 5 6
7 5 4 3	7	4 6 8
	8	8

① 줄넘기 기록이 가장 좋은 학생은 B 모둠에 있다.
② A 모둠에서 줄넘기 기록이 가장 좋은 학생이 속한 줄기는 7이다.
③ 두 모둠 전체에서 줄넘기 기록이 네 번째로 좋은 학생은 A 모둠에 있다.
④ 줄넘기 기록이 65회 이하인 학생 수는 A 모둠보다 B 모둠이 더 많다.
⑤ B 모둠의 평균이 A 모둠의 평균보다 더 높다.

02   [앗! 실수]

다음은 어느 반 학생들의 하루 동안의 게임 시간을 조사하여 나타낸 줄기와 잎 그림이다. 게임 시간이 긴 순서대로 전체 학생의 상위 $\frac{1}{5}$의 게임 중독 여부를 검사한다고 할 때, 검사 대상이 되는 학생들 중에서 게임 시간이 가장 긴 학생의 게임 시간과 게임 시간이 가장 짧은 학생의 게임 시간의 차를 구하시오.

1|0은 10분

줄기	잎
1	0 2 7 9
2	0 1 2 2 4 7
3	0 1 1 4 5 9
4	0 2 4 4 6 7 8
5	1 6

03

어떤 농구 선수는 매일 40회씩 자유투 연습을 하였다. 오른쪽은 처음 10일 동안 성공한 자유투 횟수를 조사하여 나타낸 줄기와 잎 그림이다. 11일째의 자유투 성공 횟수가 n회이었고 11일 동안의 자유투 성공 횟수의 평균이 위의 줄기와 잎 그림에서 가장 자주 나온 값과 같았을 때, n의 값을 구하시오.

0|9는 9회

줄기	잎
0	9
1	9 9
2	1 4 4 4
3	0 1 3

유형❷ 도수분포표

04 대표문제

오른쪽은 어느 반 학생 40명의 통학 시간을 조사하여 나타낸 도수분포표이다. $a : b : c = 2 : 3 : 1$일 때, 40분 이상 60분 미만인 학생은 전체의 몇 %인가?

통학 시간(분)	학생 수(명)
$0^{이상} \sim 10^{미만}$	15
10 ~ 20	a
20 ~ 30	b
30 ~ 40	9
40 ~ 50	4
50 ~ 60	c
합계	40

① 13.5 %
② 14 %
③ 14.5 %
④ 15 %
⑤ 15.5 %

05

오른쪽은 정호네 반 학생들이 3일 동안 받은 문자 메시지의 수를 조사하여 나타낸 도수분포표이다. 받은 문자 메시지가 40개 미만인 학생은 전체의 40 %이고, 40개 이상 50개 미만인 학생은 전체의 35 %일 때, 받은 문자 메시지가 50개 이상 60개 미만인 학생 수를 구하시오.

문자 메시지의 개수(개)	학생 수(명)
$10^{이상}$ ~ $20^{미만}$	2
20 ~ 30	4
30 ~ 40	10
40 ~ 50	
50 ~ 60	
60 ~ 70	2
합계	

06

오른쪽은 어느 중학교 학생들의 일주일 동안의 운동 시간을 조사하여 나타낸 도수분포표이다. 다음 조건을 모두 만족시키는 a의 값 중에서 가장 큰 값과 가장 작은 값의 차를 구하시오.

운동 시간(시간)	학생 수(명)
$0^{이상}$ ~ $2^{미만}$	6
2 ~ 4	10
4 ~ 6	a
6 ~ 8	b
8 ~ 10	3
합계	

(㉮) 운동 시간이 4시간 미만인 학생은 전체의 50 %이다.
(㉯) 운동 시간이 10번째로 긴 학생이 속한 계급은 4시간 이상 6시간 미만이다.

07

〔서술형〕

오른쪽은 어느 반 학생 40명의 수학 서술형 점수를 조사하여 나타낸 표이다. 서술형 문제는 총 3개이고 배점은 1번이 10점, 2번이 15점, 3번이 25점으로 50점 만점이다. 3번 문항의 정답자가 22명이었을 때, 세 문제 중에서 두 문제만 맞힌 학생은 몇 명인지 구하시오.

점수(점)	학생 수(명)
10	4
15	3
25	15
35	8
40	6
50	4
합계	40

08

〔도전 문제〕

다음은 A 중학교 1학년 1반 학생 40명과 나머지 학급의 학생 200명을 대상으로 1년 동안 학교 도서관을 이용하여 읽은 책의 수를 조사하여 나타낸 도수분포표이다.

읽은 책의 수(권)	학생 수(명)	
	1학년 1반	나머지 학급
$4^{이상}$ ~ $8^{미만}$	2	12
8 ~ 12	6	34
12 ~ 16	10	65
16 ~ 20	18	72
20 ~ 24	4	17
합계	40	200

1학년 전체 학생을 대상으로 1반 학생인 철수보다 책을 적게 읽은 학생 수를 조사하였더니 120명이었다. 1반 학생 중에서 철수보다 책을 적게 읽은 학생 수의 가장 큰 값을 M, 가장 작은 값을 m이라 할 때, $M-m$의 값은?

① 6　　　　　② 8　　　　　③ 9
④ 10　　　　　⑤ 14

유형❸ 히스토그램

09

〔대표문제〕

오른쪽 그림은 정현이네 반 학생들의 하루 운동 시간을 조사하여 나타낸 히스토그램의 일부이다. 60분 이상 80분 미만인 계급의 직사각형의 넓이와 100분 이상 120분 미만인 계급의 직사각형의 넓이의 비가 5 : 3일 때, 하루 운동 시간이 60분 이상 80분 미만인 학생 수는?

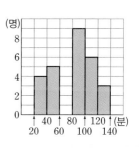

① 10명　　　　② 11명　　　　③ 12명
④ 13명　　　　⑤ 14명

10

오른쪽 그림은 한 상자에 들어
있는 사과 50개의 무게를 조사
하여 나타낸 히스토그램인데
일부가 찢어져 보이지 않는다.
무게가 300 g 미만인 사과가
전체의 60 %일 때, 무게가
300 g 이상 350 g 미만인 사과
의 개수를 구하시오.

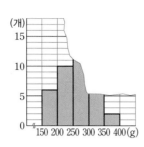

11

오른쪽 그림은 어느 반 학생들
의 지난 한 주 동안의 TV 시
청 시간을 조사하여 나타낸 히
스토그램이다. TV 시청 시간
이 긴 순서대로 상위 20 % 이
내에 드는 학생의 최저 시청
시간을 a시간, 상위 50 % 이
내에 드는 학생의 최저 시청 시간을 b시간이라 할 때, $a+b$
의 값을 구하시오.

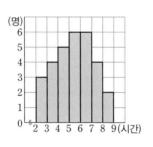

12

서술형

오른쪽 그림은 어느 중학교
1학년 학생 50명의 수학 점
수를 조사하여 나타낸 히스
토그램인데 일부가 훼손되
어 보이지 않는다. 수학 점
수가 75점 이상 80점 미만
인 학생 수와 80점 이상 85
점 미만인 학생 수의 비는
4 : 7이고, 80점 이상 85점
미만인 학생 수와 85점 이상 90점 미만인 학생 수의 비가
2 : 1일 때, 80점 이상 90점 미만인 학생은 전체의 몇 %인
지 구하시오.

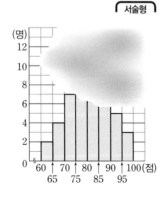

유형❹ 도수분포다각형

13 대표문제

오른쪽 그림은 어느 학급 학생
들의 성적을 조사하여 나타낸
도수분포다각형이다. •보기•에
서 옳은 것을 모두 고른 것은?

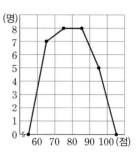

• 보기 •

ㄱ. 이 학급의 학생은 모두 28명이다.
ㄴ. 높은 점수부터 순서대로 나열할 때, 10번째 학생의
   점수가 속하는 계급은 80점 이상 90점 미만이다.
ㄷ. 70점 이상 80점 미만인 학생은 전체의 25 %이다.

① ㄱ   ② ㄷ   ③ ㄱ, ㄴ
④ ㄴ, ㄷ   ⑤ ㄱ, ㄴ, ㄷ

14

오른쪽 그림은 어느 중학교 1학
년 학생들의 수학 점수를 조사
하여 나타낸 도수분포다각형인
데 세로축의 눈금이 빠져 있다.
색칠한 두 삼각형의 넓이를 각
각 S_1, S_2라 하면 $S_1+S_2=20$
일 때, 수학 점수가 80점 이상
인 학생 수는?

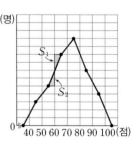

① 11명   ② 22명   ③ 33명
④ 44명   ⑤ 55명

15

오른쪽 그림은 수일이네 반 학생들이 일주일 동안 받은 문자 메시지의 수를 조사하여 나타낸 도수분포다각형인데 일부가 찢어져 보이지 않는다. 받은 문자 메시지가 110개 미만인 학생은 전체의 12 %이고,

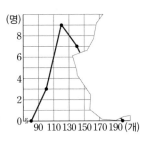

받은 문자 메시지가 150개 이상 170개 미만인 학생 수가 170개 이상 190개 미만인 학생 수의 2배이다. 받은 문자 메시지가 150개 이상 170개 미만인 학생은 전체의 a %일 때, a의 값을 구하시오.

16

다음 그림은 어느 놀이 동산에서 사람들이 롤러코스터를 타기 위하여 기다린 시간을 조사하여 그린 도수분포다각형이다. 도수분포다각형과 가로축으로 둘러싸인 부분의 넓이가 1200이고 첫 번째 계급은 '10분 이상 k분 미만'일 때, 도수가 가장 큰 계급은?

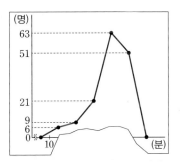

① 22분 이상 26분 미만
② 28분 이상 34분 미만
③ 34분 이상 42분 미만
④ 40분 이상 50분 미만
⑤ 46분 이상 58분 미만

유형⑤ 두 도수분포다각형의 비교

17 대표문제

아래 그림은 어느 중학교 1학년의 남학생, 여학생의 1분 동안 윗몸일으키기 기록에 대한 도수분포다각형이다. 다음 설명의 상수 a, b, c, d, e에 대하여 $a+b+c+d+e$의 값을 구하시오.

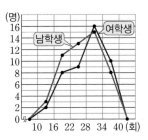

㈎ 남학생은 a명이다.
㈏ 여학생의 기록을 나타내는 그래프와 가로축으로 둘러싸인 부분의 넓이는 b이다.
㈐ 남학생이 여학생보다 3명 더 많은 계급은 c회 이상 d회 미만이다.
㈑ 22회 이상 28회 미만인 계급에 속하는 남학생은 남학생 전체의 e %이다.

18

오른쪽 그림은 어느 중학교의 A반과 B반 학생들의 수학 점수를 조사하여 나타낸 도수분포다각형이다. B반에서 수학 점수가 9번째로 높은 학생의 점수는 A반이면 상위 a %이다. a의 최댓값은?

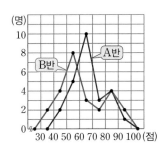

① 60
② 65
③ 72
④ 75
⑤ 80

01

아래의 자료는 어느 회사에서 판매하는 과자 20봉지를 조사하여 한 봉지에 들어 있는 과자의 개수를 나타낸 자료와 도수분포표이다. 다음 물음에 답하시오.

(단위 : 개)

62	57	59	x
59	62	56	66
58	64	55	60
y	61	59	54
60	53	66	60

⇨

과자의 개수(개)	봉지 수(봉지)
$52^{\text{이상}} \sim 55^{\text{미만}}$	m
55 ~ 58	n
58 ~ 61	8
61 ~ 64	4
64 ~ 67	3
합계	20

(1) m, n의 값을 각각 구하시오.

(2) $y - x = 5$일 때, x, y의 값을 각각 구하시오.

02

오른쪽 그림은 선경이네 반 학생들의 통학 시간을 조사하여 나타낸 히스토그램인데 물감이 묻어 일부가 보이지 않는다. 통학 시간이 15분 미만인 학생이 전체의 30 %이고 통학 시간이 20분 이상인 학생이 전체의 40 %일 때, 통학 시간이 15분 이상 20분 미만인 학생 수를 구하시오.

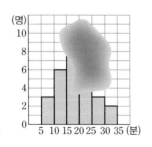

03

오른쪽 그림은 어느 반 학생 40명의 과학 점수를 조사하여 나타낸 도수분포다각형인데 일부가 찢어져 보이지 않는다. 다음 물음에 답하시오.

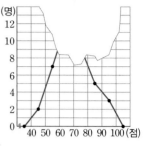

(1) 과학 점수가 70점 미만인 학생 수가 70점 이상인 학생 수의 2배보다 14명이 적다고 할 때, 과학 점수가 60점 이상 70점 미만인 학생 수를 구하시오.

(2) 주어진 도수분포다각형의 가장 높은 꼭짓점으로부터 가로축에 수선을 내리면 도수분포다각형과 가로축으로 둘러싸인 부분이 이 수선에 의하여 두 부분으로 나누어진다. 이 두 부분 중에서 왼쪽 부분의 넓이를 a, 오른쪽 부분의 넓이를 b라 할 때, $\dfrac{a}{b}$의 값을 구하시오.

04

다음은 어느 반 학생들의 몸무게를 조사하여 나타낸 줄기와 잎 그림의 일부이다. 줄기가 7인 학생 수가 줄기가 4인 학생 수의 $\dfrac{3}{2}$이고, 줄기가 4인 학생들의 몸무게의 평균이 42 kg, 줄기가 7인 학생들의 몸무게의 평균이 74 kg, 반 전체 학생들의 몸무게의 평균이 60.5 kg일 때, 이 반 전체 학생 수를 구하시오.

4|0은 40 kg

줄기	잎
4	
5	0 1 2 4
6	2 4 5 5 7 8
7	

05

아래의 왼쪽 표는 어느 학급의 수행 평가 점수를 조사하여 나타낸 것이다. 수행 평가는 모두 세 항목이었는데 첫 번째, 두 번째 수행 과제를 해결하면 각각 10점씩 받고, 세 번째 수행 과제를 해결하면 30점의 점수를 받는다. 해결한 수행 과제의 개수를 조사하여 오른쪽 표를 다시 만들었더니 세 개의 수행 과제를 모두 해결한 학생은 전체 학생의 20 %였다. 이때, 20점을 받은 학생 수와 30점을 받은 학생 수의 차를 구하시오.

점수(점)	학생 수(명)
10	6
20	
30	
40	14
50	
합계	

개수(개)	학생 수(명)
1	x
2	$x+6$
3	$x-5$
합계	

06

오른쪽 그림은 준하네 반 학생들의 체육 점수를 조사하여 나타낸 도수분포다각형이다. 평균이 78점일 때, 평균보다 점수가 높은 학생 수의 최솟값을 x, 평균보다 점수가 낮은 학생 수의 최솟값을 y라 할 때, $x+y$의 값을 구하시오.

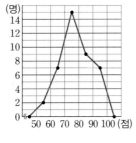

07

다음은 어느 중학교 1학년 1반 남학생과 여학생의 100 m 달리기 기록을 나타낸 도수분포다각형인데 일부가 보이지 않는다.

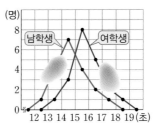

1학년 1반의 남학생과 여학생의 수는 같고, 남학생 중에서 달리기 기록이 14초 미만인 학생은 1반 전체 학생의 15 %이다. 남학생의 달리기 기록 도수분포다각형에서 안 보이는 부분의 도수를 a, 여학생의 달리기 기록 도수분포다각형에서 안 보이는 부분의 도수를 b라 할 때, $a+b$의 값을 구하시오.

08

오른쪽은 어느 학급의 학생 40명이 다트를 던져서 얻은 점수의 합계를 조사하여 나타낸 도수분포표이다. 다트는 한 학생당 3회씩 던졌고, 과녁의 점수는 1점, 2점, 3점으로 점수를 얻지 못한 경우는 없다고 한다. $x : y = 3 : 2$이고, 3회 모두 다른 점수를 얻은 학생이 7명일 때, 3회 모두 같은 점수를 얻은 학생 수를 구하시오.

점수(점)	학생 수(명)
3	3
4	2
5	5
6	x
7	y
8	6
9	4
합계	40

100점 노트

A 상대도수를 백분율(%)로 나타내기도 한다.
⇨ (상대도수)×100=(백분율)%

중요

B 상대도수와 도수의 관계
각 계급에서

(1) (상대도수)=$\dfrac{(도수)}{(도수의 총합)}$

(2) (도수)=(도수의 총합)×(상대도수)

(3) (도수의 총합)=$\dfrac{(도수)}{(상대도수)}$

▶ STEP 1 | 02번, STEP 2 | 12번

참고

C 상대도수는 도수에 정비례하므로 상대도수의 분포를 나타낸 그래프는 도수에 대한 히스토그램, 도수분포다각형과 그 모양이 같다.

D 상대도수의 비
도수의 총합이 다른 두 집단에 대하여
(ⅰ) 도수의 총합의 비가 $a : b$
(ⅱ) 어떤 계급의 도수의 비가 $x : y$
일 때, 그 계급의 상대도수의 비는
⇨ $\dfrac{x}{a} : \dfrac{y}{b}$

▶ STEP 1 | 05번, STEP 2 | 11번

E 도수의 총합이 다른 두 집단의 분포
(1) 두 집단의 도수의 총합이 다르므로 어떤 계급의 상대도수가 큰 쪽이 도수도 큰 것은 아니다.
(2) 그래프를 보고 두 집단의 경향을 파악할 때는 어느 집단의 그래프가 어느 쪽으로 치우쳐 있는지에 따라 판단한다.

▶ STEP 2 | 16번

Ⅳ. 통계

상대도수

상대도수 **A** **B**

(1) 상대도수 : 도수의 총합에 대한 각 계급의 도수의 비율

$$(어떤 계급의 상대도수)=\dfrac{(그 계급의 도수)}{(도수의 총합)}$$

(2) 상대도수의 특징

① 상대도수의 총합은 항상 1이다. ← 각 계급의 상대도수는 0 이상 1 이하이다.

② 각 계급의 상대도수는 그 계급의 도수에 정비례한다.

③ 도수의 총합이 다른 두 자료의 분포 상태를 비교할 때 편리하다.

(3) 상대도수의 분포표 : 각 계급의 상대도수를 나타낸 표

예	영어 점수(점)	학생 수(명)	상대도수
	$70^{이상} \sim 80^{미만}$	4	$\dfrac{4}{20}=0.2$
	$80 \sim 90$	10	$\dfrac{10}{20}=0.5$
	$90 \sim 100$	6	$\dfrac{6}{20}=0.3$
	합계	20	1

상대도수의 분포를 나타낸 그래프 **C**

(1) 가로축에는 각 계급의 끝 값을, 세로축에는 상대도수를 써넣고 상대도수의 분포를 히스토그램이나 도수분포다각형 모양으로 나타낸 그래프

(2) 상대도수의 분포를 나타낸 그래프의 특징
상대도수의 분포를 나타낸 그래프와 가로축으로 둘러싸인 부분의 넓이는 계급의 크기와 같다.

(넓이)=(계급의 크기)×(상대도수의 총합)
    =(계급의 크기)×1
    =(계급의 크기)

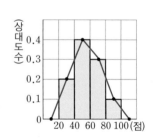

도수의 총합이 다른 두 집단의 분포 비교 **D** **E**

도수의 총합이 다른 두 자료를 비교할 때는

(1) 각 계급의 도수를 그대로 비교하지 않고 상대도수를 구하여 각 계급별로 비교한다.

(2) 두 자료의 그래프를 함께 나타내어 보면 두 자료의 분포 상태를 한눈에 비교할 수 있다.

blacklabel

Step ❶ 시험에 꼭 나오는 문제

01 상대도수

오른쪽 그림은 어느 중학교 1학년 학생들의 2학기 동안의 도서관 이용 횟수를 조사하여 나타낸 도수분포다각형이다. 도서관 이용 횟수가 8회 이상 12회 미만인 학생의 상대도수를 구하시오.

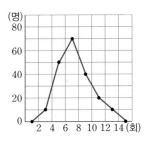

02 상대도수의 분포표

다음은 민지네 반 학생들의 일주일 동안의 인터넷 사용 시간을 조사하여 나타낸 상대도수의 분포표이다. $A \sim E$의 값으로 옳지 <u>않은</u> 것은?

사용 시간(시간)	학생 수(명)	상대도수
$0^{이상} \sim 2^{미만}$	2	0.05
2 ~ 4	8	C
4 ~ 6	A	0.35
6 ~ 8	12	D
8 ~ 10	4	0.1
합계	B	E

① $A=14$ ② $B=40$ ③ $C=0.15$
④ $D=0.3$ ⑤ $E=1$

03 상대도수의 분포를 나타낸 그래프

다음 그림은 1학년 전체 학생들의 일주일 동안의 독서 시간에 대한 상대도수의 분포를 나타낸 그래프이다. 독서 시간이 9시간 이상인 학생이 5시간 미만인 학생보다 18명 더 많다고 할 때, 1학년 전체 학생 수는?

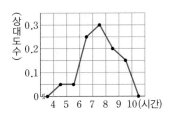

① 150명   ② 180명   ③ 200명
④ 240명   ⑤ 280명

04 도수의 총합이 다른 두 집단의 상대도수

다음은 친환경 세제 A와 B를 구입한 고객을 대상으로 소비자 만족도를 조사하여 나타낸 도수분포표이다.

만족도 점수(점)	고객 수(명)	
	세제 A	세제 B
$60^{이상} \sim 70^{미만}$	14	30
70 ~ 80	20	42
80 ~ 90	36	48
90 ~ 100	30	40
합계	100	160

두 세제 중에서 소비자 만족도 점수를 80점 이상 준 고객의 비율이 더 높은 세제를 구하시오.

05 상대도수의 비

축구 동아리와 농구 동아리의 전체 학생 수는 각각 24명, 36명이다. 발 길이가 260 mm 이상 270 mm 미만인 계급의 도수의 비가 3 : 1일 때, 이 계급의 상대도수의 비를 가장 간단한 자연수의 비로 나타내시오.

06 도수의 총합이 다른 두 집단의 분포 비교

오른쪽 그림은 어느 중학교의 A, B 두 동아리 학생들의 하루 수면 시간에 대한 상대도수의 분포를 나타낸 그래프이다. A, B 두 동아리의 전체 학생 수가 각각 40명, 20명일 때, •보기•에서 옳은 것을 모두 고르시오.

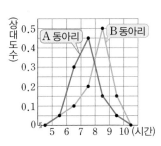

보기

ㄱ. 수면 시간이 6시간 이상 8시간 미만인 학생 수는 A 동아리가 B 동아리보다 많다.

ㄴ. B 동아리의 그래프와 가로축으로 둘러싸인 부분의 넓이가 A 동아리의 그래프와 가로축으로 둘러싸인 부분의 넓이보다 넓다.

ㄷ. A 동아리 학생들의 수면 시간이 B 동아리 학생들의 수면 시간보다 많은 편이다.

blacklabel
Step 2 A등급을 위한 문제

유형❶ 상대도수와 상대도수의 분포표

01 대표문제

다음은 어느 반 학생들의 몸무게를 조사하여 나타낸 상대도수의 분포표이다. 몸무게가 55 kg 미만인 학생이 전체의 70 %일 때, 몸무게가 55 kg 이상 60 kg 미만인 학생 수는?

몸무게(kg)	학생 수(명)	상대도수
40이상 ~ 45미만		
45 ~ 50		
50 ~ 55		
55 ~ 60		
60 ~ 65	2	0.05
합계		1

① 7명　② 8명　③ 9명
④ 10명　⑤ 11명

02

오른쪽은 어느 동아리 학생들이 가장 좋아하는 한 과목을 조사하여 나타낸 상대도수의 분포표이다. 국어를 가장 좋아하는 학생 수와 수학을 가장 좋아하는 학생 수의 비가 2 : 5일 때, $b-a$의 값을 구하시오.

과목	상대도수
국어	a
영어	0.16
수학	b
과학	0.24
사회	0.32
합계	1

03

다음은 지영이네 반 학생들의 미술 실기 점수를 조사하여 나타낸 상대도수의 분포표인데 일부가 찢어져 보이지 않는다. 지영이의 실기 점수가 57점일 때, 지영이가 속하는 계급의 학생 수를 구하시오.

실기 점수(점)	학생 수(명)	상대도수
40이상 ~ 50미만	2	0.08
50 ~ 60		0.32
60 ~ 70		

04

(앗! 실수)

다음은 어느 농장에서 생산한 복숭아 25개의 무게를 조사하여 나타낸 도수분포표이다. 무게가 250 g 이상 300 g 미만인 계급의 도수는 400 g 이상 450 g 미만인 계급의 도수의 2.5배이고 350 g 이상 400 g 미만인 계급의 상대도수는 400 g 이상 450 g 미만인 계급의 상대도수보다 0.08만큼 클 때, 무게가 350 g 이상 400 g 미만인 복숭아의 개수는?

무게(g)	개수(개)
150이상 ~ 200미만	3
200 ~ 250	4
250 ~ 300	
300 ~ 350	7
350 ~ 400	
400 ~ 450	
합계	25

① 1개　② 2개　③ 3개
④ 4개　⑤ 5개

05

오른쪽은 어느 중학교 기타 동아리 학생들의 일주일 동안의 연습 시간을 조사하여 나타낸 상대도수의 분포표이다. 전체 학생이 80명 이하일 때, 연습 시간이 30분 이상 60분 미만인 학생 수가 될 수 있는 가장 큰 값을 구하시오.

연습 시간(분)	상대도수
0이상 ~ 30미만	$\frac{1}{15}$
30 ~ 60	
60 ~ 90	$\frac{1}{3}$
90 ~ 120	$\frac{1}{10}$
120 ~ 150	$\frac{2}{15}$
합계	1

06 대표문제

오른쪽 그림은 어느 중학교 학생들의 국어 성적에 대한 상대도수의 분포를 나타낸 그래프이다. 국어 성적이 50점 이상 60점 미만인 학생 수가 6명일 때, 국어 성적이 7번째로 좋은 학생이 속하는 계급은?

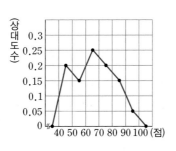

① 50점 이상 60점 미만　　② 60점 이상 70점 미만

③ 70점 이상 80점 미만　　④ 80점 이상 90점 미만

⑤ 90점 이상 100점 미만

07

다음 그림은 어느 학교 학생 1500명의 등교 시간에 대한 상대도수의 분포를 나타낸 그래프이다.

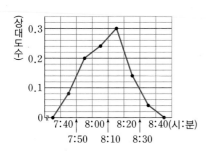

한 환경단체에서 이 학교 학생들에게 홍보지를 나누어 주려고 한다. 위의 그래프를 참고하여 이 단체에서 학생들이 가장 많이 등교하는 시간대를 골라 10분 동안 홍보지를 한 명당 한 장씩 빠짐없이 나누어 줄 때, 필요한 홍보지는 모두 몇 장인가? (단, 나누어 주기 시작하는 시각은 그래프에서 각 계급의 끝 값 중에서 하나이다.)

① 430장　　　② 435장　　　③ 440장

④ 445장　　　⑤ 450장

08

오른쪽 그림은 어느 중학교 1학년 학생 200명의 수학 성적에 대한 상대도수의 분포를 나타낸 그래프인데 일부가 찢어져 보이지 않는다. 수학 성적이 70점 미만인 학생은 전체의 80 %이고, 수학 성적이 80점 이상 90점 미만인 학생 수와 60점 이상인 학생 수의 비가 2 : 15일 때, 70점 이상 80점 미만인 계급에 속하는 학생 수는?

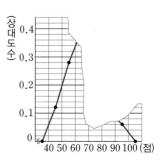

① 10명　　　② 12명　　　③ 14명

④ 16명　　　⑤ 18명

09

다음 그림은 어느 아파트 단지 주민 825명 중에서 일부 주민들의 공원 산책 시간에 대한 상대도수의 분포를 나타낸 그래프이다. 조사한 주민 수가 될 수 있는 가장 큰 값을 a, 가장 작은 값을 b라 할 때, $a-b$의 값을 구하시오.

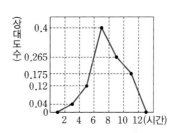

유형❸ 도수의 총합이 다른 두 집단의 상대도수

10 대표문제

아래는 어느 모임의 학생 50명이 선호하는 영화 장르를 하나씩 조사하여 나타낸 상대도수의 분포표이다. 다음 설명 중 옳은 것은?

장르	상대도수		
	남학생	여학생	전체 학생
액션	0.5	0	0.4
스릴러	0.375	0.5	0.4
드라마	0.125	0.5	0.2
합계	1	1	1

① 스릴러를 선호하는 남학생 수는 여학생 수의 2배이다.
② 스릴러와 드라마를 선호하는 남학생 수의 차는 5명이다.
③ 스릴러와 드라마를 선호하는 여학생 수의 차는 2명이다.
④ 액션을 선호하는 남학생 수와 드라마를 선호하는 여학생 수는 같다.
⑤ 드라마를 선호하는 남학생 수와 여학생 수는 같다.

11

두 자료 A, B의 도수의 총합의 비는 5 : 4이고 어떤 계급의 상대도수의 비는 2 : 3이다. 이 계급에 속하는 자료 A의 도수가 20일 때, 이 계급에 속하는 자료 B의 도수를 구하시오.

12

다음은 두 중학교 P, Q의 1학년 학생들의 혈액형을 조사하여 나타낸 상대도수의 분포표이다. 중학교 Q의 전체 학생 수는 중학교 P의 전체 학생 수의 4배이고, 중학교 Q에서 혈액형이 B형인 학생 수는 중학교 P에서 혈액형이 B형인 학생 수의 3배일 때, c의 값을 구하시오.

혈액형	상대도수	
	중학교 P	중학교 Q
O	0.24	0.28
A	0.26	0.25
B	a	b
AB	c	0.17
합계	1	1

13

다음은 어느 중학교 1학년 1, 2, 3, 4반의 학생들에 대하여 각 반의 학생 수와 아침 식사를 하고 다니는 학생의 상대도수를 나타낸 표이다. 네 학급 전체 학생에 대하여 아침 식사를 하고 다니는 학생의 상대도수가 0.3일 때, 1반의 학생 중에서 아침 식사를 하고 다니는 학생 수는?

학생 수(명)	1반	2반	3반	4반
	30	40	30	40
아침 식사를 하고 다니는 학생의 상대도수	$0.2x$	$0.1x$	$0.4x$	$0.15x$

① 6명   ② 7명   ③ 8명
④ 9명   ⑤ 10명

14

다음은 A, B 두 반 학생들을 대상으로 하루 동안 가족과의 대화 시간을 조사하여 나타낸 상대도수의 분포표이다. 두 반 A, B의 전체 학생 수의 비는 5 : 4이고, $b : d = 15 : 8$일 때, $a : c$를 가장 간단한 자연수의 비로 나타내시오.

반 / 대화 시간(분)	A반		B반	
	학생 수(명)	상대도수	학생 수(명)	상대도수
30^{이상} ~ 60^{미만}				
60 ~ 90			a	b
90 ~ 120	7			
120 ~ 150		0.12	5	
150 ~ 180	c	d		0.05
합계		1		1

15 도전 문제

전교생의 수가 600명인 한 중학교가 있다. 이 중학교의 올해 2학년 여학생의 수는 2학년 남학생의 수보다 18명 적고 2학년 전체 학생에 대한 2학년 여학생의 상대도수는 0.45이다. 또한, 이 중학교의 3학년 전체 학생은 220명이고 3학년 전체 학생에 대한 3학년 여학생의 상대도수는 0.55이다. 이 중학교의 전교생에 대한 전체 여학생의 상대도수는 0.51일 때, 1학년 전체 학생에 대한 1학년 남학생의 상대도수를 구하시오.

유형④ 도수의 총합이 다른 두 집단의 분포 비교

16 대표문제

오른쪽 그림은 A 중학교 학생 50명과 B 중학교 학생 100명의 독서 시간에 대한 상대도수의 분포를 나타낸 그래프이다. 다음 중 옳지 <u>않은</u> 것은?

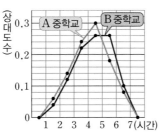

① 각 그래프와 가로축으로 둘러싸인 부분의 넓이는 서로 같다.

② B 중학교 학생들의 독서 시간이 A 중학교 학생들의 독서 시간보다 많은 편이다.

③ A 중학교에서 독서 시간이 2시간 이상 3시간 미만인 학생은 7명이다.

④ 독서 시간이 3시간 이상 4시간 미만인 학생 수는 A 중학교가 B 중학교보다 많다.

⑤ B 중학교에서 독서 시간이 15번째로 많은 학생이 속하는 계급은 5시간 이상 6시간 미만이다.

17

다음 그림은 어느 두 봉사활동 동아리 A와 B의 학생들이 1년 동안 봉사한 시간에 대한 상대도수의 분포를 나타낸 그래프이다. A, B 두 동아리의 학생이 각각 50명, 80명일 때, A, B 두 동아리의 도수의 합이 가장 큰 계급은?

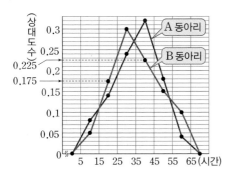

① 5시간 이상 15시간 미만

② 15시간 이상 25시간 미만

③ 25시간 이상 35시간 미만

④ 35시간 이상 45시간 미만

⑤ 45시간 이상 55시간 미만

18 서술형

다음 그림은 어느 중학교 1학년, 2학년 학생들의 일주일 동안의 운동 시간에 대한 상대도수의 분포를 나타낸 그래프인데 일부가 얼룩져 보이지 않는다. 1학년 학생 수는 2학년 학생 수보다 50명 많고, 전체 학생 중에서 운동 시간이 3시간 이상 4시간 미만인 학생은 71명이다. 전체 학생 중에서 운동 시간이 6시간 이상 7시간 미만인 학생 수를 구하시오.

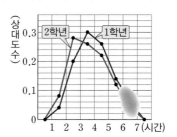

19

오른쪽 그림은 어느 중학교 1학년 남학생들과 1학년 전체 학생들의 일주일 동안의 컴퓨터 사용 시간에 대한 상대도수의 분포를 나타낸 그래프이다. 컴퓨터 사용 시간이 7시간 이상 11시간 미만인 1학년 남학생이 48명, 1학년 전체 학생이 168명이다. 1학년 남학생 중 컴퓨터 사용 시간이 많은 쪽에서 9번째인 학생이 1학년 전체 학생 중에서 a번째라 할 때, 다음 중 a의 값으로 가능한 것은?

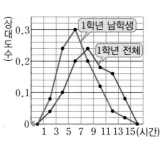

① 12   ② 35   ③ 88

④ 112   ⑤ 184

01

다음은 어느 월요일 오전 8시부터 오전 9시 전까지 효진이네 아파트 앞의 큰 길에 차량이 지나간 시간을 조사하여 나타낸 줄기와 잎 그림이다. 물음에 답하시오.

1|2는 8시 12분

줄기	잎
0	4 7
1	2 5 9
2	1 1 5 8 8 9 9
3	0 0 3 5 6 7 8 8
4	3 5 8 9
5	1

(1) 위의 줄기와 잎 그림을 아래와 같이 상대도수의 분포표로 만들려고 한다. x, y에 알맞은 수를 구하시오.

시간(시 : 분)	상대도수
$8:00^{이상} \sim 8:12^{미만}$	0.08
$8:12 \sim 8:24$	x
$8:24 \sim 8:36$	0.36
$8:36 \sim 8:48$	y
$8:48 \sim 9:00$	0.12
합계	1

(2) 토요일에 다시 조사를 했더니 오전 8시부터 오전 9시 전까지 지나간 차량이 75대였다. 토요일의 각 계급의 상대도수가 월요일의 각 계급의 상대도수와 같다고 할 때, 토요일 오전 8시 12분부터 오전 8시 48분 전까지 지나간 차량은 몇 대인지 구하시오.

02

다음은 독서반 학생들의 여름방학 동안의 독서 시간을 조사하여 나타낸 상대도수의 분포표이다. a, b의 최대공약수가 6일 때, 이 조사에 참여한 학생은 모두 몇 명인지 구하시오.

독서 시간(시간)	학생 수(명)	상대도수
$0^{이상} \sim 4^{미만}$	a	0.25
$4 \sim 8$		0.2
$8 \sim 12$		0.125
$12 \sim 16$		0.1
$16 \sim 20$	b	0.2
$20 \sim 24$		0.125
합계		1

03

다음은 가영이네 학교 학생들이 하루에 마시는 우유의 양을 조사하여 나타낸 상대도수의 분포표인데 일부가 찢어져 보이지 않는다. 물음에 답하시오.

우유의 양(mL)	학생 수(명)	상대도수
$0^{이상} \sim 200^{미만}$	24	A
$200 \sim 400$	B	0.27
$400 \sim 600$	84	0.42
$600 \sim 800$	22	

(1) A, B의 값을 각각 구하시오.

(2) 하루에 마시는 우유의 양이 800 mL 이상인 학생은 전체의 몇 %인지 구하시오.

04

다음은 어느 마트에서 고객들이 구입한 물품의 금액을 조사하여 나타낸 상대도수의 분포표이다. 구입한 물품의 금액이 16만 원 미만인 고객이 모두 60명일 때, 구입한 물품의 금액이 25번째로 적은 고객이 속하는 계급의 상대도수를 구하시오.

금액(만 원)	고객 수(명)	상대도수
$0^{이상} \sim 4^{미만}$	5	0.05
$4 \sim 8$		0.1
$8 \sim 12$		
$12 \sim 16$		0.3
$16 \sim 20$		
$20 \sim 24$		
합계		1

05

다음 그림은 A, B 두 중학교에 근무하는 선생님들의 나이에 대한 상대도수의 분포를 나타낸 그래프이다. 이 그래프에서 세로축은 찢어지고, 일부는 얼룩져 보이지 않는다. A 중학교의 선생님이 모두 80명일 때, A 중학교에서 나이가 50세 이상인 선생님의 수를 구하시오.

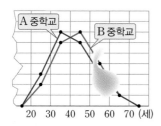

06

다음 그림은 A, B 두 마을 주민들의 하루 운동 시간에 대한 상대도수의 분포를 나타낸 그래프인데 일부가 찢어져서 보이지 않는다. 하루 운동 시간이 20분 이상 30분 미만인 계급의 두 마을의 주민 수가 같고, 60분 이상 70분 미만인 계급의 두 마을의 상대도수는 같으며 이 계급에 속하는 주민 수는 A 마을이 B 마을보다 16명 더 많다. 이때, 50분 이상 60분 미만인 계급의 B 마을의 주민 수를 구하시오.

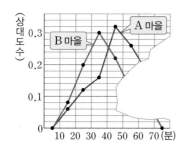

07

다음은 주희네 반 학생들의 2학기 성적을 조사하여 나타낸 표이다. 성적 계산에 오류가 생겨 수정하여 다시 계산하였을 때, 점수가 올라간 학생은 4명이었다. 이때, $A-B$의 값을 구하시오. (단, 전체 학생 수는 변화가 없고, 계급이 떨어지거나 두 계급 이상 올라간 학생은 없다.)

2학기 성적(점)	수정 전 학생 수(명)	수정 후 상대도수
$40^{이상} \sim 50^{미만}$	5	0.12
50 ～ 60	3	A
60 ～ 70	11	0.48
70 ～ 80	1	0
80 ～ 90	2	B
90 ～ 100	3	0.12
합계	25	1

08

다음은 어느 중학교 학생 회장 선거에 출마한 세 후보 A, B, C에 대하여 전교생 1000명을 대상으로 학년별 지지율을 조사하여 나타낸 표이다. 이 조사 결과만으로 판단할 때, 당선이 확실한 후보가 있다면 어느 후보인지 말하고 그 이유를 설명하시오. (단, 각 후보의 지지자들은 지지하는 후보에게 투표하고 무응답인 사람은 세 후보 중 한 명에게 임의로 투표한다.)

학년	학생 수 (명)	지지율(%)			
		후보 A	후보 B	후보 C	무응답
1학년	300	25	50	15	10
2학년	340	30	45	20	5
3학년	360	35	30	30	5

호두와 수박

어느 청년이 호두나무 밑에 누워 있다가 문득 이런 생각을 하였습니다.

'신은 지혜가 부족한 거 같아.
기왕이면 이 나무에 달린 호두열매를 수박만큼 크게 만들었다면 얼마나 좋을까?
그러면 내가 호두열매를 하나만 가져도 그 고소한 맛을 실컷 즐기고
배부르게 먹을 수도 있을 것 아닌가?'

청년은 이런 달콤한 공상에 사로잡히다가 호두나무 밑에서 잠이 들었습니다.
얼마나 시간이 흘렀을까?
갑자기 머리 위로 무엇이 하나 떨어졌는데 꽤나 아파 잠에서 깨어났습니다.
주위를 둘러보았는데 아무도 없고 금방 떨어진 듯한 호두 한 개만 옆에 있는 것이 눈에 띄었습니다.

바람에 호두 한 개가 떨어지면서 청년의 이마를 때린 것이었습니다.
이마를 만져보니 조그마한 혹이 나 있었습니다.
청년은 생각해 보았습니다.
만약에 자신의 생각처럼 호두 한 개가 수박만큼 컸다면,
또 그 수박덩이만 한 호두가 자신의 머리 위에 떨어졌다면 어떻게 되었을까를.

그제야 청년은 아까 한 자신의 생각이
얼마나 어리석은 것인지 깨달을 수 있었습니다.

개념의 이해와 적용
단계별 학습을 위한
플러스 기본서

더 THE 개념
블랙라벨

수학

15개정	고등 수학(상)	수학 I	확률과 통계	22개정	공통수학1
교육과정	고등 수학(하)	수학 II	미적분	교육과정	공통수학2 (출시 예정)

더 확장된 개념! 더 최신 트렌드!
더 어려운 문제! 더 친절한 해설!

B L A C K L A B E L

사고력을 키워 주고 문제해결에 필요한	예시와 증명으로 스스로 학습 가능한	트렌드를 분석하여 엄선한 필수 문제로
확 장 된 개 념	자 세 한 설 명	최 신 기출 문제

blacklabel

블랙라벨은 최고의 제품에만 허락되는 이름입니다

A등급을 위한 명품 수학 **블랙라벨**

2015 개정교과 중학 수학 **❶**-2

정답과 해설

블랙라벨

A등급을 위한 명품 수학

'진짜 A등급 문제집'을 만나고 싶어?

따져봐! 누가 **집필**했나 ····· 특목고·강남8학군 교사 집필

살펴봐! 누가 **검토**했나 ····· 강남8학군 유명 강사 검토

알아봐! 누가 **공부**하나 ····· 상위 4% 학생들의 필독서

정답과 해설

A등급을 위한 명품 수학

블랙라벨

Speed Check

I 기본 도형

01. 기본 도형

Step 1 / 시험에 꼭 나오는 문제	p.10

01 ③　02 ③, ⑤　03 12　04 15
05 ①　06 ④　07 3　08 ⑤

Step 2 / A등급을 위한 문제	pp.11~15

01 ①, ②　02 ③　03 24　04 26　05 ④　06 10　07 1　08 ②
09 ③　10 15 m　11 ③　12 $x=\frac{1}{4}$, $y=-\frac{1}{2}$　13 ①　14 1 : 9
15 ⑤　16 67.5°　17 40°　18 ③　19 ④　20 $\frac{180°}{13}$　21 56°　22 135°
23 ②　24 ④　25 ②　26 11　27 75°　28 ①　29 12　30 ①

Step 3 / 종합 사고력 도전 문제	pp.16~17

01 $\frac{60}{13}$ cm　02 23　03 80°
04 (1) 5　(2) 75　05 2　06 16
07 $4n+2$　08 $\frac{360}{11}$ 분

02. 위치 관계

Step 1 / 시험에 꼭 나오는 문제	p.20

01 ㄱ　02 9　03 ②, ⑤　04 ①, ④
05 ⑤　06 96°　07 ⑤　08 90°

Step 2 / A등급을 위한 문제	pp.21~25

01 ①　02 10　03 4　04 ㄱ, ㄴ, ㄹ　05 2　06 ①, ③
07 20　08 ④　09 ①, ④　10 4　11 ③　12 11　13 ②　14 3
15 8　16 ①　17 65°　18 ⑤　19 51°　20 ⑤　21 ③, ⑤　22 180°
23 20°　24 ⑤　25 ①　26 105°　27 32　28 85°　29 ⑤　30 20°

Step 3 / 종합 사고력 도전 문제	pp.26~27

01 (1) 6　(2) 66　02 (1) 195°　(2) 14
03 62°　04 16　05 100°　06 76
07 31　08 95°

03. 작도와 합동

Step 1 / 시험에 꼭 나오는 문제	p.29

01 ④　02 ④　03 5　04 ⑤
05 ④　06 ⑤

Step 2 / A등급을 위한 문제	pp.30~34

01 ②　02 8　03 ③　04 ③　05 35°　06 풀이 참조　07 11
08 3　09 ④　10 ㄱ, ㄴ, ㄷ　11 ③, ④　12 ③, ⑤　13 5
14 △CEM, ASA 합동　15 ②　16 ⑤　17 ③　18 ASA 합동
19 ③　20 풀이 참조　21 ⑤　22 120°　23 48　24 96°　25 50°
26 8　27 ⑤　28 ③　29 10

Step 3 / 종합 사고력 도전 문제	pp.35~36

01 6회　02 (1) $2<x<14$　(2) 24　03 3
04 풀이 참조 05 (1) ㄱ, ㄷ　(2) 풀이 참조
06 6　07 4　08 70°

II 평면도형

04. 다각형

Step 1 / 시험에 꼭 나오는 문제	p.39

01 ⑤　02 ②　03 ①　04 115°
05 ②　06 73°　07 ④　08 44°

Step 2 / A등급을 위한 문제	pp.40~44

01 ③　02 ④　03 8개　04 119　05 20　06 ④　07 67　08 160
09 ⑤　10 ③　11 144°　12 158°　13 ⑤　14 59°　15 99°　16 36°
17 ④　18 274°　19 ①　20 1980°　21 ②　22 180°　23 ③　24 ①
25 30　26 252°　27 ①　28 ③　29 10개　30 ③

Step 3 / 종합 사고력 도전 문제	pp.45~46

01 15　02 (1) 풀이 참조　(2) 풀이 참조
03 34　04 100°　05 24　06 114°
07 540°　08 112

05. 원과 부채꼴

Step 1 / 시험에 꼭 나오는 문제	p.48

01 ①, ④　02 ③, ⑤　03 $x=18$, $y=20$
04 ③　05 ②　06 ②

Step 2 / A등급을 위한 문제	pp.49~53

01 ②　02 6 cm　03 216°　04 100°　05 ③　06 ④　07 6　08 ⑤
09 $a=8\pi$, $b=16$　10 ②　11 ①　12 64　13 ⑤　14 15 : 8　15 ④
16 6π　17 ③　18 90π cm²　19 $(18\pi-36)$cm²　20 $\frac{3}{2}\pi-2$
21 $\frac{32}{3}\pi$ cm²　22 ②　23 ③　24 $\left(\frac{128}{3}\pi+80\right)$cm²
25 $\frac{341}{3}\pi$ m²　26 $(50\pi+48)$cm²　27 $\frac{32}{3}\pi$ cm　28 12　29 ⑤

Step 3 / 종합 사고력 도전 문제	pp.54~55

01 4π m　02 45π　03 $104+36\pi$
04 4π cm　05 0　06 8π cm
07 5　08 $58\pi+88$

III 입체도형

06. 다면체와 회전체

Step 1 / 시험에 꼭 나오는 문제	p.60

01 2 02 38 03 ④ 04 ①, ④
05 ⑤ 06 48π cm² 07 ⑤

Step 2 / A등급을 위한 문제	pp.61~65

01 ④ 02 ② 03 16 04 사각기둥 05 12 06 ㄱ, ㄷ 07 ②
08 1 09 ⑤ 10 점 B, 점 G 11 ② 12 60° 13 ③
14 60 15 40 cm 16 ③ 17 ④ 18 ㄱ, ㄴ, ㄷ 19 40π cm²
20 ② 21 26+4π 22 ② 23 ② 24 ⑤ 25 (96π+24)cm
26 ③ 27 20π cm² 28 ③ 29 ⑤

Step 3 / 종합 사고력 도전 문제	pp.66~67

01 (1) 3m+2n=30 (2) 13, 11
02 풀이 참조 03 (1) 32 (2) 4π
04 51 05 486 06 30 07 94
08 12초

07. 입체도형의 겉넓이와 부피

Step 1 / 시험에 꼭 나오는 문제	pp.69~70

01 ③ 02 ① 03 ④ 04 ④
05 (48π+48)cm² 06 25π cm³
07 ④ 08 84 09 ② 10 ④
11 ⑤ 12 18π cm³, 54π cm³

Step 2 / A등급을 위한 문제	pp.71~75

01 ④ 02 ② 03 ③ 04 384 cm² 05 (115π−50)cm²
06 504 cm² 07 ① 08 $\frac{5}{2}$ 09 5 : 6 10 ② 11 ②
12 56π cm² 13 (504+4π)cm² 14 32π+28 15 ② 16 ④
17 $\frac{153}{8}$ cm³ 18 6 19 ③ 20 ⑤ 21 320분 22 ②
23 6 cm 24 124π cm² 25 ② 26 2 27 ③ 28 $\frac{10}{3}\pi$ cm³
29 105π cm³ 30 ③

Step 3 / 종합 사고력 도전 문제	pp.76~77

01 24 cm 02 (1) 460 cm³ (2) 5.4 cm
03 624 cm² 04 7 : 6 : 5
05 $\frac{208}{3}\pi$ cm³ 06 $\left(\frac{1}{3}\pi+\frac{1}{2}\right)r^3$
07 72π 08 12분

IV 통계

08. 도수분포표와 그래프

Step 1 / 시험에 꼭 나오는 문제	p.81

01 ㄱ, ㄹ 02 ③ 03 60 % 04 ④, ⑤
05 ②

Step 2 / A등급을 위한 문제	pp.82~85

01 ③, ⑤ 02 10분 03 30 04 ④ 05 8명 06 6 07 25명 08 ②
09 ① 10 18개 11 12 12 42 % 13 ③ 14 ② 15 16 16 ③
17 384 18 ③

Step 3 / 종합 사고력 도전 문제	pp.86~87

01 (1) m=2, n=3 (2) x=58, y=63
02 9명
03 (1) 13명 (2) $\frac{31}{49}$
04 20명 05 2명 06 25
07 7 08 12명

09. 상대도수

Step 1 / 시험에 꼭 나오는 문제	p.89

01 0.3 02 ③ 03 ② 04 세제 A
05 9 : 2 06 ㄱ

Step 2 / A등급을 위한 문제	pp.90~93

01 ④ 02 0.12 03 8명 04 ④ 05 22 06 ④ 07 ⑤ 08 ②
09 600 10 ⑤ 11 24 12 0.1 13 ④ 14 3 : 2 15 0.48 16 ④
17 ③ 18 13명 19 ③

Step 3 / 종합 사고력 도전 문제	pp.94~95

01 (1) x=0.2, y=0.24 (2) 60대
02 120명
03 (1) A=0.12, B=54 (2) 8 %
04 0.15 05 16명 06 36명
07 0.04 08 후보 B, 이유는 풀이 참조

I 기본 도형

01 기본 도형

Step 1 시험에 꼭 나오는 문제   p. 10

01 ③   02 ③, ⑤   03 12   04 15   05 ①
06 ④   07 3   08 ⑤

01

ㄱ. 직육면체에서 교선의 개수는 12, 면의 개수는 6이므로
   (교선의 개수)$=2\times$(면의 개수)

ㄴ. 삼각뿔에서 교점의 개수, 꼭짓점의 개수는 모두 4로 같다.

ㄷ. 면과 면이 만나서 직선 또는 곡선이 생길 수 있다.

따라서 옳은 것은 ㄱ, ㄴ이다.   답 ③

blacklabel 특강   풀이첨삭

ㄷ. 평면과 평면이 만나서 생기는 교선은 항상 직선이나, 서로 같은 면이 만나면 면이 생기고 평면과 곡면 또는 곡면과 곡면이 만나는 경우에는 오른쪽 그림과 같이 곡선이 생길 수 있다.

02

③ $\overrightarrow{CD}$, $\overrightarrow{DC}$는 시작점과 방향이 다르므로 $\overrightarrow{CD}\neq\overrightarrow{DC}$

⑤ $\overrightarrow{BC}$와 $\overrightarrow{DA}$는 오른쪽 그림과 같으므로 $\overrightarrow{BC}$는 $\overrightarrow{DA}$에 포함되지 않는다.

따라서 옳지 않은 것은 ③, ⑤이다.

답 ③, ⑤

03

서로 다른 직선은 $\overleftrightarrow{AB}$, $\overleftrightarrow{AC}$, $\overleftrightarrow{AD}$, $\overleftrightarrow{BC}$, $\overleftrightarrow{BD}$, $\overleftrightarrow{CD}$의 6개이므로 $a=6$

반직선은 $\overrightarrow{AB}$, $\overrightarrow{AC}$, $\overrightarrow{AD}$, $\overrightarrow{BA}$, $\overrightarrow{BC}$, $\overrightarrow{BD}$, $\overrightarrow{CA}$, $\overrightarrow{CB}$, $\overrightarrow{CD}$, $\overrightarrow{DA}$, $\overrightarrow{DB}$, $\overrightarrow{DC}$의 12개이므로 $b=12$

선분은 $\overline{AB}$, $\overline{AC}$, $\overline{AD}$, $\overline{BC}$, $\overline{BD}$, $\overline{CD}$의 6개이므로 $c=6$

$\therefore a+2b-3c=6+24-18=12$ 답 12

---

blacklabel 특강   참고

직선, 반직선, 선분의 개수

어느 세 점도 한 직선 위에 있지 않은 n개의 점 중에서 두 점을 이어 만들 수 있는 서로 다른 직선, 반직선, 선분의 개수는 다음과 같다.

(1) 직선의 개수, 선분의 개수 : $\dfrac{n(n-1)}{2}$

(2) 반직선의 개수 : $n(n-1)$

04

$\overline{AM}=\dfrac{1}{2}\overline{AN}=\dfrac{1}{2}\times 10=5$이므로

$\overline{AB}=3\overline{AM}=3\times 5=15$ 답 15

05

$\angle COD=\angle a$라 하면

$\angle AOC=\dfrac{3}{2}\angle COD=\dfrac{3}{2}\angle a$

$\angle DOE=\angle b$라 하면

$\angle EOB=\dfrac{3}{2}\angle DOE=\dfrac{3}{2}\angle b$

이때, $\angle AOC+\angle COD+\angle DOE+\angle EOB=180°$이므로

$\dfrac{3}{2}\angle a+\angle a+\angle b+\dfrac{3}{2}\angle b=180°$

$\dfrac{5}{2}(\angle a+\angle b)=180°$

$\therefore \angle a+\angle b=180°\times\dfrac{2}{5}=72°$

$\therefore \angle COE=\angle a+\angle b=72°$ 답 ①

06

$\angle AOC=90°$, $\angle BOD=90°$에서

$\angle BOC+\angle AOB=90°$, $\angle BOC+\angle COD=90°$이므로

$2\angle BOC+\angle AOB+\angle COD=180°$

$2\angle BOC+48°=180°$, $2\angle BOC=132°$

$\therefore \angle BOC=66°$ 답 ④

| 다른풀이 |

$\angle BOC+\angle AOB=\angle COD+\angle BOC$이므로

$\angle AOB=\angle COD$

     $=\dfrac{1}{2}\times 48°=24°$

이때, $\angle BOC + \angle AOB = 90°$이므로

$\angle BOC = 90° - 24° = 66°$

07

맞꼭지각의 크기는 서로 같으므로

$x + 50 = 4x + 5$, $3x = 45$

$\therefore x = 15$

이때, $(2y+1)° + (4x+5)° = 90°$이므로

$2y + 1 + 60 + 5 = 90$

$2y + 66 = 90$, $2y = 24$

$\therefore y = 12$

$\therefore x - y = 15 - 12 = 3$

답 3

08

⑤ 점 A와 $\overline{BC}$ 사이의 거리는 $\overline{AD}$의 길이와 같다.

따라서 옳지 않은 것은 ⑤이다.

답 ⑤

Step 2	A등급을 위한 문제			pp. 11~15
01 ①, ②	02 ③	03 24	04 26	05 ④
06 10	07 1	08 ②	09 ③	10 15 m
11 ③	12 $x = \dfrac{1}{4}, y = -\dfrac{1}{2}$	13 ①	14 1 : 9
15 ⑤	16 67.5°	17 40°	18 ③	19 ④
20 $\dfrac{180°}{13}$	21 56°	22 135°	23 ②	24 ④
25 ②	26 11	27 75°	28 ①	29 12
30 ①				

01

① 구는 입체도형이다.

② 선이 움직인 자리는 면이 된다.

따라서 옳지 않은 것은 ①, ②이다.

답 ①, ②

02

오각기둥에서 교점, 즉 꼭짓점은 10개이고,

교선, 즉 모서리는 15개이므로

$a = 10$, $b = 15$

원기둥에서 교점은 없고, 교선은 2개이므로

$x = 0$, $y = 2$

$\therefore a + b + x + y = 10 + 15 + 0 + 2 = 27$

답 ③

03

서로 다른 직선은 $\overleftrightarrow{AB}$, $\overleftrightarrow{AP}$, $\overleftrightarrow{BP}$, $\overleftrightarrow{CP}$의 4개이므로 $a = 4$

서로 다른 반직선은 $\overrightarrow{AB}$, $\overrightarrow{BA}$, $\overrightarrow{BC}$, $\overrightarrow{CB}$, $\overrightarrow{AP}$, $\overrightarrow{BP}$, $\overrightarrow{CP}$, $\overrightarrow{PA}$, $\overrightarrow{PB}$, $\overrightarrow{PC}$의 10개이므로 $b = 10$

$\therefore a + 2b = 4 + 2 \times 10 = 24$

답 24

blacklabel 특강　오답피하기

이 문제에서 직선의 개수는 4이므로 반직선의 개수는 그 2배인 8로 생각하기 쉽다. 그러나 $\overleftrightarrow{AB}$에는 $\overrightarrow{AB}$, $\overrightarrow{BA}$, $\overrightarrow{BC}$, $\overrightarrow{CB}$가 포함되어 있음에 유의해야 한다.
이와 같이 한 직선 위에 3개 이상의 점이 있을 때, 반직선의 개수가 직선의 개수의 2배라고 생각하면 안 된다.

04

점 A에서 시작하는 서로 다른 반직선은

$\overrightarrow{AB}$, $\overrightarrow{AC}$, $\overrightarrow{AD}$, $\overrightarrow{AE}$, $\overrightarrow{AF}$의 5개

점 B에서 시작하는 서로 다른 반직선은

$\overrightarrow{BA}$, $\overrightarrow{BC}$, $\overrightarrow{BE}$, $\overrightarrow{BF}$의 4개

점 C에서 시작하는 서로 다른 반직선은

$\overrightarrow{CA}$, $\overrightarrow{CB}$, $\overrightarrow{CD}$, $\overrightarrow{CE}$, $\overrightarrow{CF}$의 5개

점 D에서 시작하는 서로 다른 반직선은

$\overrightarrow{DA}$, $\overrightarrow{DB}$, $\overrightarrow{DE}$의 3개

점 E에서 시작하는 서로 다른 반직선은

$\overrightarrow{EA}$, $\overrightarrow{EB}$, $\overrightarrow{EC}$, $\overrightarrow{ED}$, $\overrightarrow{EF}$의 5개

점 F에서 시작하는 서로 다른 반직선은

$\overrightarrow{FA}$, $\overrightarrow{FB}$, $\overrightarrow{FC}$, $\overrightarrow{FD}$의 4개

따라서 서로 다른 반직선의 개수는

$5 + 4 + 5 + 3 + 5 + 4 = 26$

답 26

05

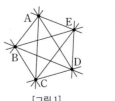

[그림 1]　　　　　[그림 2]

[그림 1]과 같이 5개의 점 중에서 어느 세 점도 한 직선 위에 있지 않을 때 만들 수 있는 서로 다른 직선의 개수가 최대이다.

이때, 직선은 $\overleftrightarrow{AB}$, $\overleftrightarrow{AC}$, $\overleftrightarrow{AD}$, $\overleftrightarrow{AE}$, $\overleftrightarrow{BC}$, $\overleftrightarrow{BD}$, $\overleftrightarrow{BE}$, $\overleftrightarrow{CD}$, $\overleftrightarrow{CE}$, $\overleftrightarrow{DE}$의 10개이므로

$M=10$

[그림 2]와 같이 5개의 점이 한 직선 위에 있을 때 만들 수 있는 서로 다른 직선의 개수가 최소이므로

$m=1$

$\therefore M-m=9$ 답 ④

06

어느 세 점도 한 직선 위에 있지 않을 때 만들 수 있는 선분과 직선의 개수는 같다.

그러나 오른쪽 그림과 같이 한 직선 위에 있는 세 점으로 만들 수 있는 선분은 $\overline{AB}$, $\overline{BC}$, $\overline{AC}$의 3개, 서로 다른 직선은 $\overleftrightarrow{AC}$의 1개이다.

따라서 한 직선 위에 있는 세 점으로 만들 수 있는 선분의 개수와 서로 다른 직선의 개수의 차는 2이므로 구하는 개수의 차는

$2 \times 5=10$ 답 10

07

$4\overline{AC}=\overline{AB}$에서 $\overline{AC}=\dfrac{1}{4}\overline{AB}=\dfrac{1}{4} \times 24=6$

$4\overline{CD}=\overline{CE}$에서

$\overline{CD}=\dfrac{1}{4}\overline{CE}=\dfrac{1}{4}(\overline{AB}-\overline{AC}-\overline{EB})$

$\qquad =\dfrac{1}{4}(24-6-2)$

$\qquad =\dfrac{1}{4} \times 16=4$

$\therefore \overline{MC}=\overline{MD}-\overline{CD}$

$\qquad =\dfrac{1}{2}\overline{AD}-4$

$\qquad =\dfrac{1}{2}(\overline{AC}+\overline{CD})-4$

$\qquad =\dfrac{1}{2}(6+4)-4=1$ 답 1

08

ㄱ. $\overline{MN}=\dfrac{1}{2}\overline{MB}=\dfrac{1}{2} \times \dfrac{1}{2}\overline{AB}=\dfrac{1}{4}\overline{AB}$

ㄴ. $\overline{NB}=\dfrac{1}{2}\overline{MB}$

ㄷ. $\overline{AB}=2\overline{MB}=2 \times 2\overline{NB}=4\overline{NB}$

ㄹ. $\overline{AN}=\overline{AM}+\overline{MN}=\dfrac{1}{2}\overline{AB}+\dfrac{1}{4}\overline{AB}=\dfrac{3}{4}\overline{AB}$

$\qquad \therefore \overline{AB}=\dfrac{4}{3}\overline{AN}$

따라서 옳은 것은 ㄱ, ㄹ이다. 답 ②

09

$\overline{AP}=a$라 하면 $\overline{AP} : \overline{PB}=1 : 3$에서

$\overline{PB}=3\overline{AP}=3a$

$\therefore \overline{AB}=\overline{AP}+\overline{PB}=a+3a=4a$

$\overline{AQ} : \overline{QB}=5 : 2$에서

$\overline{QB}=\dfrac{2}{7}\overline{AB}=\dfrac{2}{7} \times 4a=\dfrac{8}{7}a$

$\overline{PQ}=\overline{PB}-\overline{QB}=3a-\dfrac{8}{7}a=\dfrac{13}{7}a$이므로

$\dfrac{13}{7}a=13$ $\quad \therefore a=7$

$\therefore \overline{AB}=4a=4 \times 7=28$ 답 ③

10

다음 그림과 같이 가람, 수진, 유선, 병진, 희정의 위치를 한 직선 위에 각각 점 A, B, C, D, E로 나타내어보자.

조건 ㈎에서 $\overline{AE}=36$ m이므로 조건 ㈏에서

$\overline{AC}=\overline{CE}=\dfrac{1}{2}\overline{AE}=\dfrac{1}{2} \times 36=18$(m) ······ ㉠

조건 ㈐에서 $\overline{AB}=\dfrac{1}{3}\overline{BC}$, 즉 $\overline{BC}=3\overline{AB}$이므로

$\overline{AC}=\overline{AB}+\overline{BC}=\overline{AB}+3\overline{AB}=4\overline{AB}$ ······ ㉡

㉠, ㉡에서 $4\overline{AB}=18$이므로

$\overline{AB}=\dfrac{18}{4}=4.5$(m)

조건 ㈑에서 $\overline{AB}+\overline{CD}=7.5$이므로

$4.5+\overline{CD}=7.5$ $\quad \therefore \overline{CD}=3$(m)

$\therefore \overline{DE}=\overline{CE}-\overline{CD}=18-3=15$(m)

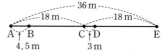

따라서 병진과 희정 사이의 거리는 15 m이다. 답 15 m

11

두 점 A_1, B_1은 선분 AB의 삼등분점이므로

$$\overline{AA_1}=\overline{A_1B_1}=\overline{B_1B}=\frac{1}{3}\times\overline{AB}$$

두 점 A_2, B_2는 선분 A_1B_1의 삼등분점이므로

$$\overline{A_1A_2}=\overline{A_2B_2}=\overline{B_2B_1}=\frac{1}{3}\times\overline{A_1B_1}=\left(\frac{1}{3}\right)^2\times\overline{AB}$$

두 점 A_3, B_3은 선분 A_2B_2의 삼등분점이므로

$$\overline{A_2A_3}=\overline{A_3B_3}=\overline{B_3B_2}=\frac{1}{3}\times\overline{A_2B_2}=\left(\frac{1}{3}\right)^3\times\overline{AB}$$

두 점 A_4, B_4는 선분 A_3B_3의 삼등분점이므로

$$\overline{A_3A_4}=\overline{A_4B_4}=\overline{B_4B_3}=\frac{1}{3}\times\overline{A_3B_3}=\left(\frac{1}{3}\right)^4\times\overline{AB}$$

이때, $\overline{A_4B}=\overline{A_4B_4}+\overline{B_4B_3}+\overline{B_3B_2}+\overline{B_2B_1}+\overline{B_1B}$이므로

$$\overline{A_4B}=\left(\frac{1}{3}\right)^4\times\overline{AB}+\left(\frac{1}{3}\right)^4\times\overline{AB}+\left(\frac{1}{3}\right)^3\times\overline{AB}+\left(\frac{1}{3}\right)^2\times\overline{AB}$$
$$+\frac{1}{3}\times\overline{AB}$$

$$=\left\{\left(\frac{1}{3}\right)^4+\left(\frac{1}{3}\right)^4+\left(\frac{1}{3}\right)^3+\left(\frac{1}{3}\right)^2+\frac{1}{3}\right\}\times 81$$
$$=\left(\frac{1}{81}+\frac{1}{81}+\frac{1}{27}+\frac{1}{9}+\frac{1}{3}\right)\times 81$$
$$=1+1+3+9+27$$
$$=41$$

답 ③

12

$\overline{AB}=a$, $\overline{BC}=b$라 하면

$$\overline{MN}=\overline{MC}+\overline{CN}=\frac{1}{2}\overline{AC}+\frac{1}{2}\overline{BC}$$
$$=\frac{1}{2}(\overline{AC}+\overline{BC})=\frac{1}{2}\overline{AB}=\frac{1}{2}a$$

$$\overline{CN}=\frac{1}{2}\overline{BC}=\frac{1}{2}b$$

$$\overline{MP}=\frac{1}{2}\overline{MN}=\frac{1}{2}\times\frac{1}{2}a=\frac{1}{4}a$$

$$\therefore \overline{PC}=\overline{MN}-\overline{MP}-\overline{CN}=\frac{1}{2}a-\frac{1}{4}a-\frac{1}{2}b=\frac{1}{4}a-\frac{1}{2}b$$

따라서 $\overline{PC}=\frac{1}{4}\overline{AB}-\frac{1}{2}\overline{BC}$이므로

$$x=\frac{1}{4}, \ y=-\frac{1}{2}$$

답 $x=\frac{1}{4}$, $y=-\frac{1}{2}$

13

점 P의 좌표는

$$a+\overline{AP}=a+\frac{1}{5}\overline{AB}=a+\frac{b-a}{5}=\frac{4a+b}{5}$$

따라서 점 Q의 좌표는

$$b-\overline{QB}=b-\frac{1}{3}\overline{PB}$$
$$=b-\frac{1}{3}\times\left(b-\frac{4a+b}{5}\right)$$
$$=b-\frac{b}{3}+\frac{4a+b}{15}$$
$$=\frac{10b}{15}+\frac{4a+b}{15}$$
$$=\frac{4a+11b}{15}$$

답 ①

14 해결단계

❶단계	높이가 같은 두 삼각형에서 밑변의 길이의 비와 넓이의 비의 관계를 찾는다.
❷단계	좌표평면 위에 주어진 점을 나타낸다.
❸단계	$\overline{AB}=k$로 놓고 다른 선분의 길이를 k를 사용하여 나타낸 후 $\overline{OB}:\overline{OD}$를 구한다.

두 삼각형 PAB와 PBC의 높이는 $\overline{OP}$로 같고, 넓이의 비가 1 : 5이므로 두 삼각형의 밑변의 길이의 비도 1 : 5이다.

즉, $\overline{AB}:\overline{BC}=1:5$

따라서 다음 그림과 같이 네 점 A, B, C, P를 좌표평면 위에 나타낼 수 있다.

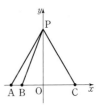

$\overline{AB}=k$, $\overline{BC}=5k$라 하면

원점 O는 선분 AC의 중점이므로

$$\overline{OA}=\overline{OC}=\frac{1}{2}\overline{AC}=\frac{1}{2}(k+5k)=\frac{1}{2}\times 6k=3k$$

$$\therefore \overline{OB}=\overline{OA}-\overline{AB}=3k-k=2k$$

한편, 두 삼각형 PBD와 PCD의 높이는 $\overline{OP}$로 같고, 넓이의 비가 4 : 3이므로 두 삼각형의 밑변의 길이의 비도 4 : 3이다.

즉, $\overline{BD}:\overline{CD}=4:3$

따라서 다음 그림과 같이 다섯 개의 점 A, B, C, D, P를 좌표평면 위에 나타낼 수 있다.

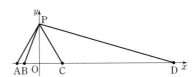

$\overline{BD}:\overline{CD}=4:3$에서 $\overline{BC}:\overline{CD}=1:3$이므로

$$(\overline{OB}+\overline{OC}):\overline{CD}=1:3, \ (2k+3k):\overline{CD}=1:3$$

$\therefore \overline{CD}=3(2k+3k)=15k$

즉, $\overline{OD}=\overline{OC}+\overline{CD}=3k+15k=18k$

$\therefore \overline{OB}:\overline{OD}=2k:18k=1:9$

답 $1:9$

삼각형의 밑변의 길이의 비와 넓이의 비

높이가 같은 두 삼각형에서 밑변의 길이와 넓이는 정비례 관계이므로 밑변의 길이의 비와 넓이의 비는 같다.

15

$\angle AOB:\angle BOE=4:5$에서

$\angle AOB=180°\times\dfrac{4}{4+5}=180°\times\dfrac{4}{9}=80°$

$\therefore \angle BOC=\dfrac{1}{2}\angle AOB=\dfrac{1}{2}\times80°=40°$

$\angle COE=180°-\angle AOC=180°-(80°+40°)$

$\qquad\quad =180°-120°=60°$

이고 $\angle COE=3\angle DOE$이므로

$\angle COD=\dfrac{2}{3}\angle COE=\dfrac{2}{3}\times60°=40°$

$\therefore \angle BOD=\angle BOC+\angle COD=40°+40°=80°$

답 ⑤

16

$\overline{DE}$를 접는 선으로 하여 종이를 접었으므로

$\angle DEC=\angle DEC'$

따라서 $\angle BEC':\angle DEC':\angle DEC=2:3:3$이므로

$\angle DEC=180°\times\dfrac{3}{2+3+3}=67.5°$

답 $67.5°$

오른쪽 그림에서 $\angle x:\angle y:\angle z=a:b:c$이면

(1) $\angle x=180°\times\dfrac{a}{a+b+c}$

(2) $\angle y=180°\times\dfrac{b}{a+b+c}$

(3) $\angle z=180°\times\dfrac{c}{a+b+c}$

17

$\angle BOC+\angle AOB+\angle AOE=180°$에서

$\angle BOC+110°+\angle AOE=180°$

$\angle BOC+\angle AOE=70°$

$\therefore \angle AOE=70°-\angle BOC$

이때, $20°\le\angle BOC\le60°$이므로

(ⅰ) $\angle BOC=20°$일 때,

$\qquad \angle AOE=70°-20°=50°$

(ⅱ) $\angle BOC=60°$일 때,

$\qquad \angle AOE=70°-60°=10°$

(ⅰ), (ⅱ)에서

$10°\le\angle AOE\le50°$

따라서 $\angle AOE$의 크기가 가장 클 때와 가장 작을 때의 차는

$50°-10°=40°$

답 $40°$

18

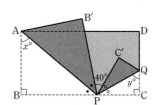

위의 그림과 같이 직사각형 ABCD를 두 선분 AP와 PQ를 각각 접는 선으로 하여 접었으므로

$\angle APB=\angle APB'$, $\angle CPQ=\angle C'PQ$

이때, $\angle APB=180°-(90°+x°)=(90-x)°$,

$\angle CPQ=180°-(90°+y°)=(90-y)°$이므로

$\angle APB+\angle APB'+\angle CPQ+\angle C'PQ+40°=180°$에서

$2(90-x)°+2(90-y)°+40°=180°$

$360-2(x+y)+40=180$

$2(x+y)=220$ $\therefore x+y=110$

답 ③

19

원 O를 1회전하는 데

$\overrightarrow{OA}$는 40분이 걸리므로 1분에 $\dfrac{360°}{40}$, 즉 9°씩 움직이고,

$\overrightarrow{OB}$는 90분이 걸리므로 1분에 $\dfrac{360°}{90}$, 즉 4°씩 움직인다.

처음으로 $\angle AOB=180°$가 될 때까지 걸리는 시간을 x분이라 하면 $\overrightarrow{OP}$에서부터 $\overrightarrow{OA}$와 $\overrightarrow{OB}$가 회전한 양은 각각 $9x°$, $(4x+90)°$이므로

$9x°-(4x+90)°=180°$, $5x°=270°$

$\therefore x=54$

따라서 처음으로 $\angle AOB=180°$가 될 때까지 54분이 걸린다.

답 ④

삼각형 BCE의 넓이는

$\dfrac{1}{2} \times x \times 5 = \dfrac{5}{2}x$

두 삼각형의 넓이의 합이 84이므로

$\dfrac{9}{2}x + \dfrac{5}{2}x = 84$, $7x = 84$ ∴ $x = 12$

점 A와 직선 l 사이의 거리는 $\overline{AC}$의 길이와 같으므로 12이다.

답 12

30

6개의 점 P, Q, A, B, C, D를 좌표평면
위에 나타내면 오른쪽 그림과 같다.
따라서 육각형 PADQCB의 넓이는 사각
형 PFQE의 넓이에서 두 삼각형 BCE,
AFD의 넓이를 뺀 것과 같으므로

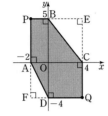

$6 \times 9 - \dfrac{1}{2} \times 4 \times 5 - \dfrac{1}{2} \times 2 \times 4$

$= 40$

답 ①

| 다른풀이1 |

위의 그림에서 육각형 PADQCB의 넓이는
(사다리꼴 PACB의 넓이) + (사다리꼴 ADQC의 넓이)

$= \dfrac{1}{2} \times (2+6) \times 5 + \dfrac{1}{2} \times (4+6) \times 4$

$= 20 + 20 = 40$

| 다른풀이2 |

위의 그림에서 육각형 PADQCB의 넓이는
(사각형 PAOB의 넓이) + (삼각형 BOC의 넓이)

   + (사각형 ODQC의 넓이) + (삼각형 ADO의 넓이)

$= 2 \times 5 + \dfrac{1}{2} \times 4 \times 5 + 4 \times 4 + \dfrac{1}{2} \times 2 \times 4 = 40$

Step 3	종합 사고력 도전 문제	pp. 16~17

| 01 $\dfrac{60}{13}$ cm | 02 23 | 03 80° | 04 (1) 5 (2) 75 |
| 05 2 | 06 16 | 07 $4n+2$ | 08 $\dfrac{360}{11}$ 분 |

01 해결단계

❶단계	점 A에서 변 BC에 수선의 발을 내린다.
❷단계	삼각형의 넓이 공식을 이용하여 식을 세운다.
❸단계	점 A와 변 BC 사이의 거리를 구한다.

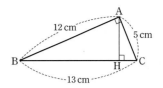

점 A에서 변 BC에 내린 수선의 발을 H라 하면 선분 AH의 길
이가 점 A와 변 BC 사이의 거리이다.
삼각형 ABC의 넓이는

$\dfrac{1}{2} \times \overline{AB} \times \overline{AC} = \dfrac{1}{2} \times \overline{BC} \times \overline{AH}$에서

$\dfrac{1}{2} \times 12 \times 5 = \dfrac{1}{2} \times 13 \times \overline{AH}$

∴ $\overline{AH} = \dfrac{60}{13}$(cm)

답 $\dfrac{60}{13}$ cm

02 해결단계

❶단계	선분의 길이로 가능한 소수를 구한다.
❷단계	각 길이에 따른 선분의 개수를 구한다.
❸단계	길이가 소수인 선분의 개수를 구한다.

가장 짧은 선분의 길이는 $\overline{A_1A_2} = \overline{A_2A_3} = \cdots = \overline{A_9A_{10}} = 1$
가장 긴 선분의 길이는 $\overline{A_1A_{10}} = 9$
길이가 소수이려면 선분의 길이로 가능한 것은 2, 3, 5, 7이다.
(i) 길이가 2인 선분
   $\overline{A_1A_3}$, $\overline{A_2A_4}$, $\overline{A_3A_5}$, $\cdots$, $\overline{A_8A_{10}}$의 8개
(ii) 길이가 3인 선분
   $\overline{A_1A_4}$, $\overline{A_2A_5}$, $\overline{A_3A_6}$, $\cdots$, $\overline{A_7A_{10}}$의 7개
(iii) 길이가 5인 선분
   $\overline{A_1A_6}$, $\overline{A_2A_7}$, $\overline{A_3A_8}$, $\overline{A_4A_9}$, $\overline{A_5A_{10}}$의 5개
(iv) 길이가 7인 선분
   $\overline{A_1A_8}$, $\overline{A_2A_9}$, $\overline{A_3A_{10}}$의 3개
(i)~(iv)에서 길이가 소수인 선분의 개수는
$8 + 7 + 5 + 3 = 23$

답 23

03 해결단계

❶단계	주어진 도형에서 맞꼭지각을 표시한다.
❷단계	삼각형의 세 각의 크기의 합이 180°임을 이용하여 식을 세운다.
❸단계	$\angle c + \angle d + \angle e + \angle f - \angle a - \angle b$의 값을 구한다.

맞꼭지각의 성질을 이용하면 다음 그림과 같이 나타낼 수 있다.

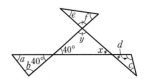

$\angle a + \angle b + 40° = 180°$에서 $\angle a + \angle b = 140°$

$\angle c + \angle d + \angle x = 180°$에서 $\angle x = 180° - \angle c - \angle d$

$\angle e + \angle f + \angle y = 180°$에서 $\angle y = 180° - \angle e - \angle f$

$40° + \angle x + \angle y = 180°$에서

$40° + (180° - \angle c - \angle d) + (180° - \angle e - \angle f) = 180°$

$400° - \angle c - \angle d - \angle e - \angle f = 180°$

$\therefore \angle c + \angle d + \angle e + \angle f = 220°$

$\therefore \angle c + \angle d + \angle e + \angle f - \angle a - \angle b = 220° - 140° = 80°$

답 $80°$

04 해결단계

(1)	❶단계	회전한 총 각의 크기를 x를 사용하여 나타낸다.
	❷단계	x의 값을 구한다.
(2)	❸단계	회전한 총 각의 크기를 x를 사용하여 나타낸다.
	❹단계	처음의 직선과 수직이 될 때의 회전한 각의 크기를 구한다.
	❺단계	조건을 만족시키는 x의 값을 구한다.

(1) 직선을 8번 회전시켰을 때, 회전한 총 각의 크기는

$(x + 2x + 3x + 4x + 5x + 6x + 7x + 8x)° = 36x°$

이고, 처음으로 원래 직선과 겹쳐졌으므로 회전한 각의 크기는 $180°$이다. 즉,

$36x° = 180°$ $\therefore x = 5$

(2) 직선을 3번 회전시켰을 때, 회전한 총 각의 크기는

$x° + 2x° + 3x° = 6x°$

이고, 처음의 직선과 수직이 되었으므로 회전한 각의 크기는

$90°, 270°, 450°, 630°, \cdots$

즉, $6x° = 90°, 270°, 450°, 630°, \cdots$

$\therefore x° = 15°, 45°, 75°, 105°, \cdots$

이때, $60° \leq x° < 90°$이므로 $x = 75$

답 (1) 5 (2) 75

05 해결단계

❶단계	두 선분 AP, QB의 길이를 a, b를 사용하여 나타낸다.
❷단계	두 점 P, Q의 좌표를 a, b를 사용하여 나타낸다.
❸단계	선분 PQ의 중점의 좌표를 a, b를 사용하여 나타낸다.

점 A의 좌표가 a, 점 B의 좌표가 b이므로

$\overline{AB} = b - a$, $\overline{AM} = \overline{BM} = \frac{1}{2}\overline{AB} = \frac{b-a}{2}$

$\overline{AP} = \frac{1}{3}\overline{AM} = \frac{1}{3} \times \frac{b-a}{2} = \frac{b-a}{6}$

$\overline{QB} = \frac{1}{5}\overline{AB} = \frac{b-a}{5}$

즉, 점 P의 좌표는 $a + \overline{AP} = a + \frac{b-a}{6} = \frac{5a+b}{6}$

점 Q의 좌표는 $b - \overline{QB} = b - \frac{b-a}{5} = \frac{a+4b}{5}$

$\therefore \overline{PQ} = \frac{a+4b}{5} - \frac{5a+b}{6} = \frac{6a+24b-25a-5b}{30}$

$= \frac{-19a+19b}{30}$

따라서 선분 PQ의 중점의 좌표는

(점 P의 좌표)$+ \frac{1}{2}\overline{PQ} = \frac{5a+b}{6} + \frac{1}{2} \times \frac{-19a+19b}{30}$

$= \frac{50a+10b-19a+19b}{60}$

$= \frac{31a+29b}{60}$

$\therefore m = \frac{31}{60}, n = \frac{29}{60}$

즉, $60(m-n) = 60 \times \left(\frac{31}{60} - \frac{29}{60}\right)$

$= 60 \times \frac{2}{60} = 2$

답 2

06 해결단계

❶단계	선분 n개를 그릴 때의 교점의 개수를 n을 사용하여 나타낸다.
❷단계	n의 값을 구한다.

선분 2개를 그릴 때 교점의 개수는

$1 = \frac{2 \times 1}{2}$

선분 4개를 그릴 때 교점의 개수는

$3 + 2 + 1 = 6 = \frac{4 \times 3}{2}$

선분 6개를 그릴 때 교점의 개수는

$5 + 4 + 3 + 2 + 1 = 15 = \frac{6 \times 5}{2}$

$\vdots$

선분 n개를 그릴 때 교점의 개수는

$(n-1) + (n-2) + \cdots + 3 + 2 + 1 = \frac{n(n-1)}{2}$

$\frac{n(n-1)}{2} = 120$에서 $n(n-1) = 240$

이때, $16 \times 15 = 240$이므로 $n = 16$

답 16

참고

자연수의 합

$$1+2+3+\cdots+(n-1)+n=A$$
$$+\underline{\,n+(n-1)+\cdots+3+2+1=A}$$
$$\underbrace{(n+1)+(n+1)+\cdots+(n+1)+(n+1)}_{n\text{개}}=2A$$
$$\therefore A=\frac{n(n+1)}{2}\ \Rightarrow\ 1+2+3+\cdots+n=\frac{n(n+1)}{2}$$

07 해결단계

❶단계	$(n+1)$개의 점 A_0, A_1, A_2, $\cdots$, A_n으로 만들 수 있는 서로 다른 직선의 개수를 구한다.
❷단계	a를 n을 사용하여 나타낸다.
❸단계	$(n+1)$개의 점 A_0, A_1, A_2, $\cdots$, A_n으로 만들 수 있는 서로 다른 반직선의 개수를 구한다.
❹단계	b를 n을 사용하여 나타낸다.
❺단계	$b-a$를 n을 사용하여 나타낸다.

(i) $(n+1)$개의 점 A_0, A_1, A_2, $\cdots$, A_n이 모두 한 직선 위에 있으므로 이 점들로 만들 수 있는 서로 다른 직선은 1개이다.

(ii) 점 B와 A_0, A_1, A_2, $\cdots$, A_n 중에서 한 점을 지나는 직선은 모두 다른 직선이므로 이 점들로 만들 수 있는 서로 다른 직선은 $(n+1)$개이다.

(iii) 같은 방법으로 점 C와 A_0, A_1, A_2, $\cdots$, A_n 중에서 한 점을 지나는 서로 다른 직선은 $(n+1)$개이다.

(iv) 호 위의 두 점 B, C로 만들 수 있는 직선은 1개이다.

(i)~(iv)에서 주어진 점으로 만들 수 있는 서로 다른 직선의 개수는
$$1+(n+1)+(n+1)+1=2n+4 \qquad \therefore a=2n+4$$

(v) $(n+1)$개의 점 A_0, A_1, A_2, $\cdots$, A_n으로 만들 수 있는 서로 다른 반직선의 개수는 시작점에 따라 다음과 같이 나눌 수 있다.

시작점이 A_0일 때, $\overrightarrow{A_0A_1}$의 1개

시작점이 A_1일 때, $\overrightarrow{A_1A_2}$, $\overrightarrow{A_1A_0}$의 2개

시작점이 A_2일 때, $\overrightarrow{A_2A_3}$, $\overrightarrow{A_2A_1}$의 2개

$$\vdots$$

시작점이 A_{n-1}일 때, $\overrightarrow{A_{n-1}A_n}$, $\overrightarrow{A_{n-1}A_{n-2}}$의 2개

시작점이 A_n일 때, $\overrightarrow{A_nA_{n-1}}$의 1개

이므로 서로 다른 반직선의 개수는
$$1+2(n-1)+1=2n$$

(vi) 점 B와 A_0, A_1, A_2, $\cdots$, A_n 중에서 한 점을 지나는 반직선의 개수는 $\overrightarrow{BA_k}$ $(k=0,\ 1,\ 2,\ \cdots,\ 10)$ 당 $\overrightarrow{BA_k}$, $\overrightarrow{A_kB}$의 2개씩 만들 수 있으므로
$$2\times(n+1)=2n+2$$

(vii) 같은 방법으로 점 C와 A_0, A_1, A_2, $\cdots$, A_n 중에서 한 점을 지나는 반직선은 $(2n+2)$개이고, 두 점 B, C로 만들 수 있는 반직선은 $\overrightarrow{BC}$, $\overrightarrow{CB}$의 2개이다.

(v)~(vii)에서 주어진 점으로 만들 수 있는 서로 다른 반직선의 개수는

$$2n+(2n+2)+(2n+2)+2=6n+6 \qquad \therefore b=6n+6$$

따라서 $b-a=6n+6-(2n+4)=4n+2$ 답 $4n+2$

08 해결단계

❶단계	첫 번째로 시침과 분침이 직각을 이루는 시각을 구한다.
❷단계	두 번째로 시침과 분침이 직각을 이루는 시각을 구한다.
❸단계	시침과 분침이 이루는 작은 각의 크기가 90° 이하인 시간이 몇 분 동안인지 구한다.

시침이 1시간 동안 움직이는 각의 크기는
$$360°\times\frac{1}{12}=30°$$

시침이 1분 동안 움직이는 각의 크기는
$$360°\times\frac{1}{12}\times\frac{1}{60}=0.5°$$

분침이 1분 동안 움직이는 각의 크기는
$$360°\times\frac{1}{60}=6°$$

이때, 구하는 시간은 4시와 5시 사이에 첫 번째로 시계의 시침과 분침이 직각을 이루는 시간부터 두 번째로 직각을 이루는 시간까지이다.

(i) 첫 번째로 시계의 시침과 분침이 직각을 이루는 시각을 4시 x분이라 하면 시침이 시계의 4를, 분침이 시계의 12를 가리킬 때부터 4시 x분이 될 때까지 회전한 각의 크기는 각각 다음과 같다.

시침 : $30°\times4+0.5°\times x$, 분침 : $6°\times x$

시침이 분침보다 더 많이 회전한 상태이므로
$$120+\frac{1}{2}x-6x=90,\ \frac{11}{2}x=30 \qquad \therefore x=\frac{60}{11}$$

즉, 첫 번째로 시침과 분침이 직각을 이루는 시각은

4시 $\dfrac{60}{11}$분이다.

(ii) 두 번째로 시계의 시침과 분침이 직각을 이루는 시각을 4시 y분이라 하면 시침이 시계의 4를, 분침이 시계의 12를 가리킬 때부터 4시 y분이 될 때까지 회전한 각의 크기는 각각 다음과 같다.

시침 : $30°\times4+0.5°\times y$, 분침 : $6°\times y$

분침이 시침보다 더 많이 회전한 상태이므로
$$6y-\left(120+\frac{1}{2}y\right)=90,\ 6y-120-\frac{1}{2}y=90$$

$$\frac{11}{2}y=210 \qquad \therefore y=\frac{420}{11}$$

즉, 두 번째로 시침과 분침이 직각을 이루는 시각은

4시 $\dfrac{420}{11}$분이다.

(i), (ii)에서 시침과 분침이 90° 이하의 각을 이루는 시간은
$$\frac{420}{11}-\frac{60}{11}=\frac{360}{11}\text{(분) 동안이다.} \qquad\qquad \text{답 } \frac{360}{11}\text{분}$$

02 위치 관계

Step 1	시험에 꼭 나오는 문제			p. 20
01 ㄱ	02 9	03 ②, ⑤	04 ①, ④	05 ⑤
06 96°	07 ⑤	08 90°		

01

ㄴ. 오른쪽 그림에서

$l /\!/ m$, $l \perp n$이지만 $m \perp n$

ㄷ. 오른쪽 그림에서

$l \perp m$, $m \perp n$이지만 $l /\!/ n$

따라서 옳은 것은 ㄱ뿐이다. 답 ㄱ

02

직선 AB와 평행한 직선은 직선 FG의 1개이므로 $a=1$

직선 BG와 꼬인 위치에 있는 직선은 직선 AE, 직선 CD, 직선 DE, 직선 FJ, 직선 HI, 직선 IJ의 6개이므로 $b=6$

직선 CD와 수직으로 만나는 직선은 직선 CH, 직선 DI의 2개이므로 $c=2$

$\therefore a+b+c=1+6+2=9$ 답 9

03

모서리 IJ와 평행한 면은 면 ABFE, 면 EFGH, 면 GHKL이다.

따라서 모서리 IJ와 평행한 면이 아닌 것은 ②, ⑤이다.

답 ②, ⑤

blacklabel 특강 참고

공간에서 직선과 평면의 위치 관계는 직선과 평면이 만나는 점의 개수에 따라 분류할 수도 있다.

(1) 0개인 경우 : 평행하다.

(2) 1개인 경우 : 한 점에서 만난다.

(3) 무수히 많은 경우 : 직선이 평면에 포함된다.

04

① 오른쪽 그림에서 $P /\!/ R$, $Q /\!/ R$이면

$P /\!/ Q$

② 오른쪽 그림의 정육면체에서 $l /\!/ P$, $l /\!/ Q$

이지만

$P \perp Q$

③ 오른쪽 그림의 정육면체에서 $l /\!/ P$, $P /\!/ Q$

이지만 직선 l이 평면 Q에 포함될 수 있다.

④ 오른쪽 그림에서 $l \perp P$, $P /\!/ Q$이면

$l \perp Q$

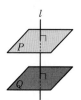

⑤ 오른쪽 그림의 정육면체에서 $P \perp Q$, $P \perp R$

이지만

$Q \perp R$

따라서 옳은 것은 ①, ④이다. 답 ①, ④

05

① $\angle e$와 $\angle i$는 $\angle a$의 동위각이다.

② $\angle b$의 엇각은 $\angle h$이다.

③ $\angle c$의 동위각은 $\angle g$와 $\angle k$이다.

④ $\angle d$의 동위각은 $\angle h$와 $\angle l$이다.

따라서 옳은 것은 ⑤이다. 답 ⑤

06

오른쪽 그림에서 $l /\!/ m$이므로

$154° = 32° + \angle x$ ($\because$ 동위각)

$\therefore \angle x = 122°$

$\angle x + 32° + \angle y = 180°$에서

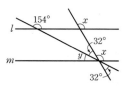

$122°+32°+\angle y=180°$

$154°+\angle y=180°$ $\therefore \angle y=26°$

$\therefore \angle x-\angle y=96°$ 답 $96°$

07

두 점 A, B를 각각 지나면서 두 직선 l, m에 평행한 두 직선 p, q를 그으면 다음 그림과 같다.

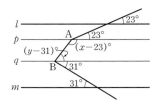

$p /\!/ q$이므로

$(x-23)°+(y-31)°=180°$

$(x+y)°-54°=180°$

$(x+y)°=234°$ $\therefore x+y=234$ 답 ⑤

blacklabel 특강   풀이첨삭

오른쪽 그림과 같이 평행한 두 직선 l, m이 직선 k와 만나 생기는 세 각 $\angle a$, $\angle b$, $\angle c$에 대하여

$\angle a=\angle c$ (∵ 엇각)이므로

$\angle a+\angle b=\angle c+\angle b=180°$

08

오른쪽 그림과 같이 점 F를 지나면서 변 AD에 평행한 직선 l을 긋고 직선 l과 선분 BE가 만나는 점을 G라 하자.

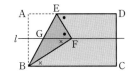

$\overline{AD} /\!/ l$이므로

$\angle DEF=\angle EFG$ (∵ 엇각)

$\overline{BC} /\!/ l$이므로

$\angle FBC=\angle BFG$ (∵ 엇각)

이때, $\angle EFB=\angle EAB=90°$이므로

$\angle FBC+\angle DEF=\angle BFG+\angle EFG$

$=\angle EFB=90°$ 답 $90°$

| 다른풀이 |

삼각형 ABE에서

$\angle ABE+\angle AEB=180°-90°=90°$ ······㉠

이때, 접은 각의 크기는 같으므로

$\angle ABE=\angle FBE$, $\angle AEB=\angle FEB$

$\angle ABE+\angle FBE+\angle FBC=90°$에서

$2\angle ABE+\angle FBE=90°$

$\therefore \angle FBC=90°-2\angle ABE$ ······㉡

또한, $\angle AEB+\angle FEB+\angle DEF=180°$에서

$2\angle AEB+\angle DEF=180°$

$\therefore \angle DEF=180°-2\angle AEB$ ······㉢

㉡+㉢에서

$\angle FBC+\angle DEF=(90°-2\angle ABE)+(180°-2\angle AEB)$

$=270°-2(\angle ABE+\angle AEB)$

$=270°-2\times 90°$ (∵ ㉠)

$=270°-180°=90°$

Step 2	A등급을 위한 문제		pp. 21~25
01 ①	02 10	03 4	04 ㄱ, ㄴ, ㄹ 05 2
06 ①, ③	07 20	08 ④	09 ①, ④ 10 4
11 ③	12 11	13 ②	14 3 15 8
16 ①	17 65°	18 ⑤	19 51° 20 ⑤
21 ③, ⑤	22 180°	23 20°	24 ⑤ 25 ①
26 105°	27 32	28 85°	29 ⑤ 30 20°

01

① 평행하다.

②, ③, ④, ⑤ 한 점에서 만난다.

따라서 위치 관계가 나머지 넷과 다른 하나는 ①이다.   답 ①

02

서로 다른 5개의 직선을 [그림 1]과 같이 그릴 때 교점의 개수는 최대가 되고, [그림 2]와 같이 그릴 때 교점의 개수는 최소가 된다.

[그림 1]   [그림 2]

따라서 교점은 최대 10개, 최소 0개이므로

$M=10$, $m=0$

$\therefore M+m=10+0=10$

답 10

blacklabel 특강 참고

서로 다른 직선을 그려 생기는 교점의 최대 개수

서로 다른 직선을 그릴 때 교점의 개수가 최대가 되려면 다음 두 조건을 만족시켜야 한다.

(i) 어느 세 직선도 한 점에서 만나지 않아야 한다.

(ii) 어느 두 직선도 평행하지 않아야 한다.

서로 다른 n개의 직선을 그릴 때 생기는 교점의 최대 개수를 a_n이라 하면

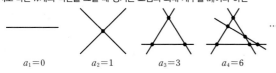

$a_1=0$ $a_2=1$ $a_3=3$ $a_4=6$

같은 방법으로 계속하면 $a_n=\dfrac{n(n-1)}{2}$로 나타낼 수 있다.

03

$\overline{\mathrm{AB}}$와 수직으로 만나는 모서리는 $\overline{\mathrm{AD}}$, $\overline{\mathrm{AE}}$, $\overline{\mathrm{BC}}$, $\overline{\mathrm{BF}}$의 4개이므로 $a=4$

$\overline{\mathrm{AC}}$와 꼬인 위치에 있는 모서리는 $\overline{\mathrm{BF}}$, $\overline{\mathrm{DH}}$, $\overline{\mathrm{EF}}$, $\overline{\mathrm{EH}}$, $\overline{\mathrm{FG}}$, $\overline{\mathrm{GH}}$의 6개이므로 $b=6$

평면 AEGC와 평행한 모서리는 $\overline{\mathrm{BF}}$, $\overline{\mathrm{DH}}$의 2개이므로 $c=2$

평면 BFGC와 수직인 면은 평면 ABCD, 평면 ABFE, 평면 CGHD, 평면 EFGH의 4개이므로 $d=4$

$\therefore a+b-c-d=4+6-2-4=4$

답 4

04

ㄱ. $l \perp P$이므로 직선 l은 점 H를 지나는 평면 P 위의 모든 직선과 수직이다.

$\quad \therefore l \perp n$

ㄴ. $\overline{\mathrm{AH}}$는 직선 l의 일부분이므로 ㄱ에서 $\overline{\mathrm{AH}} \perp n$

ㄷ. 직선 m과 직선 n은 한 점 H에서 만나지만 두 직선이 수직인지는 알 수 없다.

ㄹ. 점 A와 평면 P 사이의 거리가 6이므로 $\overline{\mathrm{AH}}=6$

따라서 옳은 것은 ㄱ, ㄴ, ㄹ이다.

답 ㄱ, ㄴ, ㄹ

05

(i) 대각선 AG와 꼬인 위치에 있는 모서리는

$\quad \overline{\mathrm{BC}}$, $\overline{\mathrm{BF}}$, $\overline{\mathrm{CD}}$, $\overline{\mathrm{DH}}$, $\overline{\mathrm{EF}}$, $\overline{\mathrm{EH}}$

(ii) 모서리 EH와 꼬인 위치에 있는 모서리는

$\quad \overline{\mathrm{AB}}$, $\overline{\mathrm{BF}}$, $\overline{\mathrm{CD}}$, $\overline{\mathrm{CG}}$

(i), (ii)에서 대각선 AG, 모서리 EH와 동시에 꼬인 위치에 있는 모서리는 $\overline{\mathrm{BF}}$, $\overline{\mathrm{CD}}$의 2개이다.

답 2

06

① 오른쪽 그림에서 $l \perp P$, $m \perp P$이면

$\quad l /\!/ m$

② 오른쪽 그림의 정육면체에서 $l /\!/ P$, $m /\!/ P$ 이지만

$\quad l \perp m$

③ 오른쪽 그림에서 $l \perp P$, $l /\!/ m$이면

$\quad m \perp P$

④ 오른쪽 그림의 정육면체에서 $l /\!/ P$, $l \perp m$ 이지만

$\quad m /\!/ P$

⑤ 오른쪽 그림의 정육면체에서 $l /\!/ P$, $l /\!/ m$ 이지만 직선 m이 평면 P에 포함될 수 있다.

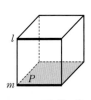

따라서 옳은 것은 ①, ③이다.

답 ①, ③

07

6개의 점 중에서 세 점으로 정해지는 평면의 개수는 다음과 같다.

(i) 평면 P 위의 두 점과 평면 Q 위의 한 점으로 정해지는 서로 다른 평면은

면 ABD, 면 ABE, 면 ABF,
면 ACD, 면 ACE, 면 ACF,
면 BCD, 면 BCE, 면 BCF
의 9개이다.

(ii) 평면 P 위의 한 점과 평면 Q 위의 두 점으로 정해지는 서로 다른 평면은

면 ADE, 면 ADF, 면 AEF,

면 BDE, 면 BDF, 면 BEF,

면 CDE, 면 CDF, 면 CEF

의 9개이다.

(iii) 평면 P 위의 세 점으로 정해지는 서로 다른 평면은 1개

(iv) 평면 Q 위의 세 점으로 정해지는 서로 다른 평면은 1개

(i)~(iv)에서 구하는 평면의 개수는

$9+9+1+1=20$ 답 20

08

모서리 AB와 꼬인 위치에 있는 모서리는 $\overline{CD}$, $\overline{DE}$, $\overline{CF}$, $\overline{EF}$의 4개이다. 답 ④

09

직선 AC와 평면 BDHF가 수직임을 설명하기 위해서는 직선 AC와 평면 BDHF의 교점 M을 지나는 평면 BDHF 위의 두 직선이 직선 AC와 수직임을 설명하면 된다.

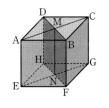

이때, 직선 BD와 직선 MN은 점 M을 지나는 평면 BDHF 위의 두 직선이므로 필요한 두 조건은 $\overline{AC} \perp \overline{BD}$, $\overline{AC} \perp \overline{MN}$이다. 답 ①, ④

10

모서리 BF와 수직으로 만나는 모서리는 $\overline{AB}$, $\overline{BD}$, $\overline{EF}$, $\overline{FG}$의 4개이다. 답 4

11

① 면 ABMD와 평행한 면은 면 EFNH의 1개이다.

② 모서리 MD와 평행한 모서리는 $\overline{NH}$의 1개이다.

③ 면 ABFE와 평행한 모서리는 $\overline{MN}$, $\overline{DH}$의 2개이다.

④ 점 M과 모서리 NH 사이의 거리는 모서리 MN의 길이와 같지만 그 길이는 알 수 없다.

⑤ 모서리 AB와 꼬인 위치에 있는 모서리는 $\overline{MN}$, $\overline{DH}$, $\overline{EH}$, $\overline{FN}$, $\overline{NH}$의 5개이다.

따라서 옳은 것은 ③이다. 답 ③

12

면 BFGJIC와 수직인 면은 면 ABCD, 면 IJK, 면 EFGH, 면 ABFE, 면 JGHK의 5개이므로 $x=5$

모서리 IJ와 꼬인 위치에 있는 모서리는 $\overline{AB}$, $\overline{AE}$, $\overline{CD}$, $\overline{DH}$, $\overline{EF}$, $\overline{GH}$의 6개이므로 $y=6$

$\therefore x+y=5+6=11$ 답 11

13

주어진 전개도로 만든 정육면체는 오른쪽 그림과 같다.

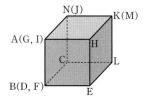

모서리 AB와 꼬인 위치에 있는 모서리는 $\overline{CL}$, $\overline{EL}$, $\overline{NM}$, $\overline{HK}$이고, 면 ABCN과 평행한 모서리는 $\overline{EH}$, $\overline{EL}$, $\overline{KL}$, $\overline{HK}$이다.

따라서 모서리 AB와 꼬인 위치에 있고, 동시에 면 ABCN과 평행한 모서리는 $\overline{EL}$, $\overline{HK}$이다. 답 ②

14

주어진 종이를 접어 만든 삼각뿔은 오른
쪽 그림과 같다.

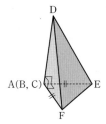

면 ADE와 수직인 면은 면 BEF,
면 CDF의 2개이므로
$a=2$
모서리 EF와 꼬인 위치에 있는 모서리는
$\overline{AD}$의 1개이므로
$b=1$
$\therefore a+b=2+1=3$

답 3

15

주어진 전개도로 만든 입체도형은 오른쪽
그림과 같다.

모서리 BC와 꼬인 위치에 있는 모서리는
$\overline{AG}$, $\overline{DJ}$, $\overline{EH}$, $\overline{FI}$, $\overline{HG}$, $\overline{GJ}$, $\overline{HI}$, $\overline{IJ}$의
8개이다.

답 8

단계	채점 기준	배점
(가)	주어진 전개도를 이용하여 입체도형의 겨냥도를 그린 경우	50%
(나)	모서리 BC와 꼬인 위치에 있는 모서리의 개수를 구한 경우	50%

16

ㄴ. $\angle g$와 $\angle l$의 크기가 같은지는 알 수 없다.
ㄹ. $\angle m$의 엇각은 $\angle g$, $\angle k$이다.
따라서 옳은 것은 ㄱ, ㄷ이다.

답 ①

blacklabel 특강 오답피하기

동위각이나 엇각을 찾을 때, 동시에 생각하는 것은 복잡하여 실수할 수 있다. 따라서
다음 그림과 같이 두 부분으로 나누어 동위각이나 엇각을 찾는다.

(1) 동위각

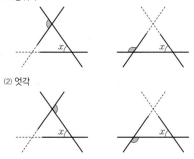

(2) 엇각

17

$\angle x$의 엇각은 $\angle ABR$와 $\angle ACS$이므로
$\angle ABR+\angle ACS=245°$ ……㉠
삼각형 ABC에서
$\angle x=180°-(\angle ABC+\angle ACB)$
$=180°-(180°-\angle ABR)-(180°-\angle ACS)$
$=180°-180°+\angle ABR-180°+\angle ACS$
$=245°-180°=65°$ $(\because ㉠)$

답 65°

18

다음 그림에서 $\angle x$의 엇각은 $\angle a$, $\angle b$, $\angle c$, $\angle d$이다.

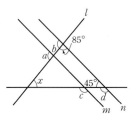

$85°+\angle b=180°$이므로
$\angle b=180°-85°=95°$
$m /\!/ n$에서 $\angle a=\angle b$ ($\because$ 동위각)이므로 $\angle a=95°$
또한, $\angle d=180°-45°=135°$
$m /\!/ n$에서 $\angle c=\angle d$ ($\because$ 동위각)이므로 $\angle c=135°$
따라서 $\angle x$의 모든 엇각의 크기의 합은
$\angle a+\angle b+\angle c+\angle d=95°+95°+135°+135°=460°$ 답 ⑤

19

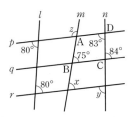

위의 그림의 사각형 ABCD에서
$\angle DAB+75°+(180°-84°)+83°=360°$
$\therefore \angle DAB=106°$
이때, $\angle z=\angle DAB$ ($\because$ 맞꼭지각)이므로 $\angle z=106°$
한편, 두 직선 p, r와 직선 l이 만나서 생기는 엇각의 크기가 80°
로 같으므로 $p /\!/ r$

$p /\!/ r$에서 $\angle x = 180° - \angle z$ ($\because$ 동위각)

$\therefore \angle x = 180° - 106° = 74°$

$p /\!/ r$에서 $\angle y = 83°$ ($\because$ 동위각)

$\therefore \angle x + \angle y - \angle z = 74° + 83° - 106° = 51°$　　　답 $51°$

20

$5\angle ABC = 4\angle DAB$에서 $\angle ABC = \dfrac{4}{5}\angle DAB$

$\overline{AD} /\!/ \overline{BC}$에서 $\angle ABC + \angle DAB = 180°$이므로

$\dfrac{4}{5}\angle DAB + \angle DAB = 180°$, $\dfrac{9}{5}\angle DAB = 180°$

$\therefore \angle DAB = 180° \times \dfrac{5}{9} = 100°$

이때, $\angle BAF = \angle DAF$이므로

$\angle BAF = \dfrac{1}{2}\angle DAB = \dfrac{1}{2} \times 100° = 50°$

$\overline{AB} /\!/ \overline{CD}$에서 $\angle CEA + \angle BAF = 180°$이므로

$\angle CEA = 180° - \angle BAF = 180° - 50° = 130°$　　　답 ⑤

21

오른쪽 그림과 같이 네 반직선 l, n, q, s 위에 네 점 A, B, C, D를 각각 정하자.

$\angle BMN = 105°$,

$\angle CNM = 95° + 10° = 105°$이므로

$\angle BMN = \angle CNM$

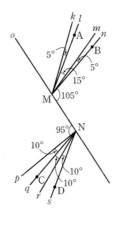

이때, $\angle BMN$과 $\angle CNM$은 각각 두 반직선 n, q를 연장한 직선이 직선 o와 만나서 생기는 엇각이고 그 크기가 같으므로

$n /\!/ q$

또한, $\angle AMN = 105° + 5° + 15° = 125°$,

$\angle DNM = 95° + 10° + 10° + 10° = 125°$이므로

$\angle AMN = \angle DNM$

이때, $\angle AMN$과 $\angle DNM$은 각각 두 반직선 l, s를 연장한 직선이 직선 o와 만나서 생기는 엇각이고 그 크기가 같으므로

$l /\!/ s$

따라서 서로 평행한 두 직선을 바르게 짝지은 것은 ③, ⑤이다.

답 ③, ⑤

22

점 E를 지나면서 두 직선 l, m에 평행한 직선 n을 그으면 다음 그림과 같다.

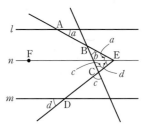

$l /\!/ n$이므로 $\angle AEF = \angle a$ ($\because$ 엇각)

$n /\!/ m$이므로 $\angle FED = \angle d$ ($\because$ 동위각)

한편, $\angle BCE = \angle c$ ($\because$ 맞꼭지각)

따라서 삼각형 BCE에서

$\angle a + \angle b + \angle c + \angle d = 180°$　　　답 $180°$

| 다른풀이 |

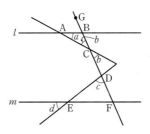

위의 그림에서 $\angle ACB = \angle b$ ($\because$ 맞꼭지각)이므로

삼각형 ABC에서

$\angle a + \angle b + \angle ABC = 180°$

$\therefore \angle ABC = 180° - (\angle a + \angle b)$

이때, $\angle ABC + \angle ABG = 180°$이므로

$180° - (\angle a + \angle b) + \angle ABG = 180°$

$\therefore \angle ABG = \angle a + \angle b$

한편, $l /\!/ m$에서 $\angle DFE = \angle ABG$ ($\because$ 동위각)

또한, $\angle DEF = \angle d$ ($\because$ 맞꼭지각)

따라서 삼각형 DEF에서

$\angle a + \angle b + \angle c + \angle d = 180°$

23

두 직선 l, m과 평행한 세 직선 p, q, r를 그으면 다음 그림과 같다.

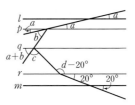

$q /\!/ r$에서

$\angle a + \angle b + \angle c = \angle d - 20°$ ($\because$ 엇각)이므로

$\angle d - \angle a - \angle b - \angle c = 20°$　　　답 $20°$

24

두 직선 l, m과 평행하고 점 B를 지
나는 직선 n을 긋고 그 직선이 변
CD와 만나는 점을 P라 하면

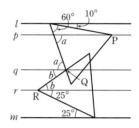

$l /\!/ n$에서 $\angle y = \angle ABP$ ($\because$ 엇각)

이때, $\angle ABP = \angle ABD + \angle DBP$이고

$l /\!/ n$에서 $\angle DBP = \angle AEB = 25°$ ($\because$ 엇각) ······㉠

이므로 $\angle ABP = 45° + 25° = 70°$

$\therefore \angle y = 70°$

또한, $n /\!/ m$이므로

$\angle x = \angle CBP$ ($\because$ 엇각)에서

$\angle CBP = \angle CBD - \angle DBP$

㉠에서 $\angle CBP = 45° - 25° = 20°$

$\therefore \angle x = 20°$

$\therefore \angle y - \angle x = 70° - 20° = 50°$ 답 ⑤

| 다른풀이 |

오른쪽 그림과 같이 변 AB를 연장한
직선과 직선 m이 만나는 점을 F라
하자.

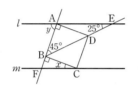

$\angle ABD = 45°$, $\angle AED = 25°$이므로

삼각형 ABE에서

$\angle BAE = 180° - \angle ABD - \angle AED$

$\qquad = 180° - 45° - 25° = 110°$

$\therefore \angle y = 180° - \angle BAE = 180° - 110° = 70°$

이때, $l /\!/ m$에서 $\angle BFC = \angle y$ ($\because$ 엇각)이므로 $\angle BFC = 70°$

삼각형 BFC에서

$\angle x = 180° - \angle FBC - \angle BFC = 180° - 90° - 70° = 20°$

$\therefore \angle y - \angle x = 70° - 20° = 50°$

25

오른쪽 그림과 같이 직선 AB가 직
선 DE와 만나는 점을 G라 하자.

$\overleftrightarrow{AB} /\!/ \overleftrightarrow{EF}$이므로

$\angle DGH = (4x + 17)°$ ($\because$ 동위각)

이때, $\angle CBG = \angle a$, $\angle BGD = \angle b$
라 하면

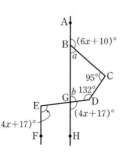

$\angle a = 180° - (6x + 10)°$

$\qquad = 170° - 6x$

$\angle b = 180° - (4x + 17)°$

$\qquad = 163° - 4x$

따라서 사각형 BGDC에서

$\angle a + \angle b + 132° + 95° = 360°$

$170° - 6x° + 163° - 4x° + 227° = 360°$

$10x° = 200°$

$\therefore x = 20$ 답 ①

26

세 점 P, Q, R를 각각 지나면서 두 직선 l, m에 평행한 세 직선
p, q, r를 그으면 다음 그림과 같다.

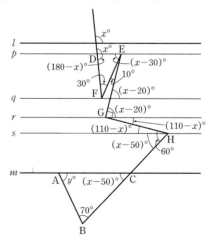

평행한 두 직선과 한 직선이 만날 때 동위각과 엇각의 크기는 각
각 같으므로

$l /\!/ p$에서 $\angle a = 60° + 10° = 70°$

$r /\!/ m$에서 $\angle b = 60° - 25° = 35°$

$p /\!/ q$, $q /\!/ r$에서

$\angle x = \angle a + \angle b = 70° + 35° = 105°$ 답 105°

27

네 점 D, F, G, H를 각각 지나면서 두 직선 l, m에 평행한 네
직선 p, q, r, s를 그으면 다음 그림과 같다.

삼각형 ABC에서

$y° + (x - 50)° + 70° = 180°$ $\therefore x° + y° = 160°$

이때, $2x = 3y$에서 $x : y = 3 : 2$이므로

$x° = \dfrac{3}{5} \times 160° = 96°$, $y° = \dfrac{2}{5} \times 160° = 64°$

따라서 $x = 96$, $y = 64$이므로

$x - y = 96 - 64 = 32$ 답 32

삼각형 DFE에서
$\angle EDF = 180° - x°$, $\angle DFE = 30°$이므로
$\angle DFE = 180° - (\angle EDF + \angle DFE)$
　　　　$= 180° - (180° - x° + 30°)$
　　　　$= x° - 30°$

28

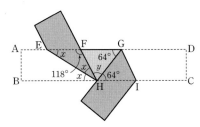

위의 그림에서 $\overline{AD} /\!/ \overline{BC}$이므로
$\angle EHB = \angle FEH = \angle x$ ($\because$ 엇각)
또한, 접은 각의 크기는 같으므로
$\angle FHE = \angle EHB = \angle x$
$\therefore \angle FEH = \angle FHE = \angle x$
삼각형 FEH에서
$\angle x + \angle x + 118° = 180°$
$2\angle x = 62°$　　$\therefore \angle x = 31°$
$\therefore \angle FHB = 2\angle x = 2 \times 31° = 62°$
또한, $\overline{AD} /\!/ \overline{BC}$이므로
$\angle GHI = \angle FGH$ ($\because$ 엇각)
　　　　$= 64°$
$\therefore \angle y = 180° - (\angle FHB + \angle GHI)$
　　　　$= 180° - (62° + 64°) = 54°$
$\therefore \angle x + \angle y = 31° + 54° = 85°$　　　　답 85°

29

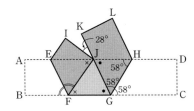

위의 그림에서 $\overline{AD} /\!/ \overline{BC}$이므로
$\angle JHG = \angle HGC$ ($\because$ 엇각)
　　　　$= 58°$
또한, 접은 각의 크기는 같으므로
$\angle JGH = \angle HGC = 58°$

즉, 삼각형 JGH에서
$\angle HJG = 180° - (\angle JHG + \angle JGH)$
　　　　$= 180° - (58° + 58°) = 64°$
이때, $\overline{AD} /\!/ \overline{BC}$이므로
$\angle JGF = \angle HJG$ ($\because$ 엇각)
　　　　$= 64°$
한편, $\angle KJE = \angle HJG$ ($\because$ 맞꼭지각)
　　　　　$= 64°$
이므로 $\angle IJE = 64° - \angle IJK = 64° - 28° = 36°$
이때, $\angle IJF = 90°$이므로
$\angle EJF = 90° - \angle IJE = 90° - 36° = 54°$
즉, $\overline{AD} /\!/ \overline{BC}$이므로
$\angle JFG = \angle EJF$ ($\because$ 엇각)
　　　　$= 54°$
또한, 접은 각의 크기는 같으므로
$\angle EFB = \angle EFJ$
따라서 $\angle EFB + \angle EFJ + \angle JFG = 180°$에서
$2\angle EFB + 54° = 180°$, $2\angle EFB = 126°$
$\therefore \angle EFB = 63°$　　　　답 ⑤

30 해결단계

❶단계	접은 각의 크기는 서로 같다는 것을 이용하여 접힌 종이를 펼쳐 같은 크기의 각을 표시한다.
❷단계	직사각형의 평행한 두 변을 이용하여 각의 크기가 서로 같은 엇각을 찾는다.
❸단계	$\angle CAB$의 크기를 구한다.

접었던 종이를 다시 펼치면 다음 그림과 같이 $\angle ABC$가 세 번 겹쳐져 있음을 알 수 있다.

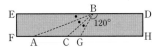

접은 각의 크기는 서로 같으므로
$\angle EBA = \angle ABC = \angle CBG$
즉, $3\angle EBA + 120° = 180°$이므로
$3\angle EBA = 60°$　　$\therefore \angle EBA = 20°$
이때, $\overline{ED} /\!/ \overline{FH}$이므로
$\angle CAB = \angle EBA$ ($\because$ 엇각)
　　　　$= 20°$　　　　답 20°

종이를 [그림 2]와 같이 접었을 때에는 위의 그림에서 $\overline{AB}$와 $\overline{GB}$가 겹쳐진다. 따라서 [그림 2]에서 $\angle ABD$로 주어진 각은 위의 그림에서 $\angle GBD$로 나타내어진다.

01 해결단계

(1)	**❶단계**	$f(5)$의 값을 구한다.
(2)	**❷단계**	$f(n)$의 규칙성을 찾는다.
	❸단계	$f(13)$의 값을 구한다.

(1) 5개의 직선에 의하여 오른쪽 그림과 같
이 6개의 유한한 영역이 만들어지므로
$f(5)=6$

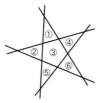

(2) $f(3)=1$,
$f(4)=1+2=3$,
$f(5)=1+2+3=6$,
$\vdots$
이므로 $f(n)=1+2+3+\cdots+(n-2)$
$\therefore f(13)=1+2+3+\cdots+11=66$

답 (1) 6 (2) 66

02 해결단계

(1)	**❶단계**	$\angle ABE$, $\angle ABC$, $\angle ABF$의 크기를 각각 구한다.
	❷단계	$\angle ABE+\angle ABC+\angle ABF$의 값을 구한다.
(2)	**❸단계**	a, b의 값을 각각 구한 후, $2a+3b$의 값을 구한다.

(1) $\overline{AB}=\overline{AE}=\overline{BE}$이므로 삼각형 AEB는 정삼각형이다.

$\therefore \angle ABE=60°$

삼각형 ABC는 $\overline{AC}=\overline{BC}$, $\angle C=90°$인 직각이등변삼각형이
므로

$\angle ABC=\dfrac{1}{2}\times(180°-90°)=45°$

사각형 ADFB는 직사각형이므로

$\angle ABF=90°$

$\therefore \angle ABE+\angle ABC+\angle ABF=60°+45°+90°=195°$

(2) 면 ADE와 평행한 면은 면 BFGC의 1개이다.

$\therefore a=1$

면 ADE와 수직인 면은 면 ADGC, 면 DEFG, 면 ABC,
면 BEF의 4개이다.

$\therefore b=4$

$\therefore 2a+3b=2\times1+3\times4=14$

답 (1) 195° (2) 14

03 해결단계

❶단계	접었던 종이테이프를 펼쳐서 생각한다.
❷단계	삼각형 ABG에서 $\angle GAB$, $\angle GBA$의 크기를 각각 $\angle x$로 나타낸다.
❸단계	$\angle x$의 크기를 구한다.

접었던 종이테이프를 다시 펼치면 다음 그림과 같다.

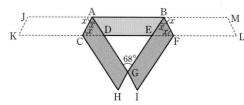

$\overline{JM}/\!/\overline{KL}$이므로 $\angle JAC=\angle x$ ($\because$ 엇각)

접은 각의 크기는 서로 같으므로 $\angle JAC=\angle CAD=\angle x$

$\therefore \angle GAB=180°-(\angle JAC+\angle CAD)=180°-2\angle x$

같은 방법으로 $\angle GBA=180°-2\angle x$

따라서 삼각형 AGB에서

$\angle GAB+68°+\angle GBA=180°$이므로

$(180°-2\angle x)+68°+(180°-2\angle x)=180°$

$4\angle x=248°$ $\therefore \angle x=62°$

답 62°

| 다른풀이 |

종이테이프를 좌우대칭인 모양으로 접었으므로

삼각형 GAB는 $\overline{AG}=\overline{BG}$인 이등변삼각형이고

$\angle BAG=(180°-68°)\div2=56°$

이때, 접은 각의 크기는 서로 같으므로

$\angle JAC=\angle CAD$

즉, $\angle JAC+\angle CAD+\angle BAG=180°$에서

$2\angle JAC+56°=180°$ $\therefore \angle JAC=62°$

$\overline{JM}/\!/\overline{KL}$에서 $\angle JAC=\angle x$ ($\because$ 엇각)이므로

$\angle x=62°$

04 해결단계

❶단계	주어진 직사각형 모양의 종이를 접었다가 펼쳤을 때 생기는 선을 확인한다.
❷단계	평행선의 성질에 따라 동위각과 엇각을 표시한다.
❸단계	$\angle x$와 크기가 같은 각의 개수를 구한다.

주어진 직사각형의 모양의 종이를 접었다가 펼쳤을 때, 접은 선
을 그리고 $\angle x$의 동위각과 엇각, 접은 각을 나타내면 다음 그림
과 같다.

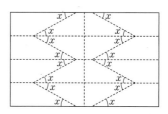

이때, 평행선의 성질에 의하여 동위각과 엇각의 크기는 각각 같고, 접은 각의 크기는 같으므로 $\angle x$와 크기가 같은 각의 개수는 16이다.　　　　　　　　　　　　　　　　　　　　답 16

05 해결단계

❶단계	입사각과 반사각의 크기가 같음을 이용하여 크기가 같은 각을 찾는다.
❷단계	평행선의 성질을 이용하여 필요한 각의 크기를 구한다.
❸단계	$\angle x$의 크기를 구한다.

빛이 직선 l에 수직으로 들어갔으므로
$$\angle AGH = 90° - 20° = 70°$$
점 G에서 평면거울에 들어간 빛의 입사각과 반사각의 크기는 같으므로
$$90° - \angle AGH = 90° - \angle CGF$$
$$\therefore \angle AGH = \angle CGF$$
즉, $\angle CGF = \angle AGH = 70°$
따라서 $\angle AGC = 180° - (70° + 70°) = 40°$
이므로 삼각형 ACG에서
$$\angle ACG = 180° - (90° + 40°) = 50°$$
$$\therefore \angle BCG = 25° + 50° = 75°$$
점 C에서 평면거울에 들어간 빛의 입사각과 반사각의 크기는 같으므로
$$90° - \angle BCG = 90° - \angle DCF$$
$$\therefore \angle BCG = \angle DCF$$
즉, $\angle DCF = \angle BCG = 75°$

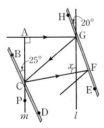

이때, 위의 그림과 같이 직선 m 위의 점을 P라 하면
$l \parallel m$에서
$$\angle x = \angle PCF \ (\because 엇각)$$
$$= \angle DCF + \angle PCD$$
$$= 75° + 25° = 100°$$　　　　　　　　답 $100°$

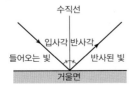
06 해결단계

❶단계	주어진 전개도를 이용하여 입체도형의 겨냥도를 그린다.
❷단계	데코테이프를 붙여야 하는 모서리를 모두 구한다.
❸단계	더 필요한 데코테이프의 길이를 구한다.

주어진 전개도로 입체도형을 만들면 오른쪽 그림과 같다.

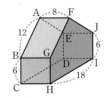

이때, 이미 데코테이프를 붙인 모서리는 면 CHID와 평행한 모서리인 $\overline{AF}$, $\overline{BG}$, $\overline{EJ}$, 모서리 AF와 한 점에서 만나는 모서리인 $\overline{AB}$, $\overline{FG}$, $\overline{AE}$, $\overline{FJ}$이므로 데코테이프를 더 붙여야 하는 모서리는 다음과 같다.
(ⅰ) 길이가 6인 모서리
　　$\overline{BC}$, $\overline{GH}$, $\overline{ED}$, $\overline{JI}$
(ⅱ) 길이가 18인 모서리
　　$\overline{CD}$, $\overline{HI}$
(ⅲ) 길이가 8인 모서리
　　$\overline{CH}$, $\overline{DI}$
(ⅰ), (ⅱ), (ⅲ)에서 더 필요한 데코테이프의 길이는
$$6 \times 4 + 18 \times 2 + 8 \times 2 = 76$$　　　　　답 76

07 해결단계

❶단계	점 P의 이동 경로를 구한다.
❷단계	점 P가 이동한 총 거리를 구한다.

점 A에서 출발한 점 P의 이동 경로는 다음과 같다.
㈎ 점 A와 만나는 모서리 중에서 모서리 DJ와 평행한 모서리는 $\overline{AG}$이므로 점 P는 점 G에 도착한다.
　　$\therefore (점 P의 이동 거리) = 8$
㈏ 점 G와 만나는 모서리 중에서 모서리 FL과 수직으로 만나는 모서리는 $\overline{GL}$이므로 점 P는 점 L에 도착한다.
　　$\therefore (점 P의 이동 거리) = 5$
㈐ 점 L과 만나는 모서리 중에서 모서리 AB와 꼬인 위치에 있는 모서리이면서 면 ABCDEF와 평행한 모서리는 $\overline{LK}$이므로 점 P는 점 K에 도착한다.
　　$\therefore (점 P의 이동 거리) = 5$
㈑ 점 K와 만나는 모서리 중에서 면 GHIJKL과 수직으로 만나는 모서리는 $\overline{KE}$이므로 점 P는 점 E에 도착한다.
　　$\therefore (점 P의 이동 거리) = 8$
㈒ 점 E와 만나는 모서리 중에서 모서리 AB와 평행한 모서리는 $\overline{ED}$이므로 점 P는 점 D에 도착한다.
　　$\therefore (점 P의 이동 거리) = 5$
따라서 점 P가 이동한 총 거리는
$$\overline{AG} + \overline{GL} + \overline{LK} + \overline{KE} + \overline{ED} = 8 + 5 + 5 + 8 + 5 = 31$$　답 31

08 해결단계

❶단계	점 B를 지나고, 두 직선 l, m과 평행한 직선을 그어 평행선의 성질에 따른 동위각과 엇각을 찾는다.
❷단계	$\angle BAE = \angle EAF = \angle a$, $\angle BCK = \angle KCD = \angle b$라 하고 $\angle a - \angle b$의 값을 구한다.
❸단계	$\angle x$의 크기를 구한다.

다음 그림과 같이 점 B를 지나고 두 직선 l, m과 평행한 직선 n을 긋고 $\angle BAE = \angle EAF = \angle a$, $\angle BCK = \angle KCD = \angle b$라 하자.

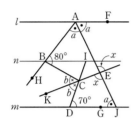

$l \parallel n$에서 $\angle IBH = 2\angle a$ (∵ 동위각)이고,

$\angle CBH = 180° - 80° = 100°$이므로

$\angle IBC = 2\angle a - 100°$

또한, $n \parallel m$에서 $\angle BIC = \angle CDG = 70°$ (∵ 엇각)이고,

$\angle BCI = 180° - 2\angle b$이므로

삼각형 BCI에서

$(2\angle a - 100°) + (180° - 2\angle b) + 70° = 180°$

$2(\angle a - \angle b) = 30°$ ∴ $\angle a - \angle b = 15°$

이때, $\overline{AE}$의 연장선과 직선 m의 교점을 J라 하면

$l \parallel m$에서 $\angle EJD = \angle EAF = \angle a$ (∵ 엇각)

또한, $\angle DCE = 180° - \angle b$이므로

사각형 CDJE에서

$(180° - \angle b) + 70° + \angle a + \angle x = 360°$

$250° + (\angle a - \angle b) + \angle x = 360°$

$250° + 15° + \angle x = 360°$

∴ $\angle x = 95°$ 답 95°

| 다른풀이 |

두 점 B, C를 각각 지나고 두 직선 l, m과 평행한 두 직선 k, h를 그으면 다음 그림과 같다.

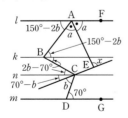

$150° - 2\angle b + 2\angle a = 180°$

∴ $\angle a - \angle b = 15°$ ⋯⋯㉠

이때, 사각형 ABCE에서

$\angle a + 80° + (180° - \angle b) + (180° - \angle x) = 360°$

$\angle x = 80° + \angle a - \angle b$

  $= 80° + 15° = 95°$ (∵ ㉠)

03 작도와 합동

01 ④   02 ④   03 5   04 ⑤   05 ④
06 ⑤

01

④ 컴퍼스는 원을 그리거나 선분의 길이를 다른 직선 위로 옮길 때 사용한다.

따라서 옳지 않은 것은 ④이다. 답 ④

02

ㄱ. ㉡, ㉤에서 그린 원의 반지름의 길이가 같으므로

$\overline{CP} = \overline{DP} = \overline{AO} = \overline{BO}$

ㄴ. $\overline{AO} = \overline{BO}$이므로 △ABO는 이등변삼각형이다.

ㄷ. 동위각의 크기가 같으면 두 직선은 평행함을 이용하였다.

ㄹ. 작도 순서는 ㉥ → ㉢ → ㉡ → ㉣ → ㉠ → ㉤이다.

따라서 옳은 것은 ㄱ, ㄴ, ㄹ이다. 답 ④

03

(i) 가장 긴 변의 길이가 8일 때,

  $8 < 6 + (2a - 4)$이어야 하므로 $6 < 2a$

  ∴ $a > 3$

(ii) 가장 긴 변의 길이가 $2a - 4$일 때,

  $2a - 4 < 6 + 8$이어야 하므로 $2a < 18$

  ∴ $a < 9$

(i), (ii)에서 $3 < a < 9$이므로 a의 값이 될 수 있는 자연수는 4, 5, 6, 7, 8의 5개이다. 답 5

04

① $8 = 3 + 5$이므로 삼각형이 만들어지지 않는다.

② $12 > 5 + 5$이므로 삼각형이 만들어지지 않는다.

③ $\angle A = 80°$, $\angle B = 100°$에서 $\angle C = 180° - (\angle A + \angle B) = 0°$이므로 삼각형이 만들어지지 않는다.

④ $\angle A$는 두 변 AB, BC의 끼인각이 아니므로 삼각형이 하나로 정해지지 않는다.

⑤ 두 변의 길이와 그 끼인각의 크기가 주어진 경우이므로 삼각
형이 하나로 정해진다.
따라서 삼각형 ABC가 하나로 정해지는 것은 ⑤이다.   답 ⑤

05

△DBC와 △ECB에서
$\overline{DB}=\overline{EC}$, ∠DBC=∠ECB, $\overline{BC}$는 공통이므로 대응하는 두
변의 길이가 각각 같고, 그 양 끝 각의 크기가 같다.
즉, △DBC≡△ECB (SAS 합동)
따라서 △DBC≡△ECB임을 설명할 때, 사용하지 않는 것은
④이다.   답 ④

06

① △ABP와 △AER에서
  ∠B=∠E=60°, $\overline{AB}=\overline{AE}$,
  ∠BAP=∠BAC－∠PAR=60°－∠PAR
      =∠EAD－∠PAR=∠EAR
  ∴ △ABP≡△AER (ASA 합동)
②, ③ ①에서 △ABP≡△AER이므로
  $\overline{AP}=\overline{AR}$, $\overline{BP}=\overline{ER}$
  이때, $\overline{BC}=\overline{DE}$이므로
  $\overline{CP}=\overline{BC}-\overline{BP}=\overline{DE}-\overline{ER}=\overline{DR}$
④ ①에서 △ABP≡△AER이므로
  ∠BPA=∠ERA
  그런데 ∠BPA=∠DPQ (∵ 맞꼭지각),
  ∠ERA=∠CRQ (∵ 맞꼭지각)이므로
  ∠DPQ=∠CRQ
⑤ ∠BAP와 ∠PAR의 크기가 같은지는 알 수 없다.
따라서 옳지 않은 것은 ⑤이다.   답 ⑤

| 다른풀이 |

②, ③ △APC와 △ARD에서
  ∠C=∠D=60°, $\overline{AC}=\overline{AD}$, ∠CAD는 공통
  ∴ △APC≡△ARD (ASA 합동)
  ∴ $\overline{AP}=\overline{AR}$, $\overline{CP}=\overline{DR}$

Step 2 A등급을 위한 문제				pp. 30~34
01 ②	02 8	03 ③	04 ③	05 35°
06 풀이 참조	07 11	08 3	09 ④	10 ㄱ, ㄴ, ㄷ
11 ③, ④	12 ③, ⑤	13 5	14 △CEM, ASA 합동	
15 ②	16 ⑤	17 ③	18 ASA 합동	19 ③
20 풀이 참조	21 ⑤	22 120°	23 48	24 96°
25 50°	26 8	27 ⑤	28 ③	29 10

01

ㄱ ②는 점 O를 중심으로 원을 그리므로 $\overline{OA}=\overline{OB}$
ㄴ. $\overline{OA}$와 $\overline{O'C}$의 길이가 같을 필요는 없다.
ㄷ. ③은 점 P를 중심으로 하고 반지름의 길이가 $\overline{OA}$인 원을 그
  린 것이므로 $\overline{OA}=\overline{OB}=\overline{PH}=\overline{PG}$
ㄹ. ⑤는 점 H를 중심으로 하고 반지름의 길이가 $\overline{AB}$인 원을 그
  리므로 $\overline{AB}=\overline{GH}$
  이때, $\overline{CD}$와 $\overline{GH}$의 길이가 같을 필요는 없다.
따라서 옳은 것은 ㄱ, ㄷ이다.   답 ②

blacklabel 특강   풀이첨삭

∠a를 작도하고, 꼭짓점과 한 변이 ∠a와 같도록 ∠b를 ∠a의 바깥쪽에 작도한다.
작도하는 순서는 다음과 같다.

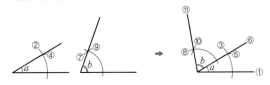

02

엇각을 이용하여 한 직선과 평행한 직선을 작도하면 [그림 1]과
같고, 한 각과 크기가 같은 각을 작도하면 [그림 2]와 같다.

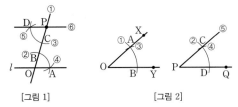

[그림 1]   [그림 2]

[그림 1]에서 컴퍼스는 ②, ③, ④, ⑤에서 사용하므로
$a=4$
[그림 2]에서 컴퍼스는 ①, ②, ③, ④에서 사용하므로
$b=4$
∴ $a+b=4+4=8$ 답 8

03

① ㉠, ㉡, ㉢에서 그린 원의 반지름의 길이가 같으므로

$\overline{AB}=\overline{BC}$

즉, 점 B는 선분 AC의 중점이다.

② 중심이 직선 l 위에 있고 반지름의 길이가 같은 세 원을 그린 후 교점을 지나는 직선을 작도하면 되므로

㉠ → ㉡ → ㉢ → ㉣의 순서로 작도할 수 있다.

③ ②에서 컴퍼스를 최소 3회 사용한다.

④ 세 원의 반지름의 길이가 같으므로

$\overline{AP}=\overline{AB}=\overline{PB}$에서 △PAB가 정삼각형,

$\overline{BQ}=\overline{BC}=\overline{QC}$에서 △QBC가 정삼각형이다.

즉, ∠PBA=∠QBC=60°

∴ ∠PBQ=60°

이때, △PBQ는 $\overline{PB}=\overline{QB}$인 이등변삼각형이므로

$\angle PQB=\dfrac{1}{2}(180°-60°)=60°$

∴ ∠PQB=∠QBC

⑤ ④에서 ∠PBQ=∠QPB=PQB=60°이므로 △PBQ는 정삼각형이다.

따라서 옳지 않은 것은 ③이다.　　　　　　　　　답 ③

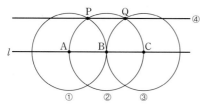
04

ㄱ. ㉢, ㉣, ㉤에서 그린 원의 반지름의 길이가 같으므로

$\overline{OA}=\overline{OB}=\overline{OC}=\overline{OD}=\overline{AC}=\overline{BD}$

ㄴ. 작도 순서는 ㉢ → ㉣ → ㉤ → ㉠ → ㉡이다.

이뿐 아니라 ㉢이 맨 앞에 그리고 ㉠이 ㉣ 뒤에, ㉡이 ㉤ 뒤에 오도록만 순서를 정하면 90°의 삼등분선을 작도할 수 있다.

ㄷ. $\overline{OB}=\overline{BD}=\overline{OD}$이므로 △OBD는 정삼각형이다.

∴ ∠OBD=60°

따라서 옳은 것은 ㄱ, ㄷ이다.　　　　　　　　　답 ③

05

주어진 그림은 ∠ABC의 이등분선인 $\overline{BD}$와 ∠ACE의 이등분선인 $\overline{CD}$를 작도한 것이므로 오른쪽 그림과 같이

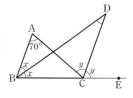

∠ABD=∠DBC=∠x,

∠ACD=∠DCE=∠y라 하자.

∠ACB=180°-(2∠x+70°)=110°-2∠x이고,

∠ACB+∠ACE=180°이므로

(110°-2∠x)+2∠y=180°

2(∠y-∠x)=70°　　∴ ∠y-∠x=35°

△BCD에서 ∠x+∠BDC+(180°-∠y)=180°이므로

∠BDC=∠y-∠x=35°　　　　　　　　　답 35°

06

직선 l 위의 점 P에 대하여 $\overline{AP}+\overline{BP}$의 값이 최소가 되려면 점 B와 직선 l에 대하여 대칭인 점 B′에 대하여 $\overline{AB'}$이 직선 l과 만나는 점을 점 P로 정해야 한다.

점 B를 지나고 직선 l에 수직인 직선은 오른쪽 그림과 같이 작도한다.

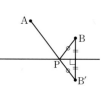

㉠ 점 B를 중심으로 원을 그려 직선 l과 만나는 두 점을 각각 X, Y라 한다.

㉡ 두 점 X, Y를 중심으로 반지름의 길이가 같은 원을 각각 그려 두 원의 교점을 C라 한다.

ⓒ 두 점 B, C를 선으로 연결하면 직선 BC가 점 B를 지나고 직선 l에 수직인 직선이 된다.

점 B와 직선 l에 대하여 대칭인 점 B′은 다음과 같이 작도한다.

ⓓ 직선 BC와 직선 l의 교점을 D라 한다.

ⓔ 점 D를 중심으로 반지름의 길이가 $\overline{BD}$인 원을 그려 직선 BC와의 교점을 B′이라 하면 점 B′은 점 B와 직선 l에 대하여 대칭이다.
(나)
(다)

점 P의 위치는 다음과 같이 작도한다.

ⓕ 두 점 A, B′을 선으로 연결한다.

ⓖ 선분 AB′과 직선 l의 교점을 P라 한다.
(라)
답 풀이 참조

단계	채점 기준	배점
(가)	점 P의 위치를 정하는 방법을 설명한 경우	30%
(나)	점 B를 지나고 직선 l에 수직인 직선을 작도한 경우	30%
(다)	점 B와 직선 l에 대하여 대칭인 점을 작도한 경우	20%
(라)	점 P의 위치를 정한 경우	20%

blacklabel 특강 풀이첨삭

직선 l 위의 점 P에 대하여 $\overline{AP}+\overline{BP}$의 값이 최소가 되려면 점 A와 직선 l에 대하여 대칭인 점 A′을 구한 후, $\overline{A'B}$가 직선 l과 만나는 점을 점 P로 정해도 된다.

07

$2<2a+2<3a+2$에서 삼각형의 가장 긴 변의 길이는 $3a+2$이므로

$3a+2<2+(2a+2)$ ∴ $a<2$

이때, a는 자연수이므로 $a=1$

따라서 삼각형의 세 변의 길이는 2, 4, 5이므로 둘레의 길이는

$2+4+5=11$
답 11

08

$6<3+4$, $7=3+4$, $7<3+6$, $7<4+6$이므로 삼각형을 만들 수 있는 선분의 길이의 쌍은 $(3,4,6)$, $(3,6,7)$, $(4,6,7)$이다.

따라서 만들 수 있는 삼각형의 개수는 3이다.
답 3

09 해결단계

❶단계	삼각형의 세 변의 길이를 한 문자를 사용하여 나타낸다.
❷단계	삼각형의 세 변의 길이 사이의 관계를 이용하여 문자의 값의 범위를 구한다.
❸단계	이등변삼각형의 개수를 구한다.

이등변삼각형의 길이가 같은 두 변의 길이를 각각 a라 하면 삼각형의 둘레의 길이가 30이므로 나머지 한 변의 길이는 $30-2a$이다.

(ⅰ) 가장 긴 변의 길이가 a일 때,

$a<a+(30-2a)$에서 $2a<30$

∴ $a<15$

$30-2a<a$에서 $3a>30$

∴ $a>10$

∴ $10<a<15$

(ⅱ) 가장 긴 변의 길이가 $30-2a$일 때,

$30-2a<a+a$에서 $4a>30$

∴ $a>7.5$

$a<30-2a$에서 $3a<30$

∴ $a<10$

∴ $7.5<a<10$

(ⅲ) 세 변의 길이가 모두 같을 때,

$a=30-2a$, $3a=30$

∴ $a=10$

(ⅰ), (ⅱ), (ⅲ)에서 $7.5<a<15$이므로 자연수 a의 값은 8, 9, 10, 11, 12, 13, 14이다.

즉, 삼각형의 세 변의 길이의 순서쌍 $(a, a, 30-2a)$는

$(8, 8, 14)$, $(9, 9, 12)$, $(10, 10, 10)$, $(11, 11, 8)$,

$(12, 12, 6)$, $(13, 13, 4)$, $(14, 14, 2)$

의 7개이다.

따라서 주어진 조건을 만족시키는 이등변삼각형의 개수는 7이다.
답 ④

blacklabel 특강 오답피하기

이 문제에서 정삼각형도 이등변삼각형이므로 두 변의 길이만 같은 경우뿐만 아니라 세 변의 길이가 모두 같은 경우도 고려해야 한다.

10

ㄱ. 한 변의 길이와 그 양 끝 각의 크기가 주어진 경우이다.

ㄴ. ∠B, ∠C의 크기를 알면 ∠A의 크기도 알 수 있으므로 한 변의 길이와 그 양 끝 각의 크기가 주어진 경우와 같다.

ㄷ. 두 변의 길이와 그 끼인각의 크기가 주어진 경우이다.

ㄹ. ∠B는 $\overline{AB}$, $\overline{AC}$의 끼인각이 아니므로 삼각형이 하나로 정

해지지 않는다.

따라서 필요한 조건은 ㄱ, ㄴ, ㄷ이다. 답 ㄱ, ㄴ, ㄷ

11

① 8>3+4이므로 삼각형이 만들어지지 않는다.

② ∠C는 $\overline{AB}$, $\overline{BC}$의 끼인각이 아니므로 삼각형이 하나로 정해지지 않는다.

③ 두 변의 길이와 그 끼인각의 크기가 주어진 경우이다.

④ ∠A=180°−(∠B+∠C)=70°이므로 한 변의 길이와 그 양 끝 각의 크기가 주어진 경우와 같다.

⑤ 무수히 많은 삼각형이 만들어진다.

따라서 삼각형 ABC가 하나로 정해지는 것은 ③, ④이다.

답 ③, ④

12

두 변의 길이와 그 끼인각의 크기가 주어질 때에는 끼인각의 두 변에 $\overline{AB}$, $\overline{BC}$를 작도해야 하므로 ∠B를 첫 번째 또는 두 번째에 작도해야 한다.

따라서 작도하는 순서로 옳지 않은 것은 ③, ⑤이다. 답 ③, ⑤

13

조건 ㈎를 만족시키는 삼각형은 다음 그림과 같이 2개이다.

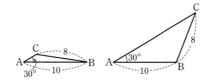

∴ $a=2$

조건 ㈏에서 주어진 두 내각을 제외한 나머지 한 내각의 크기는
$180°−(30°+50°)=100°$
이므로 조건을 만족시키는 삼각형은 다음 그림과 같이 3개이다.

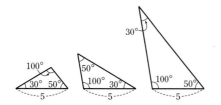

∴ $b=3$

∴ $a+b=2+3=5$ 답 5

14

△BDM과 △CEM에서

$\overline{BM}=\overline{CM}$, ∠DMB=∠EMC (∵ 맞꼭지각),

∠DBM=90°−∠DMB=90°−∠EMC=∠ECM이므로

대응하는 한 변의 길이가 같고, 그 양 끝 각의 크기가 각각 같다.

즉, △BDM≡△CEM (ASA 합동) 답 △CEM, ASA 합동

15

∠B=∠F, ∠C=∠E에서 ∠A=∠D이므로 두 삼각형이 ASA 합동이 되려면 대응하는 한 변의 길이가 같다는 조건이 필요하다.

따라서 필요한 조건은 ㄱ, ㄹ이다. 답 ②

16

△DBE와 △ECF에서

$\overline{DB}=\overline{AB}−\overline{AD}=\overline{BC}−\overline{BE}=\overline{EC}$,

∠B=∠C=60°, $\overline{BE}=\overline{CF}$이므로

대응하는 두 변의 길이가 각각 같고, 그 끼인각의 크기가 같다.

즉, △DBE≡△ECF (SAS 합동)

같은 방법으로 △FAD≡△ECF (SAS 합동)이다.

① $\overline{DE}=\overline{EF}=\overline{FD}$이지만 그 길이가 $\overline{AF}$와 같은지는 알 수 없다.

② ∠BDE=∠CEF=∠AFD이지만 그 크기가 ∠EFC와 같은지는 알 수 없다.

③ $\overline{DE}=\overline{EF}=\overline{FD}$이므로 △DEF는 정삼각형이다.

∴ ∠DEF=60°

④ △ADF≡△BED≡△CFE이지만 △ADF와 △EDF가 합동인지는 알 수 없다.

따라서 옳은 것은 ⑤이다.　　　　　　　　　　답 ⑤

17

△AOP와 △BOP에서

$\overline{OA}=\overline{OB}$, $\overline{AP}=\overline{BP}$, $\overline{OP}$는 공통이므로

대응하는 세 변의 길이가 각각 같다.

∴ △AOP≡△BOP (SSS 합동)

즉, ∠AOP=∠BOP이므로 $\overline{OP}$는 ∠AOB의 이등분선이다.

따라서 ㈎에 알맞은 것은 △AOP≡△BOP, ㈏에 알맞은 것은 SSS 합동이다.　　　　　　　　답 ③

18

$\overline{AB}\,/\!/\,\overline{DF}$이므로 ∠ABC=∠FDE ($\because$ 엇각)　……㉠

$\overline{AC}\,/\!/\,\overline{EF}$이므로 ∠ACB=∠FED ($\because$ 엇각)　……㉡

$\overline{BE}=\overline{CD}$이므로

$\overline{BC}=\overline{BE}+\overline{CE}=\overline{CD}+\overline{CE}=\overline{DE}$　　……㉢

㉠, ㉡, ㉢에서 두 삼각형 ABC와 FDE는 대응하는 한 변의 길이가 같고, 그 양 끝 각의 크기가 각각 같다.

∴ △ABC≡△FDE (ASA 합동)　　　　답 ASA 합동

19

△ABE와 △CAD에서

$\overline{AB}=\overline{CA}$, $\overline{AE}=\overline{CD}$,

∠EAB=∠DCA=60°이므로

대응하는 두 변의 길이가 각각 같고, 그 끼인각의 크기가 같다.

∴ △ABE≡△$\boxed{CAD}$ ($\boxed{SAS}$ 합동)

따라서 ∠ABE=∠$\boxed{CAD}$이므로

△PAB에서

∠APB=180°−(∠ABP+∠BAP)

　　　=180°−($\boxed{CAD}$+∠BAP)

　　　=180°−$\boxed{60°}$=$\boxed{120°}$

즉, ㈎ CAD　㈏ SAS　㈐ CAD　㈑ 60°　㈒ 120°

따라서 옳지 않은 것은 ③이다.　　　　　　답 ③

20

사각형 ABCD가 정사각형이므로 ∠ABC=90°

△BEC가 정삼각형이므로 ∠EBC=60°

∴ ∠ABE=∠ABC+∠EBC=90°+60°=150°

사각형 ABCD는 정사각형이고 △BEC와 △CFD는 모두 정삼각형이므로

$\overline{AB}=\overline{BC}=\overline{CD}=\overline{DA}=\overline{BE}=\overline{EC}=\overline{CF}=\overline{DF}$

또한,

∠BCF=∠BCD+∠DCF

　　　=90°+60°=150°

∠ECD=∠ECB+∠BCD

　　　=60°+90°=150°

∠ADF=∠ADC+∠CDF

　　　=90°+60°=150°

∠ECF=360°−∠ECB−∠BCD−∠DCF

　　　=360°−60°−90°−60°

　　　=150°

따라서 △ABE와 △BCF, △ECD, △ADF, △ECF는 대응하는 두 변의 길이가 각각 같고 그 끼인각의 크기가 같으므로 SAS 합동이다.　　　　　　　　　답 풀이 참조

21

△GBC와 △EDC에서

$\overline{BC}=\overline{DC}$, $\overline{GC}=\overline{EC}$, ∠GCB=90°−∠DCG=∠ECD

∴ △GBC≡△EDC (SAS 합동)

이때, ∠EDC=∠GBC=90°−72°=18°이므로 △EDC에서

∠DEF=180°−18°−36°−90°=36°　　　답 ⑤

22

△BEC와 △ADC에서

$\overline{EC}=\overline{DC}$, $\overline{BC}=\overline{AC}$,

∠ECB=60°−∠DCP=∠DCA

∴ △BEC≡△ADC (SAS 합동)　　　　　　　㈎

이때, ∠CDE=60°이므로

∠ADC=180°−60°=120°　　　　　　　　　　㈏

∴ ∠BEC=∠ADC=120°　　　　　　　　　　㈐

　　　　　　　　　　　　　　　　　　　답 120°

단계	채점 기준	배점
(가)	$\triangle BEC \equiv \triangle ADC$임을 보인 경우	50%
(나)	$\angle ADC$의 크기를 구한 경우	30%
(다)	$\angle BEC$의 크기를 구한 경우	20%

23

$\triangle GBC$와 $\triangle EDC$에서

$\overline{BC} = \overline{DC}$, $\overline{GC} = \overline{EC}$, $\angle GCB = 90° - \angle DCG = \angle ECD$

$\therefore \triangle GBC \equiv \triangle EDC$ (SAS 합동)

$\therefore$ (사각형 GCED의 넓이)

$\quad = \triangle GCD + \triangle EDC$

$\quad = \triangle GCD + \triangle GBC$

$\quad =$ (사각형 GBCD의 넓이)

$\quad =$ (사각형 ABCD의 넓이) $- \triangle ABG$

$\quad = 8 \times 8 - \dfrac{1}{2} \times 8 \times 4 = 64 - 16 = 48$ 　　　　답 48

24

$\triangle DCB$와 $\triangle ACE$에서

$\overline{DC} = \overline{AC}$, $\overline{CB} = \overline{CE}$, $\angle DCB = \angle DCE + 60° = \angle ACE$

$\therefore \triangle DCB \equiv \triangle ACE$ (SAS 합동)

즉, $\angle AEC = \angle DBC = 60° - 24° = 36°$이고

$\angle ACE = 180° - \angle ECB$

$\qquad\quad = 180° - 60° = 120°$

$\therefore \angle EAC = 180° - \angle ACE - \angle AEC$

$\qquad\qquad = 180° - 120° - 36° = 24°$

따라서 $\triangle PAC$에서

$\angle APC = 180° - \angle PAC - \angle PCA$

$\qquad\qquad = 180° - 24° - 60° = 96°$ 　　　　답 96°

| 다른풀이 |

정삼각형의 세 각의 크기는 모두 60°이므로

$\angle DBC = \angle CBE - \angle DBE$

$\qquad\quad = 60° - 24° = 36°$ 　　　　……㉠

또한, $\angle ACD = \angle CBE = 60°$이므로

평행선의 성질에 의하여

$\overline{CD} /\!/ \overline{BE}$

$\therefore \angle APC = \angle AEB$ (∵ 동위각) 　　……㉡

한편, $\triangle DCB$와 $\triangle ACE$에서

$\overline{DC} = \overline{AC}$, $\overline{CB} = \overline{CE}$,

$\angle DCB = \angle DCE + 60° = \angle ACE$

$\therefore \triangle DCB \equiv \triangle ACE$ (SAS 합동)

$\therefore \angle AEC = \angle DBC = 36°$ (∵ ㉠)

즉, $\angle AEB = \angle AEC + 60° = 36° + 60° = 96°$이므로

$\angle APC = \angle AEB = 96°$ (∵ ㉡)

정삼각형의 성질을 이용한 삼각형의 합동

정삼각형이 주어졌을 때, 다음 성질을 이용하여 합동인 삼각형을 찾는다.

(1) 세 변의 길이는 모두 같다.

(2) 세 각의 크기는 모두 60°이다.

25

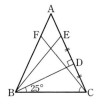

$\triangle BCD$와 $\triangle BED$에서

$\overline{BD}$는 공통, $\angle BDC = \angle BDE = 90°$,

$\overline{CD} = \overline{ED}$

$\therefore \triangle BCD \equiv \triangle BED$ (SAS 합동)

$\qquad\qquad\qquad$ ……㉠

또한, $\triangle BCF$와 $\triangle CBE$에서

$\overline{BC}$는 공통, $\overline{BF} = \overline{CE}$, $\angle CBF = \angle BCE$

$\therefore \triangle BCF \equiv \triangle CBE$ (SAS 합동) ……㉡

㉠에서 $\angle CBD = \angle EBD = 25°$이므로

$\angle CBE = \angle CBD + \angle EBD = 50°$

이고, ㉡에서 $\angle BCF = \angle CBE$이므로 $\angle BCF = 50°$ 　답 50

26

(i) $\triangle ABG$와 $\triangle DAH$에서

$\quad \overline{AB} = \overline{DA}$,

$\quad \angle ABG = 90° - \angle BAG = \angle DAH$,

$\quad \angle BAG = 90° - \angle ABG = 90° - \angle DAH = \angle ADH$

$\quad \therefore \triangle ABG \equiv \triangle DAH$ (ASA 합동)

(ii) $\triangle DAH$와 $\triangle FEC$에서

$\quad \overline{DH} = \overline{FC}$, $\angle AHD = \angle ECF = 90°$,

$\quad \overline{AD} /\!/ \overline{BE}$에서 $\angle DAH = \angle FEC$ (∵ 엇각)이므로

$\quad \angle ADH = 90° - \angle DAH = 90° - \angle FEC = \angle EFC$

$\quad \therefore \triangle DAH \equiv \triangle FEC$ (ASA 합동)

(i), (ii)에서 $\triangle ABG \equiv \triangle DAH \equiv \triangle FEC$이므로

$\overline{BG} = \overline{AH} = \overline{EC} = 4$

$\therefore \triangle ABH = \dfrac{1}{2} \times 4 \times 4 = 8$ 　　　　답 8

정사각형의 성질을 이용한 삼각형의 합동

정사각형이 주어졌을 때, 다음 성질을 이용하여 합동인 삼각형을 찾는다.

(1) 네 변의 길이는 모두 같다.

(2) 네 각의 크기는 모두 $90°$이다.

27

오른쪽 그림과 같이 점 M에서 두 변 AC, BC에 내린 수선의 발을 각각 D, E 라 하면 △AMD와 △MBE에서

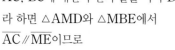

$\overline{AC}//\overline{ME}$이므로

$\angle DAM = \angle EMB$ ($\because$ 동위각) $\cdots\cdots$ ㉠

$\overline{DM}//\overline{CB}$이므로

$\angle DMA = \angle EBM = 40°$ ($\because$ 동위각) $\cdots\cdots$ ㉡

$\overline{AM} = \overline{BM}$ $\cdots\cdots$ ㉢

㉠, ㉡, ㉢에서

$\triangle AMD \equiv \triangle MBE$ (ASA 합동)

따라서 $\overline{DM} = \overline{EB}$이고, 사각형 DCEM은 직사각형이므로

$\overline{DM} = \overline{CE}$

$\therefore \overline{CE} = \overline{EB}$

$\triangle CME$와 $\triangle BME$에서

$\overline{ME}$는 공통, $\overline{CE} = \overline{BE}$, $\angle MEC = \angle MEB = 90°$

$\therefore \triangle CME \equiv \triangle BME$ (SAS 합동)

따라서 $\overline{MC} = \overline{MB}$에서 $\triangle BMC$는 이등변삼각형이므로

$\angle MCE = \angle MBE = 40°$

$\therefore \angle ACM = 90° - 40° = 50°$ 답 ⑤

28

△BCD와 △ACD에서

$\overline{BC} = \overline{AC}$, $\overline{BD} = \overline{AD}$, $\overline{CD}$는 공통

$\therefore \triangle BCD \equiv \triangle ACD$ (SSS 합동)

$\therefore \angle BCD = \angle ACD = \dfrac{1}{2} \times 60° = 30°$

한편, $\angle DBE = \angle ABD + \angle ABE = 20° + 20° = 40°$이고,

$\angle DBC = \angle ABC - \angle ABD = 60° - 20° = 40°$이므로

$\angle DBE = \angle DBC$

따라서 △BCD와 △BED에서

$\overline{BC} = \overline{AB} = \overline{BE}$, $\angle DBC = \angle DBE$, $\overline{BD}$는 공통

$\therefore \triangle BCD \equiv \triangle BED$ (SAS 합동)

즉, $\angle BED = \angle BCD = 30°$이므로 △BDE에서

$\angle BDE = 180° - \angle BED - \angle DBE$

$\qquad\qquad = 180° - 30° - 40° = 110°$

또한, △ABD에서 $\overline{AD} = \overline{BD}$이므로

$\angle BAD = \angle ABD = 20°$

따라서 △ABD에서

$\angle ADE = 180° - \angle BAD - \angle ABD - \angle BDE$

$\qquad\qquad = 180° - 20° - 20° - 110° = 30°$ 답 ③

| 다른풀이 |

$\triangle BDE \equiv \triangle BDC \equiv \triangle ADC$에서

$\angle DBE = \angle DBC = \angle DAC = 40°$,

$\angle BED = \angle BCD = \angle ACD = 30°$이므로

$\angle BDE = \angle BDC = \angle ADC = 180° - (30° + 40°) = 110°$

$\therefore \angle ADE = 360° - 3 \times \angle BDE$

$\qquad\qquad = 360° - 3 \times 110° = 30°$

29

△AEF는 직각이등변삼각형이므로

$\overline{AF} = \overline{EF}$

사각형 ABCD는 정사각형이므로

$\overline{CB} = \overline{CD}$

사각형 FGCH는 정사각형이므로

$\overline{FG} = \overline{FH} = \overline{CG} = \overline{CH}$

또한, $\angle AFG = 90° - \angle EFG$, $\angle EFH = 90° - \angle EFG$이므로

$\angle AFG = \angle EFH$이다.

$\angle GCB = 90° - \angle DCG$, $\angle HCD = 90° - \angle DCG$이므로

$\angle GCB = \angle HCD$이다.

따라서 △AFG와 △EFH에서

$\overline{AF} = \overline{EF}$, $\overline{FG} = \overline{FH}$, $\angle AFG = \angle EFH$

$\therefore \triangle AFG \equiv \triangle EFH$ (SAS 합동)

또한, △GCB와 △HCD에서

$\overline{CB} = \overline{CD}$, $\overline{CG} = \overline{CH}$, $\angle GCB = \angle HCD$

$\therefore \triangle GCB \equiv \triangle HCD$ (SAS 합동)

한편, $\overline{AD} = 12$이고, $\overline{AE} : \overline{ED} = 1 : 2$이므로

$\overline{ED} = 12 \times \dfrac{2}{3} = 8$

$\overline{DH}=x$라 하면 $\overline{AG}=\overline{EH}=\overline{ED}+\overline{DH}=8+x$이므로

$12=\overline{AB}=\overline{AG}+\overline{GB}=\overline{AG}+\overline{HD}=(8+x)+x$

$12=8+2x$, $4=2x$ $\quad\therefore x=2$

$\therefore \overline{EH}=\overline{ED}+\overline{DH}=8+2=10$

답 10

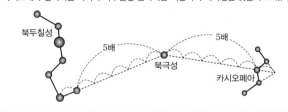

blacklabel 특강 교과 외 지식

북두칠성, 카시오페아 별자리와 북극성의 위치의 관계

카시오페아 별자리뿐 아니라 북두칠성 별자리를 이용하여 북극성을 찾을 수도 있다.

Step 3	종합 사고력 도전 문제	pp. 35~36

| **01** 6회 | **02** (1) $2 < x < 14$ (2) 24 | **03** 3 | **04** 풀이 참조 |
| **05** (1) ㄱ, ㄷ (2) 풀이 참조 | **06** 6 | **07** 4 | **08** $70°$ |

01 해결단계

❶단계	(가)에서 눈금이 없는 자를 사용하는 최소 횟수를 구한다.
❷단계	(나)에서 눈금이 없는 자를 사용하는 최소 횟수를 구한다.
❸단계	(다)에서 컴퍼스를 사용하는 최소 횟수를 구한다.

(가)에서 눈금이 없는 자를 2회 사용한다.

(나)에서 눈금이 없는 자를 1회 사용한다.

(다)에서 반직선 FC 위의 점 중에서 점 C로부터의 거리가 선분 CF의 길이의 5배가 되는 점을 작도하는 방법은 다음 그림과 같다.

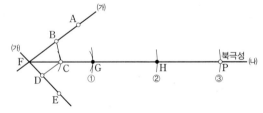

① 컴퍼스를 사용하여 선분 CF의 길이를 재고,
점 C를 중심으로 하고 반지름의 길이가 $\overline{CF}$인 원을 그려 반직선 FC와의 교점을 G라 한다.

② 컴퍼스를 사용하여 선분 FG의 길이를 재고,
점 G를 중심으로 하고 반지름의 길이가 $\overline{FG}$인 원을 그려 반직선 FC와의 교점을 H라 한다.

③ 점 H를 중심으로 하고 반지름의 길이가 $\overline{FG}$인 원을 그려 반직선 FC와의 교점을 P라 하고 점 P가 북극성의 위치가 된다.

즉, (다)에서 컴퍼스는 최소 3번 사용한다.

따라서 작도를 이용하여 북극성의 위치를 찾아 표시할 때, 눈금 없는 자와 컴퍼스의 최소 사용 횟수는

$2+1+3=6$(회)

답 6회

02 해결단계

(1)	❶단계	x의 값의 범위를 구한다.
(2)	❷단계	삼각형 ABC의 넓이가 최대가 될 조건을 구한다.
	❸단계	삼각형 ABC의 넓이의 최댓값을 구한다.

(1) (i) $\overline{BC}$가 가장 긴 변일 때,

$8 < x+6$이어야 하므로

$x > 2$

(ii) $\overline{CA}$가 가장 긴 변일 때,

$x < 6+8$이어야 하므로

$x < 14$

(i), (ii)에서 $2 < x < 14$

(2) $\overline{AB}=6$, $\overline{BC}=8$이므로 $\overline{BC}$를 밑변으로 생각하면 오른쪽 그림과 같이 $\angle ABC=90°$일 때, 삼각형 ABC의 높이가 최대가 되므로 넓이도 최대가 된다.

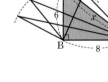

따라서 구하는 넓이의 최댓값은

$\dfrac{1}{2}\times 6\times 8=24$

답 (1) $2 < x < 14$ (2) 24

03 해결단계

❶단계	△QBP가 정삼각형임을 설명한다.
❷단계	△QAB≡△QAP임을 설명한다.
❸단계	$\overline{AP}$의 길이를 구한다.

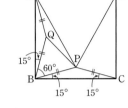

△PBC는 이등변삼각형이고,
△PBC≡△QAB이므로
$\overline{PB}=\overline{PC}=\overline{QA}=\overline{QB}$이고
∠QAB=∠QBA
  =∠PBC=∠PCB
  =15°
∴ ∠QBP=90°−∠PBC−∠QBA
  =90°−15°−15°=60°
이때, △QBP에서 $\overline{PB}=\overline{QB}$이므로
∠BPQ=∠BQP=60°
따라서 △QBP는 정삼각형이다.
한편,
∠AQB=180°−15°−15°=150°,
∠AQP=360°−∠AQB−∠BQP
  =360°−150°−60°=150°
이므로 ∠AQB=∠AQP
이때, △QAB와 △QAP에서
∠AQB=∠AQP, $\overline{QB}=\overline{QP}$, $\overline{QA}$는 공통
∴ △QAB≡△QAP (SAS 합동)
∴ $\overline{AP}=\overline{AB}=3$ 답 3

04 해결단계

❶단계	필요한 조건이 $\overline{BC}$의 길이임을 답하고 그 이유를 서술한다.
❷단계	필요한 조건이 ∠A의 크기임을 답하고 그 이유를 서술한다.
❸단계	필요한 조건이 ∠C의 크기임을 답하고 그 이유를 서술한다.

삼각형 ABC가 하나로 정해지기 위해 필요한 조건과 그 이유는
다음과 같다.
(ⅰ) $\overline{BC}$의 길이가 주어질 때,
   두 변의 길이와 그 끼인각의 크기가 주어지면 삼각형의 모양
   과 크기는 하나로 정해진다.
(ⅱ) ∠A의 크기가 주어질 때,
   한 변의 길이와 그 양 끝 각의 크기가 주어지면 삼각형의 모
   양과 크기는 하나로 정해진다.
   이때, ∠A의 크기는 110°보다 작아야 한다.

(ⅲ) ∠C의 크기가 주어질 때,
   ∠C의 크기가 주어지면 ∠A=180°−∠B−∠C임을 이용하
   여 ∠A의 크기도 구할 수 있다.
   이것은 한 변의 길이와 그 양 끝 각의 크기가 주어지는 경우
   와 같으므로 삼각형의 모양과 크기는 하나로 정해진다.
   이때, ∠C의 크기는 110°보다 작아야 한다.   답 풀이 참조

05 해결단계

	❶단계	점 P가 두 꼭짓점 A, B에서 같은 거리에 있기 위해 작도해야 하는 선을 구한다.
(1)	❷단계	점 P가 두 변 BC, CD에서 같은 거리에 있기 위해 작도해야 하는 선을 구한다.
(2)	❸단계	점 P에서 변 AB에 내린 수선의 발을 H라 하고 점 P가 $\overline{AB}$의 수직이등분선 위에 있음을 보인다.
	❹단계	점 P에서 두 변 BC, CD에 내린 수선의 발을 각각 M, N이라 하고 점 P가 ∠C의 이등분선 위에 있음을 보인다.

(1) 점 P가 두 꼭짓점 A, B에서 같은
   거리에 있으려면 점 P는 선분
   AB의 수직이등분선 위에 있어
   야 한다.

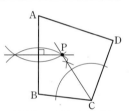

   또한, 점 P가 두 변 BC, CD에
   서 같은 거리에 있으려면 점 P는 ∠C의 이등분선 위에 있어
   야 한다.
   따라서 작도해야 할 것은 ㄱ, ㄷ이다.

(2) 조건을 만족시키는 점 P를 사각형
   ABCD의 내부에 놓으면 점 P는 두 꼭
   짓점 A, B에서 같은 거리에 있으므로
   △APB는 항상 $\overline{AP}=\overline{BP}$인 이등변삼각
   형이다.

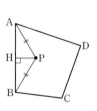

   ∴ ∠PAB=∠PBA
   점 P에서 변 AB에 내린 수선의 발을 H라 하면
   ∠APH=90°−∠PAH=90°−∠PBH=∠BPH
   즉, △APH와 △BPH에서
   $\overline{AP}=\overline{BP}$, ∠PAH=∠PBH, ∠APH=∠BPH
   ∴ △APH≡△BPH (ASA 합동)
   따라서 $\overline{AH}=\overline{BH}$이므로 점 P는 선분 AB의 수직이등분선
   위에 있다.
   한편, 점 P가 두 변 BC, CD에서 같은
   거리에 있으므로

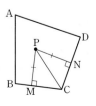

   점 P에서 두 변 BC, CD에 내린 수선의
   발을 각각 M, N이라 하면 $\overline{PM}=\overline{PN}$
   두 삼각형 PMC와 PNC에서 두 변

$\overline{PM}$과 $\overline{PN}$을 이어 붙이면 다음 그림과 같다.

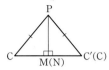

이때, $\angle PMC = \angle PNC' = 90°$이므로
세 점 C, $M(N)$, C'이 한 직선 위에 있고
삼각형 PCC'은 $\overline{PC} = \overline{PC'}$인 이등변삼각형이다.
즉, $\angle PCM = \angle PC'N$이므로 점 P는 $\angle C$의 이등분선 위에 있다.

답 (1) ㄱ, ㄷ (2) 풀이 참조

06 해결단계

❶단계	접은 삼각형이 합동임을 이용하여 길이가 같은 선분을 찾는다.
❷단계	두 삼각형 BEF와 HGD가 합동임을 설명한다.
❸단계	사각형 ABCD의 넓이를 이용하여 사각형 DEFG의 넓이를 구한다.

$\triangle AED \equiv \triangle FED$이므로
$\overline{AD} = \overline{BC} = \overline{FD}$
$\triangle CFG \equiv \triangle HFG$이므로
$\overline{CF} = \overline{HF}$
한편, $\overline{AD} /\!/ \overline{BC}$이므로 $\angle DFC = \angle ADF$ ($\because$ 엇각) ······㉠
$\triangle BEF$와 $\triangle HGD$에서
$\overline{BF} = \overline{BC} - \overline{CF} = \overline{FD} - \overline{HF} = \overline{HD}$,
$\angle EBF = \angle GHD = 90°$,
$\angle EFB = 90° - \angle DFC$
$\qquad = 90° - \angle ADF$ ($\because$ ㉠)
$\qquad = \angle GDH$
$\therefore \triangle BEF \equiv \triangle HGD$ (ASA 합동)
이때, 사각형 ABCD의 넓이는
$\triangle AED + \triangle FED + \triangle CFG + \triangle HFG + \triangle BEF + \triangle HGD$
$= 2\triangle FED + 2\triangle HFG + 2\triangle HGD$
$= 2(\triangle FED + \triangle HFG + \triangle HGD)$
$= 4 \times 3 = 12$
$\therefore$ (사각형 DEFG의 넓이) $= \triangle FED + \triangle HFG + \triangle HGD$
$\qquad\qquad\qquad\qquad = \dfrac{1}{2} \times 12 = 6$ 　　답 6

07 해결단계

❶단계	조건 ㈎, ㈏를 만족시키는 c의 값을 구한다.
❷단계	❶단계에서 구한 각 c의 값에 대하여 가능한 a와 b의 값을 각각 구한다.
❸단계	조건을 만족시키는 삼각형의 개수를 구한다.

a, b, c가 삼각형의 세 변의 길이이고, 조건 ㈎에서 c가 가장 긴 변의 길이이므로 $c < a + b$
즉, $2c < a + b + c$에서 $2c < 14$ ($\because$ ㈏)이므로 $c < 7$
이때, c는 자연수이므로
$c = 1, 2, 3, 4, 5, 6$
또한 $a \leq c$, $b \leq c$이므로
$a + b + c \leq c + c + c = 3c$
즉, $14 \leq 3c$ ($\because$ ㈏)에서 $c \geq \dfrac{14}{3}$
$\therefore c = 5$ 또는 $c = 6$
(i) $c = 5$일 때, $a + b = 9$, $a \leq b \leq 5$이므로
　　$a = 4$, $b = 5$
(ii) $c = 6$일 때, $a + b = 8$, $a \leq b \leq 6$이므로
　　$a = 2$, $b = 6$ 또는 $a = 3$, $b = 5$ 또는 $a = 4$, $b = 4$
(i), (ii)에서 a, b, c를 세 변의 길이로 하는 삼각형의 변의 길이의 쌍은 $(4, 5, 5)$, $(2, 6, 6)$, $(3, 5, 6)$, $(4, 4, 6)$이다.
따라서 구하는 삼각형의 개수는 4이다. 　　답 4

08 해결단계

❶단계	적당한 연장선을 그어 $\triangle QMB$와 합동인 삼각형을 찾는다.
❷단계	이등변삼각형의 성질을 이용하여 $\angle MQB$의 크기를 구한다.
❸단계	$\angle PMA$의 크기를 구한다.

오른쪽 그림과 같이 점 A를 지나면서 $\overline{QB}$에 평행한 직선을 긋고, $\overline{PM}$의 연장선과의 교점을 R라 하자.
$\triangle QMB$와 $\triangle RMA$에서
$\overline{MB} = \overline{MA}$,
$\overline{QB} /\!/ \overline{AR}$이므로 $\angle MBQ = \angle MAR$ ($\because$ 엇각),
$\angle QMB = \angle RMA$ ($\because$ 맞꼭지각)
$\therefore \triangle QMB \equiv \triangle RMA$ (ASA 합동)
즉, $\overline{BQ} = \overline{AR}$, $\angle MQB = \angle MRA$
이때 $\overline{AP} = \overline{BQ}$이므로 $\overline{AR} = \overline{AP}$
즉, $\triangle PAR$는 이등변삼각형이다.
$\therefore \angle MQB = \angle MRA = \angle APM = 40°$
따라서 $\triangle QMB$에서
$\angle QMB = 180° - 30° - 40° = 110°$이므로
$\angle PMA = 180° - 110° = 70°$ 　　답 70°

Ⅱ 평면도형

04 다각형

Step 1 | 시험에 꼭 나오는 문제   p. 39

01 ⑤   02 ②   03 ①   04 115°   05 ②
06 73°   07 ④   08 44°

01

① 정다각형의 종류는 무수히 많다.
② 정다각형은 모든 변의 길이가 같고 모든 내각의 크기가 같은
   다각형이다.
③ 다각형의 한 꼭짓점에 대하여 외각은 2개가 있다.
④ 정육각형의 한 내각의 크기는 120°이고, 이것은 한 외각의 크
   기인 60°보다 크다.
따라서 옳은 것은 ⑤이다.   답 ⑤

02

주어진 다각형을 n각형이라 하면
$n-3=9$ $\therefore n=12$
따라서 주어진 다각형은 십이각형이므로 대각선의 개수는
$\dfrac{12(12-3)}{2}=54$ 답 ②

03

주어진 다각형을 n각형이라 하면
$\dfrac{n(n-3)}{2}=44$, $n(n-3)=88=11\times 8$
$\therefore n=11$
따라서 주어진 다각형은 십일각형이므로 한 꼭짓점에서 대각선
을 모두 그었을 때 생기는 삼각형의 개수는
$11-2=9$ 답 ①

04

오른쪽 그림의 삼각형 ABD에서
$\angle$ADC는 $\angle$ADB의 외각이므로
$\angle$ADC $=35°+45°=80°$
$\triangle$ADC는 $\overline{AD}=\overline{AC}$인 이등변삼각형이
므로
$\angle$ACD $=\angle$ADC $=80°$
삼각형 ABC에서 $\angle$EAC는 $\angle$BAC의 외각이므로
$\angle x=35°+80°=115°$ 답 115°

| 다른풀이 |
삼각형 ABD에서 $\angle$ADC는 $\angle$ADB의 외각이므로
$\angle$ADC $=35°+45°=80°$
$\triangle$ADC는 $\overline{AD}=\overline{AC}$인 이등변삼각형이므로
$\angle$ACD $=\angle$ADC $=80°$
이때, 삼각형 ADC의 세 내각의 합은 180°이므로
$\angle$CAD $=180°-2\times 80°=20°$
$\therefore \angle x=180°-45°-20°=115°$

05

주어진 다각형을 n각형이라 하면 n각형의 내각의 크기의 합은
$180°\times(n-2)$이고, 외각의 크기의 합은 360°이므로
$180°\times(n-2)+360°=1620°$
$180°\times(n-2)=1260°$, $n-2=7$
$\therefore n=9$
따라서 주어진 다각형은 구각형이므로 변의 개수는 9이다.
            답 ②

| 다른풀이 |
n각형에서 (내각의 크기의 합)$+$(외각의 크기의 합)$=180°\times n$
이므로 주어진 다각형을 n각형이라 하면
$180°\times n=1620°$ $\therefore n=9$
따라서 주어진 다각형은 구각형이므로 변의 개수는 9이다.

blacklabel 특강   필수원리

다각형의 모든 내각의 크기와 외각의 크기의 합
  다각형의 한 꼭짓점에서 내각과 외각의 크기의 합은 180°이므로 n각형의 모든 내각
의 크기와 외각의 크기의 합은 $180°\times n$이다.

06

n각형의 외각의 크기의 합은 360°이므
로 오른쪽 그림에서
$\angle x+67°+45°+60°+28°+87°$
$=360°$
$\therefore \angle x=73°$ 답 73°

07

정십이각형의 한 내각의 크기는

$$\frac{180° \times (12-2)}{12} = 150° \qquad \therefore a = 150$$

정십각형의 한 외각의 크기는

$$\frac{360°}{10} = 36° \qquad \therefore b = 36$$

$$\therefore a + b = 150 + 36 = 186 \qquad\qquad 답 ④$$

08

정구각형의 한 내각의 크기는 $\dfrac{180° \times (9-2)}{9} = 140°$이고, 한 외

각의 크기는 $\dfrac{360°}{9} = 40°$이다.

또한, 정오각형의 한 내각의 크기는 $\dfrac{180° \times (5-2)}{5} = 108°$이고,

한 외각의 크기는 $\dfrac{360°}{5} = 72°$이다.

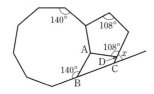

위의 그림에서

$\angle BAD = 360° - (140° + 108°) = 112°$,

$\angle ABC = 40°$, $\angle ADC = 72°$

사각형 ABCD의 내각의 크기의 합은 360°이므로

$112° + 40° + 72° + \angle BCD = 360° \qquad \therefore \angle BCD = 136°$

$\therefore \angle x = 180° - 136° = 44° \qquad\qquad 답\ 44°$

Step 2	A등급을 위한 문제			pp. 40~44
01 ③	02 ④	03 8개	04 119	05 20
06 ④	07 67	08 160	09 ⑤	10 ③
11 144°	12 158°	13 ⑤	14 59°	15 99°
16 36°	17 ④	18 274°	19 ①	20 1980°
21 ②	22 180°	23 ③	24 ①	25 30
26 252°	27 ①	28 ③	29 10개	30 ③

01

ㄱ. 정다각형의 각각의 내각의 크기는 모두 같으므로 외각의 크기도 모두 같다.

ㄴ. 다각형의 한 꼭짓점에서 내각의 크기와 외각의 크기의 합은 180°로 일정하므로 내각의 크기가 커질수록 그 꼭짓점에서의 외각의 크기는 작아진다.

ㄷ. 다각형의 한 꼭짓점에서의 외각은 2개이고, 맞꼭지각으로 그 크기가 서로 같다.

ㄹ. 오른쪽 그림의 마름모는 꼭짓점이 4개이고, 각 변의 길이가 모두 같지만 내각의 크기가 모두 같지 않으므로 정사각형이 아니다.

따라서 옳은 것은 ㄱ, ㄴ, ㄷ이다. 답 ③

02

오른쪽 그림과 같이 꼭지각이 $\angle A$인 이등변삼각형은 $\triangle ABH$, $\triangle ACG$, $\triangle ADF$의 3개이다.

마찬가지로 꼭지각이 $\angle B$, $\angle C$, $\cdots$, $\angle H$인 이등변삼각형은 3개씩 존재하므로 구하는 이등변삼각형의 개수는

$8 \times 3 = 24$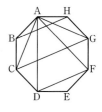

답 ④

03

25개의 점 중에서 4개의 점을 꼭짓점으로 하는 크기가 다른 정사각형은 다음과 같이 나타낼 수 있다.

$\therefore 4 + 4 = 8$(개) 답 8개

04

주어진 다각형을 n각형이라 하면 이 다각형의 한 꼭짓점에서 그을 수 있는 대각선은 $(n-3)$개이다.

한편, 칠각형의 대각선의 개수는 $\dfrac{7(7-3)}{2}=14$이므로

$n-3=14$ $\therefore n=17$

따라서 주어진 다각형은 십칠각형이므로 대각선의 개수는

$\dfrac{17(17-3)}{2}=119$

답 119

05

주어진 다각형의 한 꼭짓점에서 대각선을 2개 그었을 때, 삼각형, 사각형, 오각형의 세 부분으로 나누어졌으므로 주어진 다각형은 오른쪽 그림과 같은 팔각형이다.

따라서 팔각형의 대각선의 개수는

$\dfrac{8(8-3)}{2}=20$

답 20

blacklabel 특강 풀이첨삭

n각형의 한 꼭짓점에서 한 개의 대각선을 그어 두 다각형으로 분리하면 대각선이 나누어진 두 다각형의 변이 되기 때문에 두 다각형의 총 변의 개수는 $n+2$가 된다. 즉, 문제에서 n각형의 한 꼭짓점에서 2개의 대각선을 그어 삼각형, 사각형, 오각형으로 나누었으므로

$n+2+2=3+4+5$ $\therefore n=8$

따라서 주어진 다각형은 팔각형이다.

06

어느 세 도시도 일직선 위에 있지 않으므로 오른쪽 그림과 같이 각 꼭짓점을 연결하여 구각형을 만들 수 있다.

이때, 만들어야 하는 최소한의 도로의 개수는 구각형의 대각선의 개수와 변의 개수의 합과 같다.

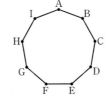

즉, 구각형의 대각선의 개수는 $\dfrac{9(9-3)}{2}=27$,

변의 개수는 9이므로

만들어야 하는 도로의 개수의 최솟값은

$27+9=36$

답 ④

07

n각형의 한 꼭짓점에서 그을 수 있는 대각선의 개수는 $\boxed{n-3}$이므로 n개의 꼭짓점에서 그을 수 있는 대각선의 개수는

$\boxed{n(n-3)}$이다.

그런데 이 개수는 한 대각선을 $\boxed{2}$번씩 센 것이므로 n각형의 대각선의 개수는 $\boxed{\dfrac{n(n-3)}{2}}$이다.

따라서 $f(n)=n-3$, $g(n)=n(n-3)$, $h(n)=\dfrac{n(n-3)}{2}$이고,

$k=2$이므로

$$f(k)+2g(k^2)+3h(k^3)=f(2)+2g(4)+3h(8)$$
$$=(2-3)+2\times4(4-3)+3\times\dfrac{8(8-3)}{2}$$
$$=-1+8+60=67$$

답 67

08

20개의 점 P_1, P_2, P_3, $\cdots$, P_{20}을 순서대로 연결하여 만든 다각형은 정이십각형이므로 대각선의 개수는

$\dfrac{20(20-3)}{2}=170$

이 대각선 중에서 길이가 20인 대각선은 $\overline{P_1P_{11}}$, $\overline{P_2P_{12}}$, $\overline{P_3P_{13}}$, $\cdots$, $\overline{P_{10}P_{20}}$의 10개이다.

따라서 정이십각형의 대각선 중에서 길이가 20보다 짧은 대각선의 개수는

$170-10=160$

답 160

blacklabel 특강 오답피하기

원의 내부의 어떤 선분도 그 길이가 원의 지름보다 길게 그려질 수 없다. 즉, 원의 내부에 있는 정이십각형의 대각선의 길이는 원의 지름인 20보다 같거나 짧으므로 길이가 20보다 짧은 대각선의 개수는 총 대각선의 개수에서 길이가 20인 대각선의 개수를 빼면 된다.

09

주어진 다각형을 n각형이라 하면 한 꼭짓점에서 그을 수 있는 대각선은 $(n-3)$개, 한 꼭짓점에서 대각선을 모두 그었을 때 생기는 삼각형은 $(n-2)$개이다.

$\therefore a=n-3$, $b=n-2$

이때, $a+b=15$이므로 $(n-3)+(n-2)=15$

$2n-5=15$, $2n=20$ $\therefore n=10$

따라서 주어진 다각형은 십각형이므로 대각선의 개수는

$\dfrac{10(10-3)}{2}=35$

답 ⑤

10

삼각형 ABC의 세 내각의 크기의 합은 180°이므로

$\angle BAC + 48° + 52° = 180°$

$\therefore \angle BAC = 80°$

삼각형 BEA는 이등변삼각형이므로

$\angle BEA = \angle BAE = 80°$

$\therefore \angle CED = 80°$ (∵ 맞꼭지각)

이때, 삼각형 BEA의 세 내각의 크기의 합은 180°이므로

$\angle ABE + 80° + 80° = 180°$ $\therefore \angle ABE = 20°$

삼각형 CDE의 세 내각의 크기의 합은 180°이므로

$\angle CDE + 80° + 22° = 180°$ $\therefore \angle CDE = 78°$

$\therefore \angle ABE + \angle BDC = 20° + 78° = 98°$ 답 ③

11

삼각형의 세 내각의 크기의 비가 2 : 3 : 5이므로 세 내각의 크기를 각각 $2k°$, $3k°$, $5k°$라 하자.

삼각형의 세 내각의 크기의 합은 180°이므로

$2k° + 3k° + 5k° = 180°$

$10k° = 180°$ $\therefore k = 18$

따라서 주어진 삼각형의 세 내각의 크기는 각각 36°, 54°, 90°이고, 크기가 가장 큰 외각의 크기는 내각의 크기가 가장 작을 때, 즉 36°일 때이므로

$180° - 36° = 144°$ 답 144°

12

오른쪽 그림에서 삼각형 ACF의 세 내각의 크기의 합은 180°이므로

$40° + 37° + \angle AFC = 180°$

$\therefore \angle AFC = 103°$ ……㉠

$\therefore \angle DFG = 180° - \angle AFC$

$= 180° - 103° = 77°$

삼각형 BGE에서 $\angle DGF$는 $\angle BGE$의 외각이므로

$\angle DGF = \angle DBE + 48°$

이때, 삼각형 DFG의 세 내각의 크기의 합은 180°이므로

$\angle ADB + \angle DGF + \angle DFG = 180°$에서

$\angle ADB + (\angle DBE + 48°) + 77° = 180°$

$\angle ADB + \angle DBE + 125° = 180°$

$\therefore \angle ADB + \angle DBE = 55°$ ……㉡

㉠, ㉡에서

$\angle ADB + \angle DBE + \angle AFC = 55° + 103° = 158°$ 답 158°

┃다른풀이┃

오른쪽 그림에서 삼각형 ACF의 세 내각의 크기의 합은 180°이므로

$40° + 37° + \angle AFC = 180°$

$\therefore \angle AFC = 103°$

삼각형 HBD에서 $\angle EHF$는 $\angle BHD$의 외각이므로

$\angle EHF = \angle ADB + \angle DBE$ ……㉢

또한, 삼각형 EHF에서 $\angle AFC$는 $\angle EFH$의 외각이므로

$\angle AFC = \angle EHF + \angle BEF$

$\therefore \angle EHF = \angle AFC - \angle BEF$ ……㉣

㉢, ㉣에서 $\angle ADB + \angle DBE = \angle AFC - \angle BEF$

$\therefore \angle ADB + \angle DBE + \angle AFC$

$= \angle AFC - \angle BEF + \angle AFC$

$= 2\angle AFC - \angle BEF$

$= 2 \times 103° - 48° = 158°$

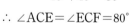

13

$\triangle BCE$는 $\overline{BC} = \overline{CE}$인 이등변삼각형이므로

$\angle E = \angle B = 40°$

삼각형 BCE에서 $\angle ECF$는 $\angle BCE$의 외각이므로 오른쪽 그림에서

$\angle ECF = \angle B + \angle E$

$= 40° + 40° = 80°$

$\therefore \angle ACE = \angle ECF = 80°$

삼각형 ACE의 세 내각의 크기의 합은 180°이므로

$\angle CAE + \angle ACE + \angle E = 180°$에서

$\angle CAE + 80° + 40° = 180°$ $\therefore \angle CAE = 60°$

$\therefore \angle BAC = 180° - \angle CAE$

$= 180° - 60° = 120°$ ……㉠

한편, $\overline{AD}$는 $\angle CAE$의 이등분선이므로

$\angle EAD = \angle DAC = \dfrac{1}{2}\angle CAE = \dfrac{1}{2} \times 60° = 30°$

삼각형 ACD의 세 내각의 크기의 합은 180°이므로

$\angle DAC + \angle DCA + \angle ADC = 180°$에서

$30° + 80° + \angle ADC = 180°$

$\therefore \angle ADC = 70°$ ……㉡

㉠, ㉡에서

$\angle BAC + \angle ADC = 120° + 70° = 190°$ 답 ⑤

14

△BED는 $\overline{BE}=\overline{BD}$인 이등변삼각형이고
△CFE는 $\overline{CE}=\overline{CF}$인 이등변삼각형이므
로 오른쪽 그림과 같이
∠BDE=∠BED=∠a,
∠CEF=∠CFE=∠b라 하면
∠DEF=$180°-(∠a+∠b)$ ······ ㉠
한편, 삼각형 BED의 세 내각의 크기의 합은 180°이므로
∠B+∠a+∠a=180° ∴ ∠B=$180°-2∠a$
삼각형 CFE의 세 내각의 크기의 합도 180°이므로
∠C+∠b+∠b=180° ∴ ∠C=$180°-2∠b$
이때, 삼각형 ABC의 세 내각의 크기의 합은 180°이므로
∠A+∠B+∠C=180°
$62°+(180°-2∠a)+(180°-2∠b)=180°$
$242°=2∠a+2∠b$ ∴ ∠a+∠b=121°
㉠에서
∠DEF=$180°-(∠a+∠b)$
   $=180°-121°=59°$ 답 59°

15

삼각형 ABC의 세 내각의 크기의 합은 180°이므로
∠ABC+∠ACB+81°=180°
3(∠RBC+∠RCB)+81°=180°
3(∠RBC+∠RCB)=99°
∴ ∠RBC+∠RCB=33° ······ ㉠
삼각형 QBC에서 ∠PQR는 ∠BQC의 외각이므로
∠PQR=2∠RBC+∠RCB ······ ㉡
삼각형 SBC에서 ∠PSR는 ∠BSC의 외각이므로
∠PSR=∠RBC+2∠RCB ······ ㉢
㉡+㉢을 하면
∠PQR+∠PSR=3∠RBC+3∠RCB
     $=3(∠RBC+∠RCB)$
     $=3×33°$ (∵ ㉠)
     $=99°$ 답 99°

16 해결단계

❶단계	∠BED=∠x로 놓고 ∠CED의 크기를 ∠x로 나타낸다.
❷단계	∠AEB의 크기를 ∠x로 나타낸다.
❸단계	∠BED의 크기를 구한다.

∠BED=∠x라 하면 삼각형 BDE에서 $\overline{BD}=\overline{DE}$이므로
∠DBE=∠BED=∠x
삼각형 BDE에서 ∠EDC는 ∠BDE의 외각이므로
∠EDC=∠BED+∠DBE=2∠x
또한, 삼각형 CED에서 $\overline{CD}=\overline{CE}$이므로
∠CED=∠EDC=2∠x
삼각형 CED의 세 내각의 크기의 합은 180°이므로
∠CED+∠CDE+∠ECD=180°
∴ ∠ECD=$180°-(∠CED+∠CDE)=180°-4∠x$
이때, 삼각형 ABC에서 $\overline{AB}=\overline{BC}$이므로
∠BAC=∠ECD=$180°-4∠x$
삼각형 ABE의 세 내각의 크기의 합은 180°이고 $\overline{AB}=\overline{AE}$
이므로
∠ABE=∠AEB=$\frac{1}{2}\{180°-(180°-4∠x)\}=2∠x$
∠AEB+∠BED+∠CED=180°이므로
$2∠x+∠x+2∠x=180°$, $5∠x=180°$ ∴ ∠x=36°
∴ ∠BED=36° 답 36°

| 다른풀이 |

∠BED=∠x라 하면 삼각형 BDE에서 $\overline{BD}=\overline{DE}$이므로
∠DBE=∠BED=∠x
삼각형 BDE에서 ∠EDC는 ∠BDE의 외각이므로
∠EDC=∠BED+∠DBE=2∠x
한편, $\overline{AB}=\overline{AE}$, $\overline{CD}=\overline{CE}$이므로
두 이등변삼각형 ABE와 CED의 꼭지각은 각각
∠BAC, ∠BCA이다.
이때, △ABC는 $\overline{AB}=\overline{BC}$인 이등변삼각형이므로
∠BAC=∠BCA
꼭지각의 크기가 같은 두 이등변삼각형 ABE와 CED의 밑각의
크기도 같으므로
∠AEB=∠ABE=∠CED=∠EDC=2∠x
∠AEB+∠BED+∠CED=180°에서
$2∠x+∠x+2∠x=180°$, $5∠x=180°$ ∴ ∠x=36°
∴ ∠BED=36°

17

오른쪽 그림과 같이 $\overline{CD}$를 그으면 오각
형 ABCDE가 만들어진다.
오각형의 내각의 크기의 합은
$180°×(5-2)=540°$
이므로
∠FCD+∠FDC
$=540°-\{75°+90°+40°+60°+(180°-35°)\}$
$=130°$

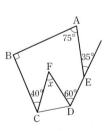

따라서 삼각형 FCD에서
$$\angle x = 180° - (\angle FCD + \angle FDC)$$
$$= 180° - 130° = 50°$$
답 ④

| 다른풀이 |

오른쪽 그림과 같이 선분 DF의 연장선이 선분 AB와 만나는 점을 G라 하면 주어진 도형은 사각형 AGDE와 사각형 BCFG로 나눌 수 있다.

$\angle AED = 180° - 35° = 145°$이고,

사각형 AGDE의 내각의 크기의 합은 360°이므로

$$75° + \angle AGF + 60° + 145° = 360°$$
$$\therefore \angle AGF = 80°$$

$\angle BGF = 180° - 80° = 100°$, $\angle CFG = 180° - \angle x$이고,

사각형 BCFG의 내각의 크기의 합은 360°이므로

$$100° + 90° + 40° + (180° - \angle x) = 360°$$
$$\therefore \angle x = 50°$$

18

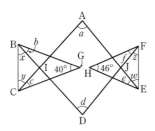

위의 그림과 같이 $\overline{BC}$, $\overline{EF}$를 그으면 삼각형 BCI에서

$$\angle BIC = 180° - (\angle x + \angle y)$$
$$\therefore \angle AID = \angle BIC \ (\because \text{맞꼭지각})$$
$$= 180° - (\angle x + \angle y)$$

삼각형 GBC의 세 내각의 크기의 합은 180°이므로

$$40° + \angle x + \angle y + \angle b + \angle c = 180°$$
$$180° - (\angle x + \angle y) = 40° + \angle b + \angle c$$
$$\therefore \angle AID = \angle b + \angle c + 40° \quad \cdots\cdots \ \bigcirc$$

한편, 삼각형 EFJ에서 $\angle EJF = 180° - (\angle z + \angle w)$

$$\therefore \angle AJD = \angle EJF \ (\because \text{맞꼭지각})$$
$$= 180° - (\angle z + \angle w)$$

삼각형 HEF의 세 내각의 크기의 합은 180°이므로

$$46° + \angle z + \angle w + \angle e + \angle f = 180°$$
$$180° - (\angle z + \angle w) = 46° + \angle e + \angle f$$
$$\therefore \angle AJD = \angle e + \angle f + 46° \quad \cdots\cdots \ \bigcirc$$

이때, 사각형 AIDJ의 내각의 크기의 합은 360°이므로

$$\angle a + \angle AID + \angle d + \angle AJD = 360°$$

$\bigcirc$, $\bigcirc$을 위의 식에 대입하면

$$\angle a + (\angle b + \angle c + 40°) + \angle d + (\angle e + \angle f + 46°) = 360°$$
$$\therefore \angle a + \angle b + \angle c + \angle d + \angle e + \angle f = 360° - 40° - 46°$$
$$= 274°$$
답 274°

19

세 다각형 A, B, C의 변의 개수를 각각 a, b, c라 하자.

세 다각형 A, B, C의 한 꼭짓점에서 그을 수 있는 대각선의 개수의 비가 $1 : 3 : 4$이므로

$$(a-3) : (b-3) : (c-3) = 1 : 3 : 4$$

이때, $a-3 = k$, $b-3 = 3k$, $c-3 = 4k$ (k는 자연수)로 놓으면 각 다각형의 한 꼭짓점에서 그은 대각선에 의하여 각각 $a-2 = k+1$(개), $b-2 = 3k+1$(개), $c-2 = 4k+1$(개)의 삼각형이 만들어진다.

세 다각형 A, B, C의 내각의 크기의 합을 모두 더하면 4860°이므로

$$180° \times (a-2) + 180° \times (b-2) + 180° \times (c-2) = 4860°$$
$$180° \times (k+1) + 180° \times (3k+1) + 180° \times (4k+1) = 4860°$$
$$(k+1) + (3k+1) + (4k+1) = 27$$
$$8k = 24 \quad \therefore k = 3$$
$$\therefore a = k+3 = 6, \ b = 3k+3 = 12, \ c = 4k+3 = 15$$

따라서 세 다각형 A, B, C의 변은 각각 6개, 12개, 15개이므로 모든 변의 개수의 합은

$$6 + 12 + 15 = 33$$
답 ①

20

중앙에 있는 오각형과 인접한 각은 모두 중앙에 있는 오각형의 외각이다.

중앙에 있는 오각형의 각각의 내각마다 두 개의 외각이 존재하므로 이들의 합은 오각형의 외각의 크기의 합의 2배, 즉 $2 \times 360° = 720°$이다.

따라서 구하는 각의 크기의 합은 5개의 다각형의 내각의 크기의 합에서 720°를 빼면 된다.

즉, 구하는 합은

$$\{180° \times (3-2) + 180° \times (4-2) + 180° \times (5-2)$$
$$+ 180° \times (6-2) + 180° \times (7-2)\} - 720°$$
$$= (180° + 360° + 540° + 720° + 900°) - 720° = 1980°$$

답 1980°

21

오른쪽 그림과 같이 $\overline{CD}$를 긋고
$\angle BCG = \angle GCF = \angle x$,
$\angle EDG = \angle GDF = \angle y$,
$\angle FCD = \angle a$, $\angle FDC = \angle b$
라 하자.

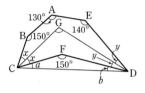

삼각형 CDF의 세 내각의 크기의 합은 $180°$이므로

$150° + \angle a + \angle b = 180°$

$\therefore \angle a + \angle b = 30°$ ⋯⋯㉠

오각형 ABCDE의 내각의 크기의 합은

$180° \times (5-2) = 540°$이므로

$2(\angle x + \angle y) + (\angle a + \angle b) + 130° + 150° + 140° = 540°$

$2(\angle x + \angle y) + 30° + 130° + 150° + 140° = 540°$ ($\because$ ㉠)

$2(\angle x + \angle y) = 90°$

$\therefore \angle x + \angle y = 45°$ ⋯⋯㉡

삼각형 CDG의 세 내각의 크기의 합은 $180°$이므로

$\angle CGD + (\angle x + \angle y) + (\angle a + \angle b) = 180°$

$\angle CGD + 45° + 30° = 180°$ ($\because$ ㉠, ㉡)

$\therefore \angle CGD = 105°$

답 ②

22

$\angle PAB = \angle a$, $\angle PBA = \angle b$, $\angle QCD = \angle c$, $\angle QDC = \angle d$라
하면 사각형 ABCD의 외각의 크기의 합은 $360°$이므로

$2(\angle a + \angle b + \angle c + \angle d) = 360°$

$\therefore \angle a + \angle b + \angle c + \angle d = 180°$ ⋯⋯㉠

두 삼각형 PBA, QDC의 세 내각의 크기의 합은 모두 $180°$이므로

$(\angle P + \angle a + \angle b) + (\angle Q + \angle c + \angle d) = 180° + 180° = 360°$

$\angle P + \angle Q + 180° = 360°$ ($\because$ ㉠)

$\therefore \angle P + \angle Q = 180°$

답 $180°$

23

주어진 정다각형을 정 n각형이라 하면 한 내각의 크기는

$\dfrac{180° \times (n-2)}{n}$이고, 한 외각의 크기는 $\dfrac{360°}{n}$이므로

$\dfrac{180° \times (n-2)}{n} : \dfrac{360°}{n} = 6 : 1$

$(n-2) : 2 = 6 : 1$, $n-2 = 12$

$\therefore n = 14$

따라서 주어진 정다각형은 정십사각형이므로 대각선의 개수는

$\dfrac{14(14-3)}{2} = 77$

답 ③

blacklabel 특강 필수원리

정다각형의 한 내각의 크기와 한 외각의 크기의 비가 주어질 때

정다각형의 한 내각의 크기와 한 외각의 크기의 비가 $m : n$일 때,

한 내각의 크기 : $180° \times \dfrac{m}{m+n}$, 한 외각의 크기 : $180° \times \dfrac{n}{m+n}$

24

정오각형의 한 내각의 크기는

$\dfrac{180° \times (5-2)}{5} = 108°$

오른쪽 그림과 같이 점 E를 지나면
서 두 직선 l, m에 평행한 직선 n을
그으면 평행선의 성질에 의하여 엇
각의 크기가 같으므로

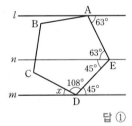

$\angle x = 180° - (108° + 45°) = 27°$

답 ①

25

주어진 두 정다각형의 변의 개수를 각각 a, b라 하면 한 꼭짓점
에서 대각선을 모두 그었을 때 생기는 삼각형의 개수의 비가
$5 : 8$이므로

$(a-2) : (b-2) = 5 : 8$ ⋯⋯㉠ ⟶ (가)

이때, $a-2 = 5k$, $b-2 = 8k$ (k는 자연수)로 놓으면 두 정다각
형의 한 내각의 크기의 비가 $15 : 16$이므로

$\dfrac{180° \times 5k}{a} : \dfrac{180° \times 8k}{b} = 15 : 16$ ⟶ (나)

$\dfrac{5}{a}:\dfrac{8}{b}=15:16,\ 5b:8a=15:16$

$120a=80b$ $\quad\therefore b=\dfrac{3}{2}a$

이것을 ㉠에 대입하면 $(a-2):\left(\dfrac{3}{2}a-2\right)=5:8$

$\dfrac{15}{2}a-10=8a-16,\ \dfrac{a}{2}=6$ $\quad\therefore a=12$

$\therefore b=\dfrac{3}{2}a=\dfrac{3}{2}\times12=18$ ———(다)

따라서 주어진 두 정다각형의 변은 각각 12개, 18개이므로 두 정다각형의 모든 변의 개수의 합은

$12+18=30$ ———(라)

답 30

단계	채점 기준	배점
(가)	대각선을 모두 그었을 때 생기는 삼각형의 개수의 비를 이용하여 비례식을 세운 경우	30%
(나)	한 내각의 크기의 비를 이용하여 비례식을 세운 경우	30%
(다)	두 정다각형의 변의 개수를 각각 구한 경우	30%
(라)	두 정다각형의 모든 변의 개수의 합을 구한 경우	10%

26

정오각형의 한 내각의 크기는 $\dfrac{180°\times(5-2)}{5}=108°$

삼각형 ABC는 $\overline{AB}=\overline{BC}$인 이등변삼각형이므로

$\angle BCA=\angle BAC=\angle x$

삼각형 ABC의 세 내각의 크기의 합이 $180°$이므로

$\angle x+\angle x+108°=180°$

$2\angle x=72°$ $\quad\therefore\angle x=36°$

또한, $\angle CBF$, $\angle BCF$는 각각 $\angle B$, $\angle C$의 외각이므로

$\angle CBF=\angle BCF=180°-108°=72°$

즉, 삼각형 BFC의 세 내각의 크기의 합은 $180°$이므로

$\angle w+72°+72°=180°$ $\quad\therefore\angle w=36°$

한편, $\angle ACB=\angle x=36°$이므로

$\angle z=108°-36°=72°$

같은 방법으로 $\angle BED=72°$

이때, 사각형 CDEG의 내각의 크기의 합은 $360°$이고,
$\angle D=108°$이므로

$72°+\angle y+72°+108°=360°$ $\quad\therefore\angle y=108°$

$\therefore \angle x+\angle y+2\angle z-\angle w=36°+108°+144°-36°$
$\qquad\qquad\qquad\qquad\qquad =252°$

답 $252°$

27

정육각형의 한 내각의 크기는 $\dfrac{180°\times(6-2)}{6}=120°$

$\triangle ABP$와 $\triangle BCQ$에서

$\angle ABP=\angle BCQ=120°$, $\overline{AB}=\overline{BC}$, $\overline{BP}=\overline{CQ}$

$\therefore \triangle ABP\equiv\triangle BCQ$ (SAS 합동)

$\angle BAP=\angle CBQ=\angle a$, $\angle BPA=\angle CQB=\angle b$라 하면

삼각형 ABP의 세 내각의 크기의 합은 $180°$이므로

$120°+\angle a+\angle b=180°$

$\therefore \angle a+\angle b=60°$ ……㉠

이때, 삼각형 GPB의 세 내각의 크기의 합은 $180°$이므로

$\angle PGB=180°-(\angle a+\angle b)=120°$ $(\because ㉠)$

$\therefore \angle AGQ=\angle PGB$ $(\because$ 맞꼭지각$)$
$\qquad\quad =120°$

답 ①

28

정오각형의 한 내각의 크기는

$\dfrac{180°\times(5-2)}{5}=108°$

$\overline{AP}$, $\overline{BQ}$의 교점을 S라 하면

$\angle SBA=\angle SAB=108°-60°=48°$

삼각형 ABS의 세 내각의 크기의 합은 $180°$이므로

$\angle BSA=180°-2\times48°=84°$

$\therefore \angle PSQ=\angle BSA=84°$ $(\because$ 맞꼭지각$)$

두 삼각형 BCQ, APE는 모두 정삼각형이므로

$\angle SQR=\angle SPR=60°$

이때, 사각형 PRQS의 내각의 크기의 합은 $360°$이므로

$\angle PRQ=360°-(60°+60°+84°)=156°$

답 ③

29

정오각형의 한 내각의 크기는

$\dfrac{180°\times(5-2)}{5}=108°$

이고 원의 내부에 생기는 다각형은

한 내각의 크기가 $360°-108°\times2=144°$

로 모두 같고 각 변의 길이도 모두 같으므로 정다각형이다.

이때, 이 정다각형을 정n각형이라 하면 한 내각의 크기가 $144°$이므로

$\dfrac{180°\times(n-2)}{n}=144°,\ 180°\times(n-2)=144°\times n$

$36°\times n=360°$ $\quad\therefore n=10$

즉, 원의 내부에 생기는 정다각형은 정십각형이다.
따라서 원주를 완벽하게 채우려면 10개의 정오각형이 필요하다.

답 10개

| 다른풀이 |

오른쪽 그림과 같이 이어 붙여지는 정오각형의
변을 연장한 선분의 교점을 원의 중심 O라 할
수 있다.

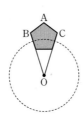

정오각형의 한 내각의 크기는

$\dfrac{180° \times (5-2)}{5} = 108°$

사각형 ABOC의 내각의 크기의 합은 360°이므로

$\angle BOC = 360° - 3 \times 108° = 36°$

즉, 하나의 정오각형이 원의 중심에서 36° 만큼의 원주를 채우므로
원주를 완벽하게 채우려면 $360° \div 36° = 10(개)$의 정오각형이
필요하다.

30 해결단계

❶단계	정오각형, 정육각형, 정팔각형의 한 내각의 크기를 각각 구한다.
❷단계	정팔각형의 한 변에 평행한 두 직선을 긋는다.
❸단계	다각형의 내각의 크기의 합을 이용하여 $\angle x$의 크기를 구한다.

정오각형의 한 내각의 크기는 $\dfrac{180° \times (5-2)}{5} = 108°$

정육각형의 한 내각의 크기는 $\dfrac{180° \times (6-2)}{6} = 120°$

정팔각형의 한 내각의 크기는 $\dfrac{180° \times (8-2)}{8} = 135°$

오른쪽 그림과 같이 두 점 A, B를 지나
는 직선 l, 점 C를 지나고 직선 l에 평
행한 직선 m, 두 점 D, E를 지나는 직
선 n을 그으면

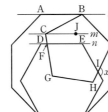

$l /\!/ m$이므로

$\angle BCJ = \angle ABC$ (∵ 엇각)
$\qquad = 135° - 108° = 27°$

$m /\!/ n$이므로

$\angle GFE = \angle DCJ$ (∵ 동위각)
$\qquad = 108° - 27° = 81°$

오각형 EFGHI의 내각의 크기의 합은
$180° \times (5-2) = 540°$이므로

$81° + 108° + 108° + \angle EIH + 120° = 540°$

$\therefore \angle EIH = 123°$

$\therefore \angle x = \angle EIH$ (∵ 맞꼭지각)
$\qquad = 123°$

답 ③

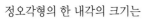

Step 3 종합 사고력 도전 문제   pp. 45~46

01 15	02 (1) 풀이 참조 (2) 풀이 참조	03 34
04 100°	05 24	06 114° 07 540° 08 112

01 해결단계

❶단계	$f(4), f(5)$의 값을 각각 구한다.
❷단계	$f(6), f(7)$의 값을 각각 구한다.
❸단계	규칙을 찾아 주어진 식을 만족시키는 자연수 n의 값을 구한다.

정사각형의 대각선의 개수는 2이고 그 길이는 서로 같으므로
$f(4) = 1$

정오각형의 한 꼭짓점에서 그을 수 있는 대각
선은 오른쪽 그림과 같이 2개이고 그 길이는
서로 같다.

이때, 정오각형의 나머지 꼭짓점에서 그을 수
있는 대각선의 길이도 모두 이와 같으므로
$f(5) = 1$

정육각형의 한 꼭짓점에서 그을 수 있는
대각선은 오른쪽 그림과 같이 3개이고
$\overline{AC} = \overline{AE}$이다.

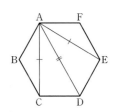

이때, 정육각형의 나머지 꼭짓점에서 그
을 수 있는 대각선의 길이도 모두 이와
같으므로
$f(6) = 2$

정칠각형의 한 꼭짓점에서 그을 수 있는
대각선은 오른쪽 그림과 같이 4개이고
$\overline{AC} = \overline{AF}$, $\overline{AD} = \overline{AE}$이다.

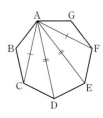

이때, 정칠각형의 나머지 꼭짓점에서 그
을 수 있는 대각선의 길이도 모두 이와 같
으므로
$f(7) = 2$

같은 방법으로
$f(8) = f(9) = 3$, $f(10) = f(11) = 4$, $f(12) = f(13) = 5$,
$f(14) = f(15) = 6$, $f(16) = f(17) = 7, \cdots$

따라서
$f(n)+f(n+1)=13=6+7$에서
$f(n)=6, f(n+1)=7$
$\therefore n=15$

답 15

02 해결단계

(1)	❶단계	정다각형의 내각의 크기를 이용하여 빈틈없이 이어 붙일 수 있는 이유를 설명한다.
(2)	❷단계	십이각형의 변의 길이가 모두 같음을 설명한다.
	❸단계	십이각형의 내각의 크기가 모두 같음을 설명한다.

(1) 정삼각형의 한 내각의 크기는 $60°$, 정사각형의 한 내각의 크기는 $90°$, 정육각형의 한 내각의 크기는 $120°$이다.

이때, 점 A에는 정삼각형 1개, 정사각형 2개, 정육각형 1개가 모여 있으므로 점 A에 모인 네 내각의 크기의 합은

$60°+2\times90°+120°=360°$

따라서 점 A에서 각 도형들을 빈틈없이 이어 붙일 수 있다.

(2) 주어진 십이각형의 변의 길이가 모두 같고, 각 꼭짓점마다 정삼각형 1개, 정사각형 1개가 모여 있으므로 모든 내각의 크기가 $90°+60°=150°$로 같다.

따라서 주어진 십이각형은 정십이각형이다.

답 (1) 풀이 참조 (2) 풀이 참조

03 해결단계

❶단계	주어진 육각형의 변의 연장선으로 삼각형을 만든다.
❷단계	육각형의 외각의 크기를 구하여 ❶단계의 삼각형이 정삼각형임을 확인한다.
❸단계	정삼각형의 세 변의 길이가 같음을 이용하여 x, y의 값을 각각 구한다.

오른쪽 그림과 같이 길이가 x, 1, y인 세 변의 연장선으로 삼각형 ABC를 만들어 보자.

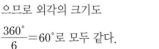

주어진 육각형의 내각의 크기가 모두 같으므로 외각의 크기도

$\dfrac{360°}{6}=60°$로 모두 같다.

따라서 △ABC는 정삼각형이므로 세 변의 길이가 모두 같다.

즉, $2+x+4=4+1+6=2+y+6$

$\therefore x=5, y=3$

$\therefore x^2+y^2=25+9=34$

답 34

04 해결단계

❶단계	$\angle A=\angle D=\angle a$로 놓고 $\angle B$, $\angle C$를 $\angle a$로 나타낸다.
❷단계	정십팔각형의 한 내각의 크기를 구하여 $\angle BCE$의 크기를 구한다.
❸단계	$\angle a$의 크기를 구한다.
❹단계	$\angle B$의 크기를 구한다.

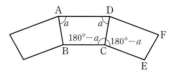

위의 그림과 같이 $\angle A=\angle D=\angle a$라 하면 사각형 ABCD의 내각의 크기의 합은 $360°$이므로

$\angle B=\angle C=\dfrac{1}{2}(360°-2\angle a)=180°-\angle a$

이어 붙여져 있는 벽돌 모양은 모두 합동이므로

$\angle DCE=180°-\angle a$

이때, $\angle BCE$는 정십팔각형의 한 내각이므로

$\angle BCE=\dfrac{180°\times(18-2)}{18}=160°$

점 C에서 $2\times(180°-\angle a)+160°=360°$

$2\angle a=160°$　　$\therefore \angle a=80°$

$\therefore \angle B=180°-80°=100°$

답 100°

| 다른풀이 |

오른쪽 그림과 같이 합동인 사다리꼴 18개를 이어 붙이면 내부에 생기는 도형은 정십팔각형이다.

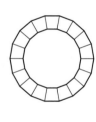

이때, 정십팔각형의 한 내각의 크기는

$\dfrac{180°\times(18-2)}{18}=160°$

이므로

$2\angle B+160°=360°$에서

$2\angle B=200°$　　$\therefore \angle B=100°$

05 해결단계

❶단계	주어진 그림이 정n각형과 n개의 이등변삼각형임을 확인한다.
❷단계	정n각형의 한 내각의 크기를 구한다.
❸단계	자연수 n의 값을 구한다.

주어진 그림은 정n각형의 한 변을 변으로 하는 n개의 이등변삼각형이다.

이 도형의 일부분을 확대하면 다음 그림과 같다.

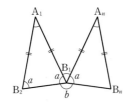

$\angle A_1B_1B_2=\angle a$, $\angle B_2B_1B_n=\angle b$라 하자.

삼각형 $A_1B_2B_1$은 이등변삼각형이므로

$\angle A_1B_2B_1=\angle A_1B_1B_2=\angle a$

삼각형 $A_1B_2B_1$의 세 내각의 크기의 합은 $180°$이므로

$\angle A_1+2\angle a=180°$ $\therefore 2\angle a=180°-\angle A_1$

이때, $\triangle A_1B_2B_1$과 $\triangle A_nB_1B_n$에서

$\overline{A_1B_2}=\overline{A_1B_1}=\overline{A_nB_1}=\overline{A_nB_n}$, $\angle A_1=\angle A_2$

$\therefore \triangle A_1B_2B_1 \equiv \triangle A_nB_1B_n$ (SAS 합동)

이므로 $\angle A_nB_1B_n=\angle a$

점 B_1에서

$\angle A_1B_1A_n+2\angle a+\angle b=360°$

$\angle A_1B_1A_n+(180°-\angle A_1)+\angle b=360°$

$\angle b=180°-(\angle A_1B_1A_n-\angle A_1)=180°-15°=165°$

한편, $\angle b$는 정n각형의 한 내각이므로

$\dfrac{180°\times(n-2)}{n}=165°$에서

$180°\times n-360°=165°\times n$, $15°\times n=360°$

$\therefore n=24$

답 24

06 해결단계

❶단계	삼각형의 내각과 외각 사이의 관계를 이용하여 $\angle ABD$와 $\angle ACF$의 크기를 각각 구한다.
❷단계	삼각형의 세 내각의 크기의 합이 $180°$임을 이용하여 $\angle DEC$의 크기를 구한다.
❸단계	$\angle BEF$의 크기를 구한다.

다음 그림과 같이 반직선 BC 위에 점 G를 잡고,

$\angle ABD=\angle CBD=\angle a$, $\angle ACF=\angle FCD=\angle DCG=\angle b$

라 하자.

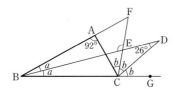

삼각형 ABC에서 $\angle ACG$는 $\angle C$의 외각이므로

$\angle ACG=\angle ABC+\angle BAC$

$\therefore 3\angle b=2\angle a+92°$ ……㉠

삼각형 BCD에서 $\angle DCG$는 $\angle BCD$의 외각이므로

$\angle DCG=\angle CBD+\angle BDC$

$\therefore \angle b=\angle a+26°$ ……㉡

㉡을 ㉠에 대입하면

$3(\angle a+26°)=2\angle a+92°$

$3\angle a+78°=2\angle a+92°$

$\therefore \angle a=14°$, $\angle b=40°$

삼각형 ECD의 세 내각의 크기의 합은 $180°$이므로

$\angle DEC+\angle ECD+\angle EDC=180°$에서

$\angle DEC+\angle b+26°=180°$

$\angle DEC+40°+26°=180°$

$\angle DEC+66°=180°$ $\therefore \angle DEC=114°$

$\therefore \angle BEF=\angle DEC$ (∵ 맞꼭지각)

     $=114°$

답 $114°$

07 해결단계

❶단계	주어진 그림에 적당한 보조선을 긋는다.
❷단계	보조선에 의해 생긴 각의 크기에 대한 식을 세운다.
❸단계	주어진 각의 크기의 합을 구한다.

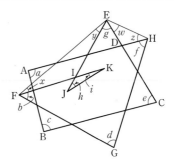

위의 그림과 같이 $\overline{EF}$, $\overline{EH}$를 각각 그으면

$\triangle IEF$와 $\triangle IJK$에서 삼각형의 세 내각의 크기의 합은 $180°$이고

$\angle EIF=\angle JIK$ (∵ 맞꼭지각)이므로

$\angle x+\angle y=\angle i+\angle h$ ……㉠

삼각형 DHE의 세 내각의 크기의 합은 $180°$이므로

$\angle EDH=180°-(\angle w+\angle z)$

$\therefore \angle ADC=\angle EDH$ (∵ 맞꼭지각)

     $=180°-(\angle w+\angle z)$

사각형 $ABCD$의 내각의 크기의 합은 $360°$이므로

$\angle a+\angle c+\angle e+180°-(\angle w+\angle z)=360°$

$\therefore \angle w+\angle z=\angle a+\angle c+\angle e-180°$ ……㉡

또한, 사각형 $EFGH$의 내각의 크기의 합은 $360°$이므로

$(\angle y+\angle g+\angle w)+(\angle x+\angle b)+\angle d+(\angle z+\angle f)=360°$

$\therefore (\angle x+\angle y)+(\angle w+\angle z)+\angle b+\angle d+\angle f+\angle g=360°$

위의 식에 ㉠, ㉡을 대입하면

$(\angle i+\angle h)+(\angle a+\angle c+\angle e-180°)+\angle b+\angle d+\angle f+\angle g$

$=360°$

$\therefore \angle a+\angle b+\angle c+\angle d+\angle e+\angle f+\angle g+\angle h+\angle i$
$=360°+180°$
$=540°$

답 540°

08 해결단계

❶단계	정십이각형의 한 변과 겹치는 삼각형의 개수를 구한다.
❷단계	정십이각형의 두 변, 세 변과 겹치는 삼각형의 개수를 구한다.
❸단계	정십이각형과 겹치는 변이 하나도 없는 삼각형의 개수를 구한다.

오른쪽 그림과 같이 정십이각형의 12개
의 꼭짓점 중에서 3개의 꼭짓점을 택하여
만들어지는 삼각형 중 변 AB와 겹치는
삼각형은 10개이다.

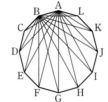

또한, 그 중에서 정십이각형의 두 변과
겹치는 삼각형은 △ABC, △ABL의 2개이고, 정십이각형의 세
변과 모두 겹치는 삼각형은 없다.
변 AB를 제외한 나머지 변과 겹치는 삼각형의 개수도 모두 이와
같고, 정십이각형의 변은 12개이므로 정십이각형과 겹치는 변이
있는 삼각형의 개수는
$12×10-12=108$
따라서 정십이각형과 겹치는 변이 하나도 없는 삼각형의 개수는
$220-108=112$

답 112

|다른풀이|

(i) 정십이각형의 두 변과 겹치는 삼각형의 개수
    정십이각형의 두 변과 겹치는 삼각형인 △BAL에서 ∠A는
    꼭지각이다.
    즉, 정십이각형의 두 변과 겹치는 삼각형은 정십이각형의 각
    꼭짓점을 꼭지각으로 하는 이등변삼각형이므로 그 개수는
    12이다.

(ii) 정십이각형의 한 변과 겹치는 삼각형의 개수
    정십이각형의 변 AB와 겹치는 삼각형은 10개이고, 그 중 정
    십이각형의 두 변과 겹치는 삼각형은 2개이다.
    따라서 정십이각형의 한 변과 겹치는 삼각형의 개수는
    $12(10-2)=96$이다.

(i), (ii)에서 정십이각형과 겹치는 변이 하나도 없는 삼각형의 개
수는
$220-(12+96)=220-108=112$

blacklabel 특강   풀이첨삭

△ABC는 정십이각형의 두 변 AB, BC와 겹치므로 변 AB와 겹치는 삼각형과
변 BC와 겹치는 삼각형에 모두 포함된다.
따라서 정십이각형과 겹치는 변이 있는 삼각형의 개수를 구할 때 정십이각형의
두 변과 겹치는 삼각형을 중복하여 세지 않도록 2로 나누어야 한다.
즉, 변 AB와 정십이각형의 다른 한 변과 겹치는 삼각형은 △ABC, △ABL의 2개
이므로 $\dfrac{2×12}{2}=12$(개)를 제외해야 한다.

---

05 원과 부채꼴

Step 1	시험에 꼭 나오는 문제		p. 48
01 ①, ④	**02** ③, ⑤	**03** $x=18$, $y=20$	**04** ③
05 ②	**06** ②		

01

② 합동인 두 원에 대하여 중심각의 크기가 같으면 현의 길이도
   항상 같다. 즉, 반지름의 길이가 다른 두 원에서는 중심각의
   크기가 같아도 현의 길이는 다르다.
③ 한 원에서 현의 길이는 중심각의 크기에 정비례하지 않는다.
⑤ 반원은 부채꼴이면서 활꼴이다.
따라서 옳은 것은 ①, ④이다.

답 ①, ④

02

① ∠AOB=∠COD (∵ 맞꼭지각)이므로
   $\overparen{AB}=\overparen{CD}$
② ∠AOD=180°-∠COD
         $=180°-60°=120°$
   즉, ∠AOD=2∠COD이므로
   $\overparen{AD}=2\overparen{CD}$
③ 현의 길이는 중심각의 크기에 정비례하지 않으므로
   $\overline{AD}\neq2\overline{CD}$
④ ②에서 ∠AOD=2∠COD이므로 부채꼴 DOA의 넓이는
   $36×2=72(\text{cm}^2)$
⑤ 360°÷∠AOD=360°÷120°=3
   즉, 원의 둘레의 길이는 $\overparen{AD}$의 길이의 3배이다.
따라서 옳지 않은 것은 ③, ⑤이다.

답 ③, ⑤

03

가장 큰 반원의 반지름의 길이는
$\dfrac{1}{2}×(2×5+2×4)=9(\text{cm})$이므로
$(\text{둘레의 길이})=2\pi×9×\dfrac{1}{2}+2\pi×5×\dfrac{1}{2}+2\pi×4×\dfrac{1}{2}$
$\qquad\qquad\qquad =9\pi+5\pi+4\pi$
$\qquad\qquad\qquad =18\pi(\text{cm})$

$$(넓이)=\pi \times 9^2 \times \frac{1}{2}-\left(\pi \times 5^2 \times \frac{1}{2}+\pi \times 4^2 \times \frac{1}{2}\right)$$
$$=\frac{81}{2}\pi-\left(\frac{25}{2}\pi+8\pi\right)$$
$$=20\pi(cm^2)$$

$\therefore x=18, y=20$

답 $x=18, y=20$

blacklabel 특강 참고

반지름의 길이가 a인 반원의 호의 길이는 $a\pi$이다.
문제의 그림에서 가장 큰 반원의 지름의 길이는 나머지 두 반원의 지름의 길이의 합과 같으므로 가장 큰 반원의 호의 길이는 나머지 두 반원의 호의 길이의 합과 같다.
즉, 색칠한 부분의 위쪽 둘레의 길이와 아래쪽 둘레의 길이는 같다.

04

부채꼴 AOB의 반지름의 길이를 r라 하면 호 AB의 길이가 10π이므로

$$2\pi r \times \frac{150}{360}=10\pi, \quad \frac{5}{6}r=10 \qquad \therefore r=12$$

따라서 부채꼴 AOB의 넓이는

$$\frac{1}{2}\times 12 \times 10\pi=60\pi$$

답 ③

| 다른풀이 |

부채꼴 AOB의 반지름의 길이를 r라 하면

$$2\pi r \times \frac{150}{360}=10\pi, \quad \frac{5}{6}r=10 \qquad \therefore r=12$$

따라서 부채꼴 AOB의 넓이는

$$\pi \times 12^2 \times \frac{150}{360}=60\pi$$

05

오른쪽 그림과 같이 삼각형 ACG를 그린 후, 도형 BFD 부분을 빗금친 도형 GFE로 이동시키면

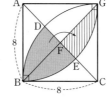

(색칠한 부분의 넓이)
= (부채꼴 BAG의 넓이) $-\triangle$BAG

$$=\pi \times 8^2 \times \frac{90}{360}-\frac{1}{2}\times 8 \times 8$$
$$=16\pi-32$$

답 ②

06

원이 지나간 자리는 다음 그림의 어두운 부분과 같다.

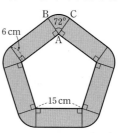

이때, 정오각형의 한 내각의 크기는 $\frac{180° \times (5-2)}{5}=108°$이므로

$\angle BAC=360°-(108°+90°+90°)=72°$

즉, 원이 지나간 영역은 가로, 세로의 길이가 각각 15 cm, 6 cm인 직사각형 5개와 반지름의 길이가 6 cm, 중심각의 크기가 72°인 부채꼴 5개로 이루어진다.

따라서 원이 지나간 영역의 넓이는

$$(15 \times 6)\times 5+\left(\pi \times 6^2 \times \frac{72}{360}\right)\times 5$$
$$=450+36\pi(cm^2)$$

답 ②

blacklabel 특강 필수원리

다각형의 외각의 크기의 합은 항상 360°이므로 다각형의 둘레를 따라 원이 이동한다고 할 때, 원이 지나간 영역에 생기는 부채꼴을 합하면 항상 원이 된다. 이를 이용하면 쉽게 영역의 둘레의 길이나 넓이를 구할 수 있다.

Step 2	A등급을 위한 문제			pp. 49~53
01 ②	02 6 cm	03 216°	04 100°	05 ③
06 ④	07 6	08 ⑤	09 $a=8\pi$, $b=16$	
10 ②	11 ①	12 64	13 ⑤	14 15 : 8
15 ④	16 6π	17 ③	18 90π cm²	
19 $(18\pi-36)$ cm²		20 $\frac{3}{2}\pi-2$	21 $\frac{32}{3}\pi$ cm²	
22 ②	23 ③	24 $\left(\frac{128}{3}\pi+80\right)$ cm²		25 $\frac{341}{3}\pi$ m²
26 $(50\pi+48)$ cm²		27 $\frac{32}{3}\pi$ cm	28 12	29 ⑤

01

$\overline{OB}=\overline{OA}=\overline{AB}$이므로 $\triangle$AOB는 정삼각형이다.

즉, $\angle AOB=60°$이므로 $\angle AOM=30°$

$\therefore \angle AOD=180°-(30°+50°)=100°$

부채꼴의 넓이는 중심각의 크기에 정비례하므로

(부채꼴 AOB의 넓이) : (부채꼴 AOD의 넓이)=60 : 100에서

15 : (부채꼴 AOD의 넓이)=3 : 5

$\therefore$ (부채꼴 AOD의 넓이)$=\dfrac{75}{3}=25(\text{cm}^2)$ 답 ②

02

$\overline{\text{AC}} /\!/ \overline{\text{OD}}$이므로

$\angle\text{CAO}=\angle\text{DOB}=40°$ ($\because$ 동위각)

이때, $\overline{\text{OC}}$를 그으면 $\overline{\text{OA}}=\overline{\text{OC}}$이므로

$\triangle\text{CAO}$는 이등변삼각형이다.

$\therefore \angle\text{ACO}=\angle\text{CAO}=40°$

또한, $\overline{\text{AC}} /\!/ \overline{\text{OD}}$이므로

$\angle\text{COD}=\angle\text{ACO}=40°$ ($\because$ 엇각)

따라서 $\angle\text{COD}=\angle\text{BOD}$이므로

$\widehat{\text{DB}}=\widehat{\text{CD}}=6\,\text{cm}$ 답 6 cm

blacklabel 특강   필수원리

평행선의 성질

평행한 두 직선이 다른 한 직선과 만날 때

(1) 동위각의 크기는 같다.

  ⇨ $l /\!/ m$이면 $\angle a=\angle h$

(2) 엇각의 크기는 같다.

  ⇨ $l /\!/ m$이면 $\angle b=\angle h$

03

두 점 P, Q의 속력의 비가 9 : 5이므로 점 P의 속력을 $9v$, 점 Q의 속력을 $5v$ $(v>0)$라 하자.

점 P가 점 A에서 점 B까지 원 O의 둘레를 따라 움직이는 데 걸린 시간은 25분이므로 점 P가 움직인 호의 길이를 l_1이라 하면

$l_1=9v\times 25=225v$

점 P보다 5분 먼저 출발한 점 Q가 점 A에서 점 B까지 원 O의 둘레를 따라 움직이는 데 걸린 시간은 $25+5=30$(분)이므로 점 Q가 움직인 호의 길이를 l_2라 하면

$l_2=5v\times 30=150v$

$\therefore l_1 : l_2=225v : 150v=3 : 2$

이때, 한 원에서 부채꼴의 호의 길이는 중심각의 크기에 정비례하므로 구하는 중심각의 크기는

$360°\times\dfrac{3}{3+2}=216°$ 답 216°

04

부채꼴의 호의 길이는 중심각의 크기에 정비례하고,

$\widehat{\text{AC}} : \widehat{\text{CD}}=3 : 5$이므로

$\angle\text{COA}=3k°$, $\angle\text{COD}=5k°$라 하면

$\angle\text{DOE}=(180-8k)°$ (단, $k>0$)

이때, $\overline{\text{OD}}=\overline{\text{DE}}$이므로 $\angle\text{DEO}=\angle\text{DOE}=(180-8k)°$

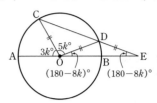

한편, $\overline{\text{OC}}=\overline{\text{OD}}$이므로 삼각형 ODC에서

$\angle\text{ODC}=\left(\dfrac{180-5k}{2}\right)°=\left(90-\dfrac{5}{2}k\right)°$

삼각형 DOE에서 $\angle\text{ODC}$는 $\angle\text{ODE}$의 외각이므로

$(180-8k)°+(180-8k)°=\left(90-\dfrac{5}{2}k\right)°$

$\dfrac{27}{2}k°=270°$ $\therefore k°=20°$

$\therefore \angle\text{COD}=5k°=5\times 20°=100°$ 답 100°

05

부채꼴의 호의 길이는 중심각의 크기에 정비례하고,

$\widehat{\text{AD}} : \widehat{\text{ACD}}=7 : 11$이므로

$\angle\text{AOD}=360°\times\dfrac{7}{7+11}=140°$

$\therefore \angle\text{BOD}=180°-140°=40°$

한편, $\angle\text{BOC} : \angle\text{OCD}=3 : 2$이므로

$\angle\text{BOC}=3k°$, $\angle\text{OCD}=2k°$ $(k>0)$라 하자.

$\triangle\text{COD}$는 이등변삼각형이므로

$\angle\text{ODC}=\angle\text{OCD}=2k°$

삼각형 COD의 세 내각의 크기의 합은 180°이므로

$2k°+2k°+(3k°+40°)=180°$

$7k°=140°$ $\therefore k°=20°$

$\therefore \angle\text{AOC}=180°-3k°=180°-60°=120°$

원 O의 둘레의 길이가 12 cm이므로 중심각의 크기가 120°인 호 AC의 길이는

$12\times\dfrac{120}{360}=4(\text{cm})$ 답 ③

06

$\angle QOB = k^\circ$라 하면

$\angle AOP = k^\circ$ ($\because$ 맞꼭지각)

두 지름 AB, CD가 수직으로 만나므로

$\angle POC = (90-k)^\circ$

이때, $\overline{PO} = \overline{PS}$이므로

$\angle PSO = \angle POC = (90-k)^\circ$

삼각형 POS의 세 내각의 크기의 합은 180°이므로

$\angle OPS = 180^\circ - \{(90-k)^\circ + (90-k)^\circ\} = 2k^\circ$

삼각형 OPR에서 $\overline{OP} = \overline{OR}$이므로

$\angle ORS = \angle OPS = 2k^\circ$

삼각형 OPR에서 $\angle QOR$는 $\angle POR$의 외각이므로

$\angle QOR = 2k^\circ + 2k^\circ = 4k^\circ$

부채꼴 BOQ의 넓이가 $8\,cm^2$이고, 부채꼴의 넓이는 중심각의 크기에 정비례하므로 부채꼴 ROQ의 넓이를 $x\,cm^2$라 하면

$k : 4k = 8 : x$, $1 : 4 = 8 : x$ $\therefore x = 32$

따라서 부채꼴 ROQ의 넓이는 $32\,cm^2$이다. 답 ④

07 해결단계

❶단계	$\angle AOD$, $\angle DOC$, $\angle COB$ 사이의 관계를 찾는다.
❷단계	△EOC와 △FDO가 합동임을 확인한다.
❸단계	넓이가 같은 도형을 찾아 색칠한 부분의 넓이를 구한다.

부채꼴의 호의 길이는 중심각의 크기에 정비례하고,

$\widehat{AD} = \widehat{DC} = \widehat{CB}$이므로

$\angle AOD = \angle DOC = \angle COB$

$\angle AOD = x^\circ$라 하면 $\overline{FD} /\!/ \overline{OB}$이므로

$\angle FDO = \angle DOB$ ($\because$ 엇각)

$\qquad = \angle DOC + \angle COB = 2x^\circ$

$\overline{EC} /\!/ \overline{OB}$이므로

$\angle ECO = \angle COB = x^\circ$ ($\because$ 엇각)

이때, △EOC와 △FDO에서

$\overline{OC} = \overline{DO}$, $\angle COE = \angle ODF = 2x^\circ$, $\angle OCE = \angle DOF = x^\circ$

$\therefore$ △EOC ≡ △FDO (ASA 합동)

즉, △EOC = △FDO이므로 오른쪽 그림에서 사각형 FEPD의 넓이는 삼각형 POC의 넓이와 같다.

따라서 색칠한 부분의 넓이는 부채꼴 DOC의 넓이와 같으므로 구하는 넓이는

$\dfrac{1}{3} \times$ (부채꼴 AOB의 넓이) $= \dfrac{1}{3} \times 18 = 6$ 답 6

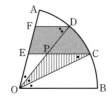

08

$\overline{AD} = 20\,cm$이고, $\overline{AB} : \overline{BC} : \overline{CD} = 3 : 4 : 3$이므로

$\overline{AB} = \overline{CD} = 20 \times \dfrac{3}{3+4+3} = 6\,(cm)$

$\overline{BC} = 20 \times \dfrac{4}{3+4+3} = 8\,(cm)$

색칠한 부분의 둘레의 길이는 반지름의 길이가 각각 $3\,cm$, $7\,cm$인 원의 둘레의 길이의 합과 같으므로

$2\pi \times 3 + 2\pi \times 7 = 20\pi\,(cm)$ $\therefore a = 20\pi$

$\overline{AB} = \overline{CD}$이므로 다음 그림과 같이 반원을 이동시키면 색칠한 부분의 넓이는 지름이 $\overline{AC}$인 원의 넓이에서 지름이 $\overline{AB}$인 원의 넓이를 뺀 것과 같다.

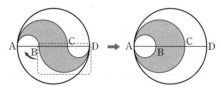

즉, 색칠한 부분의 넓이는

$\pi \times 7^2 - \pi \times 3^2 = 40\pi\,(cm^2)$ $\therefore b = 40\pi$ 답 ⑤

09

색칠한 부분의 둘레의 길이는 반지름의 길이가 $2\,cm$인 원 2개의 둘레의 길이의 합과 같으므로

$2 \times 2\pi \times 2 = 8\pi\,(cm)$ $\therefore a = 8\pi$

다음 그림과 같이 반원 2개를 이동시키면 색칠한 부분의 넓이는 한 변의 길이가 $4\,cm$인 정사각형의 넓이와 같다.

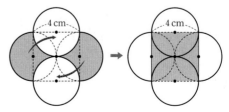

즉, 색칠한 부분의 넓이는

$4 \times 4 = 16\,(cm^2)$ $\therefore b = 16$ 답 $a = 8\pi$, $b = 16$

10

오른쪽 그림에서 어두운 부분의 넓이와 빗
금친 부분의 넓이는 서로 같다.

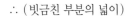

∴ (빗금친 부분의 넓이)
  =(어두운 부분의 넓이)
  =(원의 넓이)
     −(정사각형 ABCD의 넓이)
  $=\pi \times a^2 - 4 \times \left(\frac{1}{2} \times a \times a\right)$
  $=a^2\pi - 2a^2$

따라서 주어진 그림에서 색칠한 부분의 넓이는 정사각형 ABCD
의 넓이에서 빗금친 부분의 넓이를 뺀 것과 같으므로

$4 \times \left(\frac{1}{2} \times a \times a\right) - (a^2\pi - 2a^2) = 4a^2 - a^2\pi = 16 - 4\pi$

따라서 $a^2 = 4$에서 $a = 2$ ($\because a > 0$)　　　　답 ②

│ **다른풀이** │

부채꼴의 넓이를 이용하여 색칠한 부분의 넓이를 구할 수도 있다.
원의 중심을 O라 하면 색칠한 부분은 오른
쪽 그림과 같이 정사각형의 직교하는 두 대
각선에 의하여 합동인 4개의 도형으로 나누
어진다.

이때, 빗금친 부분의 넓이는
(사분원 OAB의 넓이)$-\triangle$OAB

$=\pi \times a^2 \times \frac{90}{360} - \frac{1}{2} \times a \times a = \frac{a^2}{4}\pi - \frac{a^2}{2}$

∴ (색칠한 부분의 넓이)
  $=4 \times \{\triangle OAB - (빗금친 부분의 넓이)\}$
  $=4 \times \left\{\frac{1}{2} \times a \times a - \left(\frac{a^2}{4}\pi - \frac{a^2}{2}\right)\right\}$
  $=4a^2 - a^2\pi$

11

오른쪽 그림과 같이 다섯 개의 점
P, Q, R, S, T를 정하면 두 점 Q
와 T는 각각 반지름의 길이가 4, 2
인 반원의 중심이므로

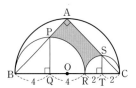

(색칠한 부분의 넓이)
  $=\triangle$ABC$-\triangle$PBQ$-$(사분원 PQR의 넓이)
     $-$(사분원 RST의 넓이)$-\triangle$STC
  $=\frac{1}{2} \times 12 \times 6 - \frac{1}{2} \times 4 \times 4 - \pi \times 4^2 \times \frac{90}{360}$
  $\qquad\qquad\qquad -\pi \times 2^2 \times \frac{90}{360} - \frac{1}{2} \times 2 \times 2$
  $=26 - 5\pi$　　　　　　　　　　　　　　　답 ①

12

오른쪽 그림에서 어두운 부분의 넓이를 S라
하면 구하는 넓이는 $4S$이다. 이때,
$S=$(반지름의 길이가 8인 사분원의 넓이)
  $-2 \times$(반지름의 길이가 4인 사분원의 넓이)
  $-2 \times$(빗금친 부분의 넓이)

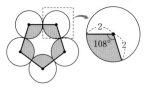

$=\pi \times 8^2 \times \frac{1}{4} - 2 \times \left(\pi \times 4^2 \times \frac{1}{4}\right) - 2 \times \left(\pi \times 4^2 \times \frac{1}{4} - \frac{1}{2} \times 4^2\right)$
$=16$

이므로 구하는 넓이는

$4S = 4 \times 16 = 64$　　　　　　　　　　　　답 64

13

각 원의 중심을 꼭짓점으로 하는 다각형은 정오각형이고, 정오각
형의 한 내각의 크기는

$\frac{180° \times (5-2)}{5} = 108°$

따라서 색칠한 부분의 둘레의 길이는 반지름의 길이가 2이고, 중
심각의 크기가 108°인 부채꼴의 둘레의 길이의 5배와 같으므로

$\left(2 + 2 + 2\pi \times 2 \times \frac{108}{360}\right) \times 5 = 6\pi + 20$　　　　답 ⑤

14

두 부채꼴 A, B의 반지름의 길이를 각각 a, b라 하면

(부채꼴 A의 넓이)$=\frac{1}{2} \times a \times 6\pi = 3a\pi$

(부채꼴 B의 넓이)$=\frac{1}{2} \times b \times 10\pi = 5b\pi$

즉, $3a\pi : 5b\pi = 9 : 8$이므로 $24a\pi = 45b\pi$

$8a = 15b$　　∴ $a : b = 15 : 8$　　　　　　답 15 : 8

15

지름이 각각 $\overline{AB}$, $\overline{AB'}$인 두 반원의 넓이가 같으므로 구하는 넓이는

(부채꼴 BAB′의 넓이)+(지름이 $\overline{AB'}$인 반원의 넓이)

$\qquad$ −(지름이 $\overline{AB}$인 반원의 넓이)

=(부채꼴 BAB′의 넓이)

$=\pi\times6^2\times\dfrac{40}{360}=4\pi\,(\mathrm{cm}^2)$ $\qquad$ 답 ④

16

세 원은 모두 반지름의 길이가 6으로 같은 원이고, 세 선분 AB, BC, CA는 모두 반지름이므로

$\overline{AB}=\overline{BC}=\overline{CA}=6$

즉, △ABC는 정삼각형이므로 ∠ACB=60°

따라서 색칠한 부분의 둘레의 길이는 부채꼴 ACB의 호의 길이의 3배와 같으므로

$\left(2\pi\times6\times\dfrac{60}{360}\right)\times3=6\pi$

답 6π

단계	채점 기준	배점
(가)	△ABC가 정삼각형임을 알고 한 내각의 크기를 구한 경우	40%
(나)	구하는 둘레의 길이는 부채꼴 ACB의 호의 길이의 3배임을 서술한 경우	30%
(다)	색칠한 부분의 둘레의 길이를 구한 경우	30%

17

오른쪽 그림에서 $\overline{PB}$, $\overline{PC}$, $\overline{BC}$는 모두 사분원의 반지름이므로

$\overline{PB}=\overline{PC}=\overline{BC}=9$

즉, △PBC는 정삼각형이므로

∠PCB=60°, ∠PCD=90°−60°=30°

같은 방법으로 △QCD도 정삼각형이므로

∠QCD=60°, ∠QCB=30°

따라서 색칠한 부분의 둘레의 길이는 반지름의 길이가 9이고 중심각의 크기가 30°인 부채꼴 QCP의 호의 길이의 4배와 같으므로

$\left(2\pi\times9\times\dfrac{30}{360}\right)\times4=6\pi$ $\qquad$ 답 ③

18

정오각형의 한 내각의 크기는 $\dfrac{180°\times(5-2)}{5}=108°$이므로

∠BOC=108°

△BOC는 $\overline{OB}=\overline{OC}$인 이등변삼각형이므로

$\angle OBC=\angle OCB=\dfrac{180°-108°}{2}=36°$

이때, $\overline{OA}\,/\!/\,\overline{BC}$이므로

∠AOB=∠OBC=36° (∵ 엇각)

원 O의 반지름의 길이를 r cm라 하면 호 AB의 길이는

$2\pi r\times\dfrac{36}{360}=3\pi$, $\dfrac{1}{5}\pi r=3\pi$

∴ $r=15\,(\mathrm{cm})$

또한,

∠AOC=∠AOB+∠BOC

$\qquad$ =36°+108°=144°

따라서 부채꼴 AOC의 넓이는

$\pi\times15^2\times\dfrac{144}{360}=90\pi\,(\mathrm{cm}^2)$ $\qquad$ 답 $90\pi\,\mathrm{cm}^2$

19

직사각형 ABCD의 넓이를 S cm^2, 사분원 CED의 넓이를 T cm^2라 하고 $\overline{BC}=x$ cm라 하면

(색칠한 부분의 넓이)=$(S+T)-\triangle ABE=S$

즉, $T=\triangle ABE$이므로

$\pi\times6^2\times\dfrac{90}{360}=\dfrac{1}{2}\times6\times(6+x)$

$9\pi=18+3x$ $\qquad$ ∴ $x=3\pi-6$

따라서 색칠한 부분의 넓이는

$S=6x=6(3\pi-6)=18\pi-36\,(\mathrm{cm}^2)$ $\qquad$ 답 $(18\pi-36)\,\mathrm{cm}^2$

20

오른쪽 그림과 같이 각 영역의 넓이를 A, B, C, D, E, F, G, H라 하면

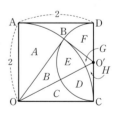

(색칠한 부분의 넓이)

$=A+D+E+F$

$=(A+B+C+D+E)$

$\quad+(D+E+F+G+H)$

$\quad-(B+E+G+C+D+H)$

즉, 색칠한 부분의 넓이는 부채꼴 AOC의 넓이와 반원 O′의 넓이의 합에서 사각형 BOCO′의 넓이를 뺀 것과 같다.

이때, △OCO′≡△OBO′ (SSS 합동)이므로

(사각형 BOCO′의 넓이)$=2\times\dfrac{1}{2}\times2\times1=2$

따라서 색칠한 부분의 넓이는

$\pi\times2^2\times\dfrac{90}{360}+\pi\times1^2\times\dfrac{1}{2}-2=\dfrac{3}{2}\pi-2$

답 $\dfrac{3}{2}\pi-2$

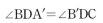
blacklabel 특강 풀이첨삭

△OCO′과 △OBO′에서 $\overline{OO'}$은 공통이고 $\overline{O'C}=\overline{O'B}=$ (반원 O′의 반지름의 길이),
$\overline{OC}=\overline{OB}=$ (사분원 O의 반지름의 길이)이므로 △OCO′≡△OBO′ (SSS 합동)
이다.

21

오른쪽 그림과 같이 $\overline{B'D}$를 그으면
$\angle BDC=\angle B'DA'=45°$
이므로
$\angle BDA'=\angle B'DC$
$\qquad=45°-\angle A'DC$
$\qquad=45°-30°=15°$
∴ $\angle BDB'=15°+30°+15°=60°$

이때, △DBC=△DB′C′이므로 색칠한 부분의 넓이는
부채꼴 BDB′의 넓이와 같다.
따라서 색칠한 부분의 넓이는

$\pi\times8^2\times\dfrac{60}{360}=\dfrac{32}{3}\pi\,(\text{cm}^2)$

답 $\dfrac{32}{3}\pi\,\text{cm}^2$

22

(도형 ACED의 넓이)=(도형 OBE의 넓이)이므로
(부채꼴 AOD의 넓이)
=(도형 ACED의 넓이)+(도형 OEC의 넓이)
=(도형 OBE의 넓이)+(도형 OEC의 넓이)
=(반원 O′의 넓이)

즉, 부채꼴 AOD의 호의 길이를 l, 넓이를 S라 하면 반원 O′의

반지름의 길이는 $\dfrac{12-2}{2}=5$이므로

$S=$ (반원 O′의 넓이)$=\dfrac{1}{2}\times\pi\times5^2=\dfrac{25}{2}\pi$

이때, $\dfrac{1}{2}\times\overline{OA}\times l=S$이므로

$\dfrac{1}{2}\times6\times l=\dfrac{25}{2}\pi$ ∴ $l=\dfrac{25}{6}\pi$

답 ②

23

다음 그림과 같이 점 B, C, D, …, H를 정하자.

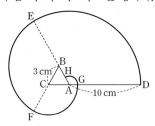

정삼각형의 한 외각의 크기는 $180°-60°=120°$이므로 4개의 부
채꼴 DAE, EBF, FCG, GAH의 중심각의 크기는 모두 $120°$
이다.
이때, 각 부채꼴의 반지름의 길이는
$\overline{AD}=10\,\text{cm}$, $\overline{BE}=10-3=7\,(\text{cm})$, $\overline{CF}=7-3=4\,(\text{cm})$,
$\overline{AG}=4-3=1\,(\text{cm})$
따라서 줄의 끝이 움직인 거리는
$\overparen{DE}+\overparen{EF}+\overparen{FG}+\overparen{GH}$

$=\left(2\pi\times10\times\dfrac{120}{360}\right)+\left(2\pi\times7\times\dfrac{120}{360}\right)+\left(2\pi\times4\times\dfrac{120}{360}\right)$

$\qquad\qquad\qquad\qquad\qquad+\left(2\pi\times1\times\dfrac{120}{360}\right)$

$=\dfrac{20}{3}\pi+\dfrac{14}{3}\pi+\dfrac{8}{3}\pi+\dfrac{2}{3}\pi$

$=\dfrac{44}{3}\pi\,(\text{cm})$

답 ③

24

원이 부채꼴의 둘레를 따라 돌아 출발 지점으로 왔을 때, 원이
지나간 부분은 다음 그림의 어두운 부분과 같다.

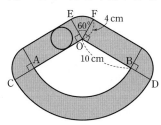

이때, $\angle AOB=120°$이므로
$\angle EOF=360°-(120°+90°+90°)=60°$
즉, 원이 지나간 영역은 가로, 세로의 길이가 각각 10 cm, 4 cm
인 직사각형 2개와 반지름의 길이가 4 cm이고 중심각의 크기가
$60°$인 부채꼴 1개, 반지름의 길이가 4 cm이고 중심각의 크기가
$90°$인 부채꼴 2개, 부채꼴 OCD에서 부채꼴 OAB를 제외한 부
분으로 이루어진다.

따라서 원이 지나간 부분의 넓이는

$$(10 \times 4) \times 2 + \pi \times 4^2 \times \frac{60}{360} + \left(\pi \times 4^2 \times \frac{90}{360}\right) \times 2$$
$$+ \left(\pi \times 14^2 \times \frac{120}{360} - \pi \times 10^2 \times \frac{120}{360}\right)$$
$$= \frac{128}{3}\pi + 80 \, (\text{cm}^2) \qquad\qquad \text{답} \left(\frac{128}{3}\pi + 80\right) \text{cm}^2$$

blacklabel 특강 ▶ 오답피하기

다각형의 둘레를 따라 원이 이동한다고 할 때, 원이 지나간 영역에 생기는 부채꼴을 합하면 항상 원이 된다.
하지만 부채꼴은 다각형이 아니므로 원이 부채꼴을 따라 이동할 때는 이것이 성립하지 않는다.

25

정육각형의 한 내각의 크기는

$$\frac{180° \times (6-2)}{6} = 120°$$

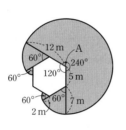

따라서 줄이 매어진 울타리를 A지점이라 하면 강아지가 움직일 수 있는 영역은 오른쪽 그림의 어두운 부분과 같으므로 구하는 넓이는

$$\pi \times 12^2 \times \frac{240}{360} + \left(\pi \times 7^2 \times \frac{60}{360}\right) \times 2 + \left(\pi \times 2^2 \times \frac{60}{360}\right) \times 2$$
$$= \frac{341}{3}\pi \, (\text{m}^2) \qquad\qquad \text{답} \frac{341}{3}\pi \, \text{m}^2$$

26

선분 AA′과 꼭짓점 A가 그리는 곡선으로 둘러싸인 영역은 다음 그림과 같이 반지름의 길이가 각각 6 cm, 10 cm, 8 cm이고 중심각의 크기는 모두 90°인 부채꼴 1개씩과 직각을 낀 두 변의 길이가 각각 6 cm, 8 cm인 직각삼각형 2개로 이루어진다.

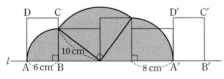

따라서 구하는 넓이는

$$\pi \times 6^2 \times \frac{90}{360} + \pi \times 10^2 \times \frac{90}{360} + \pi \times 8^2 \times \frac{90}{360} + \left(\frac{1}{2} \times 6 \times 8\right) \times 2$$
$$= 50\pi + 48 \, (\text{cm}^2) \qquad\qquad \text{답} \, (50\pi + 48) \, \text{cm}^2$$

27

붙어 있는 두 원 O′과 O″의 둘레를 따라 원 O가 한 바퀴 돌 때, 원 O가 두 원 O′, O″과 동시에 만나는 경우는 오른쪽 그림과 같이 나타낼 수 있다.

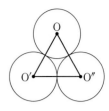

이때, 삼각형 OO′O″은 세 변의 길이가 세 원의 지름의 길이와 같은 정삼각형이므로 한 내각의 크기는 60°이다.

즉, 원 O가 이동한 경로는 다음 그림과 같다.

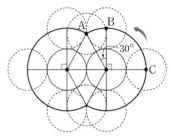

따라서 원 O의 중심이 이동한 거리는

$$4\widehat{AB} + 4\widehat{BC} = 4 \times \left(2\pi \times 4 \times \frac{30}{360}\right) + 4 \times \left(2\pi \times 4 \times \frac{90}{360}\right)$$
$$= \frac{32}{3}\pi \, (\text{cm}) \qquad\qquad \text{답} \frac{32}{3}\pi \, \text{cm}$$

28

방법 A에서 다음 그림과 같다.

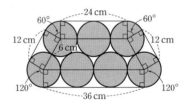

위의 그림에서 곡선 부분 끈의 길이는

$$\left(2\pi \times 6 \times \frac{60}{360}\right) \times 2 + \left(2\pi \times 6 \times \frac{120}{360}\right) \times 2 = 12\pi \, (\text{cm})$$

직선 부분 끈의 길이는

$$24 + 12 + 12 + 36 = 84 \, (\text{cm})$$

따라서 방법 A를 선택할 때, 필요한 끈의 길이의 최솟값은

$$(12\pi + 84) \, \text{cm} \qquad \therefore a = 12\pi + 84$$

방법 B에서 다음 그림과 같다.

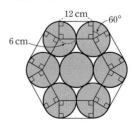

위의 그림에서 곡선 부분 끈의 길이는

$$\left(2\pi \times 6 \times \frac{60}{360}\right) \times 6 = 12\pi \, (cm)$$

직선 부분 끈의 길이는

$$12 \times 6 = 72 \, (cm)$$

따라서 방법 B를 선택할 때, 필요한 끈의 길이의 최솟값은

$$(12\pi + 72) \, cm \qquad \therefore b = 12\pi + 72$$

$$\therefore a - b = (12\pi + 84) - (12\pi + 72) = 12 \qquad \text{답 } 12$$

29

청소기가 닿지 않는 부분은 다음 그림의 어두운 부분과 같다.

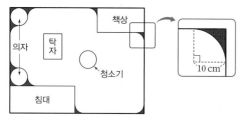

책상과 벽면이 닿는 곳에서 청소기가 닿지 않는 한 부분의 넓이를 S라 하면

$S = ($한 변의 길이가 $10 \, cm$인 정사각형의 넓이$)$

$\qquad\qquad - ($반지름의 길이가 $10 \, cm$인 사분원의 넓이$)$

$$= 10^2 - \pi \times 10^2 \times \frac{90}{360} = 100 - 25\pi \, (cm^2)$$

넓이가 S인 이 부분과 같은 부분을 찾으면 다음과 같다.

(i) 책상 주변 : 넓이가 S인 곳 2군데

(ii) 의자만 놓인 곳 주변

　넓이가 S인 곳 1군데와 넓이가 $2S$인 곳 2군데

(iii) 의자와 침대가 만나는 곳 주변

　넓이가 S인 곳 1군데와 넓이가 $2S$인 곳 2군데

(iv) 침대와 벽면만 만나는 곳 : 넓이가 S인 곳 1군데

(v) 아무 것도 없는 벽면끼리 만나는 곳

　넓이가 S인 곳 1군데

(i)~(v)에서 청소기가 닿지 않는 부분의 넓이는

$$14S = 14(100 - 25\pi) = 1400 - 350\pi \, (cm^2) \qquad \text{답 } ⑤$$

Step 3	종합 사고력 도전 문제	pp. 54~55

01 4π m	02 45π	03 $104 + 36\pi$	04 4π cm
05 0	06 8π cm	07 5	08 $58\pi + 88$

01 해결단계

❶단계	2번 트랙의 선수가 1번 트랙의 선수보다 곡선 부분의 길이의 차만큼 앞에서 출발해야 함을 파악한다.
❷단계	각 트랙의 선수가 달리는 곡선 부분의 거리를 구한다.
❸단계	2번 트랙에 있는 선수가 1번 트랙에 있는 선수보다 몇 m 앞에서 출발해야 하는지 구한다.

두 개의 트랙에서 직선 부분의 거리는 같으므로 2번 트랙에 있는 선수가 1번 트랙에 있는 선수보다 곡선 부분의 길이의 차만큼 앞에서 출발해야 한다.

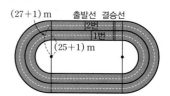

선수들은 트랙의 폭의 중앙을 따라 달리므로

1번 트랙에 있는 선수가 달리는 곡선 부분의 거리는

$$2\pi \times (25 + 1) = 2\pi \times 26 = 52\pi \, (m)$$

2번 트랙에 있는 선수가 달리는 곡선 부분의 거리는

$$2\pi \times (27 + 1) = 2\pi \times 28 = 56\pi \, (m)$$

따라서 2번 트랙에 있는 선수는 1번 트랙에 있는 선수보다

$56\pi - 52\pi = 4\pi \, (m)$ 앞에서 출발해야 한다. 　　 답 4π m

02 해결단계

❶단계	평행선의 성질을 이용하여 ∠ACD의 크기를 구한다.
❷단계	색칠한 부분의 넓이는 두 부채꼴의 넓이의 차와 같음을 파악한다.
❸단계	색칠한 부분의 넓이를 구한다.

△DEC에서

$\angle ECD = 180° - (\angle DEC + \angle EDC)$

$\qquad\quad = 180° - (90° + 30°) = 60°$

$\overline{AC} /\!/ \overline{DE}$이므로

$\angle ACE = \angle CED = 90°$ (∵ 엇각)

$\therefore \angle ACD = \angle ACE + \angle ECD = 90° + 60° = 150°$

오른쪽 그림과 같이 빗금친 부분을 이동시키면 구하는 넓이는 부채꼴 ACD의 넓이에서 부채꼴 FCG의 넓이를 뺀 것과 같다.

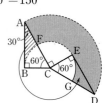

따라서 구하는 넓이는

$$\pi \times 12^2 \times \frac{150}{360} - \pi \times 6^2 \times \frac{150}{360}$$

$$= 60\pi - 15\pi = 45\pi \qquad \text{답 } 45\pi$$

넓이가 같은 부분을 만들어 이동시키지 않고 다음과 같이 문제에서 색칠한 부분의
넓이를 직접 구할 수도 있다.
(색칠한 부분의 넓이)
$= \{\triangle ABC + (부채꼴 ACD의 넓이)\} - \triangle CDE - (부채꼴 BCE의 넓이)$
$= \triangle ABC - \triangle CDE + (부채꼴 ACD의 넓이) - (부채꼴 BCE의 넓이)$
$= (부채꼴 ACD의 넓이) - (부채꼴 BCE의 넓이)$

03 해결단계

❶단계	$l_3, l_4, l_5, \cdots$를 구하여 l_n의 규칙을 찾는다.
❷단계	l_n의 규칙을 파악하여 n에 대한 식으로 나타낸다.
❸단계	$l_3 + l_4 + l_5 + l_6 + \cdots + l_{10}$의 값을 구한다.

$n = 3$일 때, 정삼각형이므로 한 내각의 크기
는 $60°$이다.

$\therefore l_3 = (정삼각형의 둘레의 길이)$
$\qquad\quad + 3 \times (호 하나의 길이)$

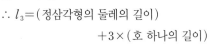

$\qquad = 3 \times 2 + 3 \times 2\pi \times 1 \times \dfrac{60}{360}$

$\qquad = 6 + \pi$

$n = 4$일 때, 정사각형이므로 한 내각의 크
기는 $90°$이다.

$\therefore l_4 = (정사각형의 둘레의 길이)$
$\qquad\quad + 4 \times (호 하나의 길이)$

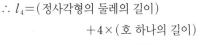

$\qquad = 4 \times 2 + 4 \times 2\pi \times 1 \times \dfrac{90}{360}$

$\qquad = 8 + 2\pi$

$n = 5$일 때, 정오각형이므로 한 내각의 크
기는 $108°$이다.

$\therefore l_5 = (정오각형의 둘레의 길이)$
$\qquad\quad + 5 \times (호 하나의 길이)$

$\qquad = 5 \times 2 + 5 \times 2\pi \times 1 \times \dfrac{108}{360}$

$\qquad = 10 + 3\pi$
$\qquad \vdots$

정 n각형의 한 내각의 크기는 $\dfrac{180° \times (n-2)}{n}$이므로

$l_n = n \times 2 + n \times 2\pi \times 1 \times \dfrac{180 \times (n-2)}{n \times 360}$

$\quad = 2n + (n-2)\pi$

$\therefore l_3 + l_4 + l_5 + l_6 + \cdots + l_{10}$
$\quad = (6+\pi) + (8+2\pi) + (10+3\pi) + \cdots + (20+8\pi)$
$\quad = (6+8+10+\cdots+20) + (\pi+2\pi+3\pi+\cdots+8\pi)$
$\quad = 104 + 36\pi$ 답 $104+36\pi$

04 해결단계

❶단계	$\angle BDC$의 크기를 구한다.
❷단계	점 D가 이동하는 경로를 확인한다.
❸단계	부채꼴의 호의 길이를 구하는 공식을 이용하여 경로의 길이를 구한다.

$\triangle ADB$는 $\overline{AD} = \overline{BD}$인 이등변삼각형이므로

$\angle ABD = \angle BAD = 30°$ $\quad \therefore \angle BDC = 60°$

또한, $\angle BCD = 180° - 30° - 90° = 60°$이므로 $\triangle BDC$는 한 변
의 길이가 2 cm인 정삼각형이다.

즉, $\triangle BAC$가 회전하는 동안 점 D가 움직인 경로는 다음 그림
의 점선으로 표시된 부분과 같다.

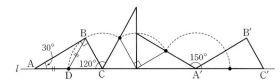

따라서 점 D가 움직인 거리는 반지름의 길이가 모두 2 cm이고
중심각의 크기는 각각 $120°$, $90°$, $150°$인 세 부채꼴의 호의 길이
의 합과 같으므로

$2\pi \times 2 \times \dfrac{120}{360} + 2\pi \times 2 \times \dfrac{90}{360} + 2\pi \times 2 \times \dfrac{150}{360}$

$= 4\pi \,(\text{cm})$ 답 4π cm

05 해결단계

❶단계	주어진 도형을 넓이를 구하기 쉽게 사등분한다.
❷단계	사등분한 도형 한 개에서 넓이의 차를 구한다.
❸단계	색칠한 부분의 넓이와 빗금친 부분의 넓이의 차를 구한다.

오른쪽 그림의 어두운 부분의 넓이를 A, 빗금
친 부분의 넓이를 B, 작은 원에서 빗금친 부분
을 제외한 부분의 넓이를 C라 하고 구하는 넓
이의 차를 T라 하면

$T = 4|A-B|$

이때,

$A - B = A + (C-C) - B$

$\qquad\quad = (A+C) - (B+C)$

$\qquad\quad = (반지름의 길이가 6인 사분원의 넓이)$

$\qquad\qquad\quad - (반지름의 길이가 3인 원의 넓이)$

$\qquad\quad = \pi \times 6^2 \times \dfrac{1}{4} - \pi \times 3^2 = 0$

$\therefore T = 4|A-B| = 0$ 답 0

06 해결단계

①단계	점 A가 이동한 경로를 확인한다.
②단계	정오각형의 한 내각의 크기를 구하여 부채꼴의 중심각의 크기를 구한다.
③단계	부채꼴의 호의 길이를 구하는 공식을 이용하여 이동한 거리를 구한다.

정삼각형이 이동하는 동안 점 A가 이동한 경로는 다음 그림의 점선으로 표시된 부분과 같다.

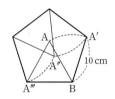

정오각형의 한 내각의 크기는 $\dfrac{180° \times (5-2)}{5} = 108°$이므로

$\angle ABA' = 108° - 60° = 48°$

부채꼴 ABA'에서 호 AA'의 길이는

$\widehat{AA'} = 2\pi \times 10 \times \dfrac{48}{360} = \dfrac{8}{3}\pi \,(\mathrm{cm})$

이때, $\widehat{A'A''} = \widehat{A''A'''} = \dfrac{8}{3}\pi$ cm이므로 점 A가 이동한 거리는

$3 \times \dfrac{8}{3}\pi = 8\pi \,(\mathrm{cm})$ 답 8π cm

07 해결단계

①단계	$\triangle A_1B_0B_1$이 직각이등변삼각형임을 확인한다.
②단계	S_1, S_2, S_3, $\cdots$의 값을 구하여 규칙성을 찾는다.
③단계	$S_m = \dfrac{9}{64} - \dfrac{9}{256}\pi$를 만족시키는 m의 값을 구한다.

$\angle A_1B_1B_0 = 90°$, $\angle A_1B_0B_1 = 45°$이므로 $\triangle A_1B_0B_1$은 직각이등변삼각형이다. 이때, $\overline{A_0B_0} = 12$이므로

$\overline{A_1B_1} = \overline{B_0B_1} = \dfrac{1}{2}\overline{A_0B_0} = 6$

$\therefore S_1 = 6^2 - \pi \times 6^2 \times \dfrac{90}{360} = 36 - 9\pi$

같은 방법으로 $\triangle A_2B_1B_2$도 직각이등변삼각형이므로

$\overline{B_1B_2} = \dfrac{1}{2}\overline{A_1B_1} = \dfrac{1}{2} \times 6 = 3$

$\therefore S_2 = 3^2 - \pi \times 3^2 \times \dfrac{90}{360} = 9 - \dfrac{9}{4}\pi$

$= \dfrac{1}{4}(36 - 9\pi) = \dfrac{1}{4}S_1$

또한, $\overline{B_2B_3} = \dfrac{1}{2}\overline{A_2B_2} = \dfrac{1}{2} \times 3 = \dfrac{3}{2}$이므로

$S_3 = \left(\dfrac{3}{2}\right)^2 - \pi \times \left(\dfrac{3}{2}\right)^2 \times \dfrac{90}{360} = \dfrac{9}{4} - \dfrac{9}{16}\pi$

$= \dfrac{1}{4}\left(9 - \dfrac{9}{4}\pi\right) = \dfrac{1}{4}S_2$

$\vdots$

즉, $S_{n+1} = \dfrac{1}{4}S_n \,(n=1, 2, 3, \cdots)$이므로

$S_4 = \dfrac{1}{4}S_3 = \dfrac{1}{4}\left(\dfrac{9}{4} - \dfrac{9}{16}\pi\right) = \dfrac{9}{16} - \dfrac{9}{64}\pi$

$S_5 = \dfrac{1}{4}S_4 = \dfrac{1}{4}\left(\dfrac{9}{16} - \dfrac{9}{64}\pi\right) = \dfrac{9}{64} - \dfrac{9}{256}\pi$

$\therefore m = 5$ 답 5

08 해결단계

①단계	작은 부채꼴의 중심각의 크기를 $a°$, 큰 부채꼴의 중심각의 크기를 $b°$라 할 때, $a° + b°$의 값을 구한다.
②단계	원이 지나간 영역을 확인한다.
③단계	원이 지나간 영역을 직사각형과 부채꼴로 나누어 구한다.

잘라 낸 후 남은 두 부채꼴의 중심각의 크기를 각각 $a°$, $b°$라 하면 원이 지나간 부분은 다음 그림에서 어두운 부분과 같고, $a° + b° = 180°$이다.

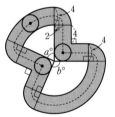

이때, 큰 원에서 잘려진 부분으로 원이 지나간 영역은 오른쪽 그림과 같으므로 구하는 넓이는

$\left(\pi \times 4^2 \times \dfrac{90}{360}\right) \times 4 + \left(\pi \times 12^2 \times \dfrac{a}{360} - \pi \times 8^2 \times \dfrac{a}{360}\right)$

$+ \left(\pi \times 12^2 \times \dfrac{b}{360} - \pi \times 8^2 \times \dfrac{b}{360}\right)$

$+ 4^2 \times 6 - 2 \times \left(2^2 - \pi \times 2^2 \times \dfrac{90}{360}\right)$

$= 16\pi + \left(\pi \times 12^2 \times \dfrac{1}{2} - \pi \times 8^2 \times \dfrac{1}{2}\right) + 96 - 2 \times (4 - \pi)$

$= 16\pi + 40\pi + 88 + 2\pi$

$= 58\pi + 88$ 답 $58\pi + 88$

Ⅲ 입체도형

06 다면체와 회전체

Step 1 시험에 꼭 나오는 문제   p. 60

01 2   02 38   03 ④   04 ①, ④   05 ⑤
06 48π cm^2 07 ⑤

01

각 다면체의 면의 개수를 구하면 다음과 같다.

오각기둥 : $5+2=7$
칠각기둥 : $7+2=9$
오각뿔 : $5+1=6$
칠각뿔 : $7+1=8$
오각뿔대 : $5+2=7$
육각뿔대 : $6+2=8$

따라서 칠면체는 오각기둥, 오각뿔대의 2개이다.   답 2

blacklabel 특강   필수원리

다면체의 이름

	n각기둥	n각뿔	n각뿔대
다면체의 이름	$(n+2)$면체	$(n+1)$면체	$(n+2)$면체

02

주어진 각기둥을 n각기둥이라 하면
$2n=18$ $\therefore n=9$
즉, 주어진 각기둥은 구각기둥이므로
면의 개수는 $9+2=11$ $\therefore x=11$
모서리의 개수는 $3 \times 9 = 27$ $\therefore y=27$
$\therefore x+y=11+27=38$ 답 38

03

주어진 표를 옳게 나타내면 다음과 같다.

	정다면체	면의 모양	모서리의 개수	한 꼭짓점에 모인 모서리의 개수
①	정사면체	정삼각형	6	3
②	정육면체	정사각형	12	3
③	정팔면체	정삼각형	12	4
④	정십이면체	정오각형	30	3
⑤	정이십면체	정삼각형	30	5

따라서 옳은 것은 ④이다.   답 ④

04

주어진 전개도로 정다면체를 만들면
오른쪽 그림과 같으므로
① $\overline{AJ}$는 $\overline{IE}$와 만난다.
④ $\overline{CJ}$는 $\overline{IE}$와 평행하다.
따라서 $\overline{IE}$와 꼬인 위치에 있는 모서
리가 아닌 것은 ①, ④이다.   답 ①, ④

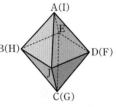

blacklabel 특강   참고

겨냥도

일반적으로 겨냥도를 그릴 때는 입체도형의 모양을 잘 알아볼 수 있도록 하기 위하
여 보이는 모서리는 실선으로, 보이지 않는 모서리는 점선으로 그린다.

05

주어진 입체도형은 가운데가 비어 있으므로 회전축에서 떨어져
있는 평면도형을 회전시킨 것이다.
또한, 밑면이 2개이고 뚫린 모양이 원기둥이므로 1회전시킬 때
주어진 입체도형이 생기는 것은 ⑤이다.   답 ⑤

06

원뿔의 모선의 길이를 l cm라 하면 옆면인 부채꼴의 호의 길이
는 밑면인 원의 둘레의 길이와 같으므로
$2\pi l \times \dfrac{120}{360} = 2\pi \times 4$ $\therefore l=12$
따라서 옆면인 부채꼴의 넓이는
$\pi \times 12^2 \times \dfrac{120}{360} = 48\pi \,(\text{cm}^2)$ 답 48π cm^2

오른쪽 그림과 같이 원 O의 반지름의 길이가 r, 부채꼴의 중심각의 크기가 $x°$일 때

(1) (부채꼴의 호의 길이)$=2\pi r\times\dfrac{x}{360}$

(2) (부채꼴의 넓이)$=\pi r^2\times\dfrac{x}{360}$

07

ㄱ. 각뿔의 옆면은 모두 삼각형이나 항상 이등변 삼각형은 아니다.

ㄴ. 사면체를 밑면에 평행한 평면으로 자르면 삼각뿔과 삼각뿔대가 만들어진다.

ㄷ. 원기둥을 회전축에 수직인 평면으로 잘라서 생긴 단면은 합동인 원이다.

ㄹ. 원뿔대를 회전축을 포함한 평면으로 잘라서 생긴 단면은 사다리꼴이다.

답 ⑤

Step 2 A등급을 위한 문제   pp. 61~65

01 ④	**02** ②	**03** 16	**04** 사각기둥	**05** 12
06 ㄱ, ㄷ	**07** ②	**08** 1	**09** ⑤	**10** 점 B, 점 G
11 ②	**12** 60°	**13** ③	**14** 60	**15** 40 cm
16 ③	**17** ④	**18** ㄱ, ㄴ, ㄷ	**19** 40π cm²	**20** ②
21 $26+4\pi$	**22** ②	**23** ②	**24** ⑤	
25 $(96\pi+24)$ cm	**26** ③	**27** 20π cm²	**28** ③	
29 ⑤				

01

조건 ㈎, ㈏를 만족시키는 다면체는 각기둥이다.

구하는 다면체를 n각기둥이라 하면 밑면은 n각형이므로 조건 ㈐에서

$$\dfrac{n(n-3)}{2}=20,\ n(n-3)=40$$

이때, $8\times5=40$이므로 $n=8$

따라서 구하는 다면체는 팔각기둥이다.   답 ④

02

$A=2\times3=6$

$B=3\times5=15$

$C=6+1=7$

$D=2\times7=14$

$\therefore A<C<D<B$ 답 ②

03

주어진 다면체의 밑면을 n각형이라 하면

$180°\times(n-2)=1080°$

$n-2=6\quad\therefore n=8$

즉, 주어진 다면체의 밑면은 팔각형이다.

이때, 옆면의 모양이 삼각형인 다면체는 각뿔이므로 주어진 다면체는 팔각뿔이다.

따라서 구하는 모서리의 개수는

$2\times8=16$ 답 16

04

주어진 다각형으로 만든 입체도형은 오른쪽 그림과 같이 모든 모서리의 길이가 같은 삼각뿔, 삼각기둥, 삼각뿔이 차례대로 붙어 있는 모양이다.

이 입체도형의 꼭짓점의 개수는 8이므로 구하는 각기둥을 n각기둥이라 하면

$2n=8\quad\therefore n=4$

따라서 구하는 각기둥은 사각기둥이다.

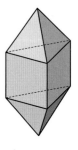

답 사각기둥

05

주어진 사각뿔대를 잘라 생기는 큰 입체도형은 칠면체이고, 작은 입체도형은 오면체이다.

따라서 구하는 면의 개수의 합은

$7+5=12$ 답 12

blacklabel 특강 풀이첨삭

큰 입체도형의 면은 면 KLCD, CGHD, LNFGC, NFEM, KMEHD, EFGH, MNLK의 7개이고, 작은 입체도형의 면은 면 ABLK, BNL, MNLK, AMK, BNMA의 5개이다.

06

주어진 전개도로 입체도형을 만들면 오른쪽 그림과 같다.

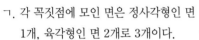

ㄱ. 각 꼭짓점에 모인 면은 정사각형인 면 1개, 육각형인 면 2개로 3개이다.

ㄴ. 각 모서리에 모인 면이 2개씩이므로 모서리의 개수는

$$\frac{(모든 \ 다각형의 \ 변의 \ 개수의 \ 합)}{2}$$

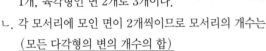

$$=\frac{4\times6+6\times8}{2}=\frac{72}{2}=36$$

ㄷ. 각 꼭짓점에 모인 면이 3개씩이므로 꼭짓점의 개수는

$$\frac{(모든 \ 다각형의 \ 꼭짓점의 \ 개수의 \ 합)}{3}$$

$$=\frac{4\times6+6\times8}{3}=\frac{72}{3}=24$$

따라서 옳은 것은 ㄱ, ㄷ이다. 답 ㄱ, ㄷ

blacklabel 특강 교과 외 지식

목제주령구

1975년 3월부터 1976년 12월까지 경주 안압지를 발굴, 조사하던 중 1만 5천여 점에 이르는 많은 유물이 출토되었는데, 십사면체 주사위인 목제주령구도 이때 출토되었다.

연못 바닥의 뻘 속에서 발견된 이 주사위는 참나무로 만들어졌으며 높이가 4.8 cm이고, 사각형 6개와 육각형 8개로 이루어져 있다. 그리고 각 면에는 여러 가지 벌칙이 적혀 있다.

07

② 정사면체는 평행한 면이 없다.

③ 정육면체와 정팔면체의 모서리의 개수는 12로 같다.

④ 면의 모양이 정삼각형인 정다면체는 정사면체, 정팔면체, 정이십면체의 3가지이다.

⑤ 정팔면체의 각 면의 한가운데에 있는 점을 꼭짓점으로 하는 입체도형은 오른쪽 그림과 같이 정육면체이다.

따라서 옳지 않은 것은 ②이다.

답 ②

blacklabel 특강 참고

정다면체의 각 면의 한가운데에 있는 점을 꼭짓점으로 하는 다면체는 처음 정다면체의 면의 개수만큼 꼭짓점을 갖는다.

(1) 정사면체 ⇨ 정사면체   (2) 정육면체 ⇨ 정팔면체
(3) 정팔면체 ⇨ 정육면체   (4) 정십이면체 ⇨ 정이십면체
(5) 정이십면체 ⇨ 정십이면체

08

주어진 전개도로 정팔면체 모양의 주사위를 만들면 다음 그림과 같다.

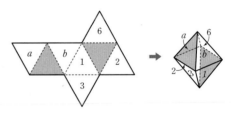

따라서 평행한 면의 눈의 수의 합은 $3+6=9$로 일정하므로

$1+a=9$ ∴ $a=8$
$2+b=9$ ∴ $b=7$
∴ $a-b=8-7=1$ 답 1

09

정사면체, 정육면체, 정팔면체, 정십이면체, 정이십면체의 한 꼭짓점에 모인 면의 개수는 각각 3, 3, 4, 3, 5이므로 주어진 조건을 만족시키는 단면의 모양은 다음 그림과 같다.

① 정사면체 ⇨ 정삼각형

② 정육면체 ⇨ 정삼각형

③ 정팔면체 ⇨ 정사각형

④ 정십이면체 ⇨ 정삼각형

⑤ 정이십면체 ⇨ 정오각형

따라서 바르게 짝 지어진 것은 ⑤이다. 　　　　　　답 ⑤

---

blacklabel 특강　　오답피하기

한 모서리를 자를 때마다 단면의 꼭짓점이 생기는 것을 확인할 수 있다. 정다각형의 각 꼭짓점에 모인 면의 개수는 각 꼭짓점에 모인 모서리의 개수와 같으므로 겨냥도를 이용하여 문제를 푸는 것보다 이 성질을 이용하면 실수를 줄일 수 있다.

10

꼭짓점 A와 만나는 꼭짓점을 선으로 연결하면 다음 그림과 같다.

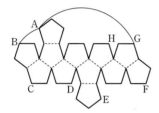

따라서 꼭짓점 A와 만나는 점은 점 B와 점 G이다.

답 점 B, 점 G

---

blacklabel 특강　　풀이첨삭

주어진 전개도로 만든 입체도형은 오른쪽 그림과 같은 정십이면체이다.

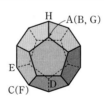

11

정팔면체의 모서리의 개수는 12, 정이십면체의 꼭짓점의 개수는 12이다.

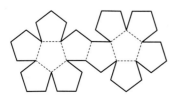

정십이면체의 모서리의 개수는 30이지만, 정십이면체의 모서리를 잘라 그 전개도를 만들려면 위의 그림과 같이 11개의 모서리는 자르지 않아야 하므로 잘라야 하는 최소한의 모서리의 개수는

$30-11=19$

즉, $a=12$, $b=12$, $c=19$이므로 $a+b-c=5$ 　　　　답 ②

12

주어진 전개도로 만든 정육면체는 다음 그림과 같다.

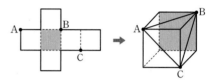

정육면체를 이루는 면은 모두 합동인 정사각형이고, $\overline{AB}$, $\overline{BC}$, $\overline{CA}$는 각각 합동인 정사각형의 대각선이므로 그 길이가 같다.

즉, 삼각형 ABC는 세 변의 길이가 같으므로 정삼각형이고, 정삼각형의 한 내각의 크기는 $60°$이므로

$\angle ABC=60°$ 　　　　　　　　　　　답 $60°$

13

꼭짓점의 개수를 v, 모서리의 개수를 e, 면의 개수를 f라 하면

(i) 정사면체에 대하여 $v=4$, $e=6$, $f=4$이므로

(가) $\dfrac{2}{3}\times e=\dfrac{2}{3}\times 6=4=v$

(나) $e:f=6:4=3:2\neq5:2$

(다) $v+f-e=4+4-6=2$

(ii) 정육면체에 대하여 $v=8$, $e=12$, $f=6$이므로

(가) $\dfrac{2}{3}\times e=\dfrac{2}{3}\times 12=8=v$

(나) $e:f=12:6=2:1\neq5:2$

(다) $v+f-e=8+6-12=2$

(iii) 정팔면체에 대하여 $v=6$, $e=12$, $f=8$이므로

(가) $\dfrac{2}{3}\times e=\dfrac{2}{3}\times 12=8\neq v$

(나) $e:f=12:8=3:2\neq5:2$

(다) $v+f-e=6+8-12=2$

(iv) 정십이면체에 대하여 $v=20$, $e=30$, $f=12$이므로

(가) $\dfrac{2}{3}\times e=\dfrac{2}{3}\times 30=20=v$

(나) $e:f=30:12=5:2$

(다) $v+f-e=20+12-30=2$

(v) 정이십면체에 대하여 $v=12$, $e=30$, $f=20$이므로

(개) $\dfrac{2}{3} \times e = \dfrac{2}{3} \times 30 = 20 \neq v$

(내) $e : f = 30 : 20 = 3 : 2 \neq 5 : 2$

(대) $v+f-e=12+20-30=2$

(ⅰ)~(ⅴ)에서 조건 (개)를 만족시키는 정다면체는 정사면체, 정육면체, 정십이면체의 3개이다.   ∴ $a=3$

조건 (내)를 만족시키는 정다면체는 정십이면체의 1개이다.

∴ $b=1$

모든 정다면체가 조건 (대)를 만족시키므로 $c=5$

∴ $a+b+c=3+1+5=9$ 답 ③

blacklabel 특강   풀이첨삭

다면체의 꼭짓점, 모서리, 면의 개수 사이의 관계

다면체의 꼭짓점의 개수를 v, 모서리의 개수를 e, 면의 개수를 f라 하면 $v-e+f=2$가 항상 성립한다. 이 공식을 이용하여 문제의 세 조건을 모두 만족시키는 정다면체를 구하면

조건 (개)에서 $v=\dfrac{2}{3}e$ ……㉠

조건 (내)에서 $e : f = 5 : 2$이므로 $5f=2e$ ∴ $f=\dfrac{2}{5}e$ ……㉡

㉠, ㉡을 $v-e+f=2$에 대입하면

$v-e+f=\dfrac{2}{3}e-e+\dfrac{2}{5}e=\dfrac{10e-15e+6e}{15}=\dfrac{1}{15}e$

즉, $\dfrac{1}{15}e=2$ ∴ $e=30$

따라서 $f=\dfrac{2}{5}\times 30=12$, 즉 구하는 정다면체는 정십이면체이다.

14

정이십면체의 한 꼭짓점에서 하나의 정오각형이 만들어지고 정이십면체의 꼭짓점이 12개이므로 정오각형인 면은 총 12개가 만들어진다.   (개)

또한, 정이십면체의 각 면에서 하나의 정육각형이 만들어지고 정이십면체의 면이 20개이므로 정육각형인 면 총 20개가 만들어진다.   (내)

따라서 한 꼭짓점에 모인 면이 3개씩이므로 축구공 모양의 입체도형의 꼭짓점의 개수는

$\dfrac{(\text{모든 다각형의 꼭짓점의 개수의 합})}{3}$

$=\dfrac{5 \times 12 + 6 \times 20}{3}=60$ (대)

답 60

단계	채점 기준	배점
(개)	축구공 모양의 입체도형에서 정오각형인 면의 개수를 구한 경우	30%
(내)	축구공 모양의 입체도형에서 정육각형인 면의 개수를 구한 경우	30%
(대)	축구공 모양의 입체도형의 꼭짓점의 개수를 구한 경우	40%

15 해결단계

❶단계	정팔면체의 전개도의 일부를 이용하여 개미의 이동 경로를 나타낸다.
❷단계	개미의 이동 거리를 구한다.

주어진 정팔면체의 전개도의 일부를 이용하여 오른쪽 그림과 같이 개미의 이동 경로를 나타내면 최단 거리는 $\overline{MN}$의 길이와 같다.

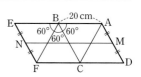

따라서 개미의 이동 거리는

$\overline{MN}=\overline{AE}=2\overline{AB}=2 \times 20=40(\text{cm})$ 답 40 cm

blacklabel 특강   풀이첨삭

두 점 M, N은 각각 $\overline{AD}$, $\overline{EF}$의 중점이므로 사각형 ENMA는 평행사변형이다.

16

직사각형 ABCD를 대각선 BD를 회전축으로 하여 1회전시킬 때 생기는 입체도형은 오른쪽 그림과 같다.

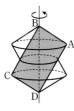

답 ③

17

④ 원뿔을 회전축을 포함하면서 밑면과 수직인 평면으로 자를 때에만 단면의 모양이 삼각형이다.

⑤ 구를 평면으로 자를 때, 어느 방향으로 잘라도 단면의 모양은 항상 원이다.
이때, 원의 반지름의 길이가 길수록 그 넓이도 커지므로 단면의 넓이가 가장 크도록 자르려면 지름을 포함하는 평면으로 잘라야 한다.

따라서 옳지 않은 것은 ④이다.   답 ④

18

주어진 직선을 회전축으로 하여 1회전시킬 때 생기는 회전체는 다음과 같다.

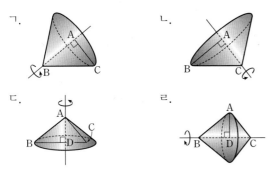

따라서 원뿔을 만드는 회전축이 될 수 있는 것은 ㄱ, ㄴ, ㄷ이다.

답 ㄱ, ㄴ, ㄷ

[그림 2]의 둘레의 길이는

$\overline{AB}+\overline{BD}+\overarc{DE}+\overline{EC}+\overline{CA}$

$=5+2+\dfrac{1}{2}\times(2\pi\times2)+2+5=14+2\pi(cm)$

$\therefore a=14+2\pi$

[그림 2]의 넓이는

$(\triangle ABC의 넓이)+(반원의 넓이)$

$=\dfrac{1}{2}\times\overline{BC}\times\overline{AF}+\dfrac{1}{2}\times(\pi\times\overline{DF}^2)$

$=\dfrac{1}{2}\times8\times3+\dfrac{1}{2}\times(\pi\times2^2)=12+2\pi(cm^2)$

$\therefore b=12+2\pi$

$\therefore a+b=14+2\pi+12+2\pi=26+4\pi$

답 $26+4\pi$

19

정육각형의 두 꼭짓점을 지나면서 회전축에 수직인 평면으로 자른 단면은 오른쪽 그림과 같다.

따라서 구하는 단면의 넓이는

$\pi\times7^2-\pi\times3^2=49\pi-9\pi$

$=40\pi(cm^2)$

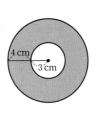

답 $40\pi\ cm^2$

20

직각삼각형 ABC를 직선 l을 회전축으로 하여 1회전시킬 때 생기는 입체도형은 오른쪽 그림과 같고, ①, ③, ④, ⑤는 각각 그림과 같은 평면으로 자를 때 생기는 단면의 모양이다.

따라서 단면의 모양이 될 수 없는 것은 ②이다.

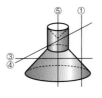

답 ②

21

주어진 평면도형을 직선 l을 회전축으로 하여 1회전시킬 때 생기는 회전체는 [그림 1]과 같고, 이 회전체를 회전축을 포함하는 평면으로 자른 단면은 [그림 2]와 같다.

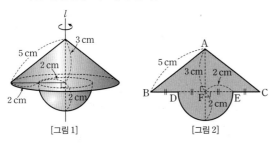

[그림 1]　　　　[그림 2]

22

주어진 도형을 직선 l을 회전축으로 하여 1회전시키면 오른쪽 그림과 같이 폭이 일정한 부분과 폭이 점점 넓어지는 부분으로 나누어진다.

이때, 폭이 일정한 부분에서는 물의 높이가 일정하게 증가하고, 폭이 점점 넓어지는 부분에서는 물의 높이가 점점 느리게 증가한다.

따라서 두 변수 x, y 사이의 그래프의 개형은 다음 그림과 같다.

답 ②

23 해결단계

❶단계	회전체의 겨냥도를 그린다.
❷단계	단면의 넓이를 사각형 ABCD의 넓이에 대한 식으로 나타낸다.
❸단계	$\overline{AE}:\overline{ED}$를 구한다.

정사각형 ABCD를 직선 l을 회전축으로 하여
1회전시킬 때 생기는 입체도형은 오른쪽
그림과 같다.

이때, 직선 l이 변 BC와 만나는 점을 F라
하면
(사각형 D'C'CD의 넓이)

$=\dfrac{3}{2}\times$(사각형 ABCD의 넓이)

이므로

$2\times$(사각형 EFCD의 넓이)$=\dfrac{3}{2}\times$(사각형 ABCD의 넓이)

따라서

(사각형 EFCD의 넓이)$=\dfrac{3}{4}\times$(사각형 ABCD의 넓이)

이므로

$\overline{CD}\times\overline{ED}=\dfrac{3}{4}\times\overline{CD}\times\overline{AD}$, $\overline{ED}=\dfrac{3}{4}\overline{AD}$

즉, $\overline{ED}=\dfrac{3}{4}(\overline{AE}+\overline{ED})$에서

$\overline{ED}=\dfrac{3}{4}\overline{AE}+\dfrac{3}{4}\overline{ED}$, $\dfrac{1}{4}\overline{ED}=\dfrac{3}{4}\overline{AE}$

$\therefore \overline{ED}=3\overline{AE}$

$\therefore \overline{AE}:\overline{ED}=\overline{AE}:3\overline{AE}=1:3$ 답 ②

24

주어진 전개도로 만들어지는 회전체는 오
른쪽 그림과 같다.

② 모선의 길이는 $\overline{BD}$의 길이와 같으므로
4이다.

③ 전개도에서 $\overparen{CD}$의 길이는 반지름의 길이가 3인 원의 둘레의
길이와 같으므로

$\overparen{CD}=2\pi\times3=6\pi$

⑤ 회전축에 수직인 평면으로 자른 단면은 항상 원이지만 그 크
기는 다를 수 있다.

따라서 옳지 않은 것은 ⑤이다. 답 ⑤

25

주어진 사다리꼴을 직선 l을 회전축
으로 하여 1회전시킬 때 생기는 입체
도형은 오른쪽 그림과 같은 원뿔대
이다.

이 원뿔대의 전개도는 오른쪽 그
림과 같으므로 두 밑면인 원의 중
심을 각각 O, O'이라 하면

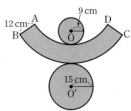

(원 O의 둘레의 길이)$=\overparen{AD}$
(원 O'의 둘레의 길이)$=\overparen{BC}$

또한, $\overline{AB}=\overline{CD}$이므로 각 도형의
둘레의 길이의 합은

$2\{($원 O의 둘레의 길이$)+($원 O'의 둘레의 길이$)+\overline{AB}\}$

$=2\{(2\pi\times9)+(2\pi\times15)+12\}$

$=96\pi+24$(cm) 답 $(96\pi+24)$ cm

26

원기둥을 실로 팽팽하게 두 바퀴 감으므로 모선 AB의 중점을
M이라 하면 실의 경로는 점 A에서 점 M까지, 점 M에서 점 B
까지 각각 직선으로 나타난다.

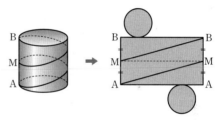

따라서 실의 경로를 전개도 위에 바르게 나타낸 것은 ③이다.

답 ③

27

작은 밑면의 둘레의 길이는 반지름의 길이가 8 cm이고 중심각
의 크기가 90°인 부채꼴의 호의 길이와 같으므로 작은 밑면의 반
지름의 길이를 r cm라 하면

$2\pi\times8\times\dfrac{90}{360}=2\pi r$ $\therefore r=2$

즉, 작은 밑면의 반지름의 길이는 2 cm이다.

큰 밑면의 둘레의 길이는 반지름의 길이가 $8+8=16$(cm)이고
중심각의 크기가 90°인 부채꼴의 호의 길이와 같으므로 큰 밑면
의 반지름의 길이를 R cm라 하면

$$2\pi \times 16 \times \frac{90}{360} = 2\pi R \qquad \therefore R=4$$

즉, 큰 밑면의 반지름의 길이는 4 cm이다. ……(나)

따라서 두 밑면의 넓이의 합은

$$\pi \times 2^2 + \pi \times 4^2 = 4\pi + 16\pi = 20\pi (\text{cm}^2)$$ ……(다)

답 20π cm^2

단계	채점 기준	배점
(가)	작은 밑면의 반지름의 길이를 구한 경우	40%
(나)	큰 밑면의 반지름의 길이를 구한 경우	40%
(다)	두 밑면의 넓이의 합을 구한 경우	20%

28

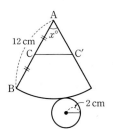

주어진 원뿔의 전개도는 위의 그림과 같고 점 C에서 출발하여 원뿔의 옆면을 따라 한 바퀴 돌아 다시 점 C로 돌아오는 가장 짧은 선은 $\overline{CC'}$이다.

$\angle A = x°$라 하면 옆면인 부채꼴의 호의 길이와 밑면인 원의 둘레의 길이가 같으므로

$$2\pi \times 12 \times \frac{x}{360} = 2\pi \times 2 \qquad \therefore x = 60$$

즉, $\angle A = 60°$, $\overline{AC} = \overline{AC'}$이므로 $\triangle ACC'$은 정삼각형이다.

따라서 구하는 선의 길이는

$$\overline{CC'} = \overline{AC} = \frac{1}{2}\overline{AB} = \frac{1}{2} \times 12 = 6(\text{cm})$$

답 ③

29

모선의 길이를 l이라 하고, 세 원뿔 A, B, C의 밑면의 지름의 길이를 각각 $2r$, $3r$, $4r$라 하자.

옆면의 넓이의 합은 반지름의 길이가 l인 원의 넓이와 같으므로

$$\frac{1}{2} \times l \times 2\pi r + \frac{1}{2} \times l \times 3\pi r + \frac{1}{2} \times l \times 4\pi r = \pi l^2$$

$$\frac{9}{2}\pi r l = \pi l^2$$

즉, $\frac{9}{2}r = l$이고 원뿔 A의 밑면의 반지름의 길이가 r, 모선의 길이가 l이므로 l은 r의 $\frac{9}{2}$배이다.

답 ⑤

Step 3 종합 사고력 도전 문제 pp. 66~67

01 (1) $3m+2n=30$ (2) 13, 11 **02** 풀이 참조
03 (1) 32 (2) 4π **04** 51 **05** 486 **06** 30
07 94 **08** 12초

01 해결단계

(1)	❶단계	m, n 사이의 관계를 식으로 나타낸다.
	❷단계	❶단계를 만족시키는 m, n의 값을 모두 구한다.
(2)	❸단계	$m+n$의 최댓값과 최솟값을 차례대로 구한다.

(1) m각뿔대의 모서리의 개수는 $3m$, n각기둥의 꼭짓점의 개수는 $2n$이므로

$$3m + 2n = 30 \qquad \cdots\cdots ㉠$$

(2) $m \geq 3$, $n \geq 3$이므로 ㉠을 만족시키는 자연수 m, n은

$m=4$, $n=9$ 또는 $m=6$, $n=6$ 또는 $m=8$, $n=3$

따라서 $m+n$의 최댓값은 $4+9=13$, 최솟값은 $8+3=11$이다.

답 (1) $3m+2n=30$ (2) 13, 11

02 해결단계

❶단계	주어진 전개도로 만든 입체도형의 겨냥도를 그린다.
❷단계	입체도형의 각 꼭짓점에 모이는 면의 개수를 구한다.
❸단계	정다면체가 되기 위한 조건을 확인한다.
❹단계	주어진 전개도로 만든 입체도형이 정다면체가 아닌 이유를 설명한다.

주어진 전개도로 만든 입체도형에서 꼭짓점을 정하면 오른쪽 그림과 같다.

꼭짓점 A와 꼭짓점 G에서 모이는 면은 5개이고, 다섯 개의 꼭짓점 B, C, D, E, F에서 모이는 면은 4개씩이다.

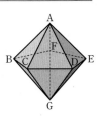

즉, 각 꼭짓점에 모인 면의 개수가 모두 같지 않다.

정다면체는 모든 면이 합동인 정다각형이고, 각 꼭짓점에 모인 면의 개수가 같아야 하므로 주어진 전개도로 만든 입체도형은 정다면체가 아니다.

답 풀이 참조

03 해결단계

(1)	❶단계	조건에 맞는 회전축의 위치를 구한다.
	❷단계	단면의 넓이의 최댓값을 구한다.
(2)	❸단계	조건에 맞는 회전축의 위치를 구한다.
	❹단계	밑면의 넓이의 최솟값을 구한다.

(1) 회전축을 포함한 평면으로 자른 단면의 넓이가 최대가 되도록 원뿔대를 만들려면 회전축이 오른쪽 그림과 같이 점 C를 지나는 직선 l이어야 한다.

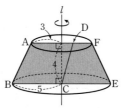

따라서 단면은 사다리꼴 ABEF와 같으므로 단면의 넓이의 최댓값은 $\dfrac{1}{2} \times (6+10) \times 4 = 32$

(2) 원뿔대의 밑면의 넓이가 최소가 되도록 원뿔대를 만들려면 회전축이 오른쪽 그림과 같이 선분 AD의 중점을 지나는 직선 m이어야 한다.

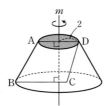

따라서 밑면은 반지름의 길이가

$\dfrac{1}{2}\overline{AD} = \dfrac{1}{2} \times 4 = 2$인 원이므로 밑면의 넓이의 최솟값은

$\pi \times 2^2 = 4\pi$

답 (1) 32 (2) 4π

04 해결단계

❶단계	직육면체의 꼭짓점의 개수, 모서리의 개수, 면의 개수를 구한다.
❷단계	연결된 입체도형에서 겹치는 꼭짓점의 개수를 구한다.
❸단계	v, e, f의 값을 각각 구한다.
❹단계	$v-e+f$의 값을 구한다.

직육면체의 꼭짓점은 8개, 모서리는 12개, 면은 6개이므로 50개의 직육면체의 꼭짓점의 개수는

$50 \times 8 = 400$

연결된 입체도형에서 겹치는 꼭짓점이 49개이므로 연결된 입체도형의 꼭짓점의 개수는

$400 - 49 = 351$ ∴ $v = 351$

꼭짓점을 연결하였으므로 모서리와 면은 겹치는 부분이 없다.

따라서 연결된 입체도형의 모서리의 개수는

$50 \times 12 = 600$ ∴ $e = 600$

연결된 입체도형의 면의 개수는

$50 \times 6 = 300$ ∴ $f = 300$

∴ $v - e + f = 351 - 600 + 300 = 51$ 답 51

05 해결단계

❶단계	회전축에 수직인 평면으로 자를 때 생기는 단면의 넓이가 가장 큰 경우를 찾는다.
❷단계	❶단계에서 찾은 단면의 넓이를 이용하여 a의 값을 구한다.
❸단계	회전축을 포함하거나 회전축에 평행한 평면으로 자를 때 생기는 단면의 넓이가 가장 큰 경우를 찾는다.
❹단계	❸단계에서 찾은 단면의 넓이를 이용하여 b의 값을 구한다.
❺단계	$25a-b$의 값을 구한다.

만들어지는 입체도형을 회전축에 수직인 평면으로 자를 때 생기는 단면은 원이다.

이때, 넓이가 가장 큰 경우는 오른쪽 그림과 같이 점 B에서 $\overline{AC}$에 내린 수선의 발을 D라 할 때, $\overline{BD}$를 반지름으로 하는 원이다.

삼각형 ABC의 넓이는

$\dfrac{1}{2} \times 6 \times 8 = \dfrac{1}{2} \times 10 \times \overline{BD}$

∴ $\overline{BD} = \dfrac{24}{5}$

즉, 가장 큰 단면의 넓이는 $\pi \times \left(\dfrac{24}{5}\right)^2 = \dfrac{576}{25}\pi$

∴ $a = \dfrac{576}{25}$

한편, 만들어지는 입체도형을 회전축을 포함하거나 회전축에 평행한 평면으로 자를 때 생기는 단면의 넓이가 가장 크려면 회전축을 포함하는 평면으로 잘라야 한다.

이때, 생기는 단면의 넓이는 주어진 평면도형의 넓이의 2배이다.

즉, 가장 큰 단면의 넓이는

$2 \times \left\{ \dfrac{1}{2} \times 6 \times 8 + \dfrac{1}{2} \times (5+9) \times 3 \right\} = 2(24+21) = 90$

∴ $b = 90$

∴ $25a - b = 25 \times \dfrac{576}{25} - 90 = 576 - 90 = 486$ 답 486

06 해결단계

❶단계	두 입체도형의 모서리의 개수의 합이 최대가 될 조건을 찾는다.
❷단계	조건에 맞도록 정육면체를 잘라 본다.
❸단계	모서리의 개수의 합의 최댓값을 구한다.

한 평면이 정육면체의 모서리 하나를 지나면서 자를 때마다 정육면체에서 하나의 모서리였던 것이 나누어진 두 입체도형의 모서리가 되어 모서리의 개수가 1개씩 늘어난다.

또한, 평면과 모서리의 교점이 단면의 꼭짓점이 되므로 평면과 모서리의 교점이 많을수록 단면의 변의 개수가 늘어난다.

즉, 정육면체의 모서리를 최대한 많이 지나는 평면으로 자를 때, 두 입체도형의 모서리의 개수의 합은 최대가 된다.

이때, 정육면체를 한 평면으로 자른 단면의 모양이 될 수 있는 것은 다음의 4가지이다.

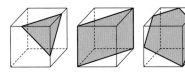

즉, 단면이 육각형이 되도록 자를 때, 두 입체도형의 모서리의 개수의 합이 최대이고 그 최댓값은

(잘리지 않은 모서리의 개수)+(잘린 모서리의 개수)×2
+(단면의 변의 개수)×2

$=6+6\times2+6\times2=30$ **답** 30

blacklabel 특강 풀이첨삭

정육면체를 한 평면으로 자를 때 생기는 단면의 모양은 다음과 같다.

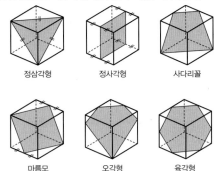

정삼각형   정사각형   사다리꼴

마름모   오각형   육각형

07 해결단계

❶단계	f의 값을 구한다.
❷단계	e의 값을 구한다.
❸단계	v의 값을 구한다.
❹단계	$v+e-f$의 값을 구한다.

정팔각형인 면이 6개, 정사각형인 면이 12개, 정육각형인 면이 8개이므로 입체도형의 면의 개수는

$6+12+8=26$ ∴ $f=26$

한 모서리에서 면이 2개씩 모이므로 입체도형의 모서리의 개수는

$$\frac{8\times6+4\times12+6\times8}{2}=72 \qquad \therefore e=72$$

한 꼭짓점에서 면이 3개씩 모이므로 입체도형의 꼭짓점의 개수는

$$\frac{8\times6+4\times12+6\times8}{3}=48 \qquad \therefore v=48$$

$\therefore v+e-f=48+72-26=94$ **답** 94

08 해결단계

❶단계	옆면의 전개도에서 부채꼴의 중심각의 크기를 구한다.
❷단계	두 개미 A, B가 처음으로 만날 때까지 걸리는 시간을 구한다.
❸단계	두 개미 A, B가 두 번째로 만날 때까지 걸리는 시간을 구한다.

원뿔의 전개도에서 옆면인 부채꼴의 호의 길이와 밑면인 원의 둘레의 길이가 서로 같으므로 옆면인 부채꼴의 중심각의 크기를 $x°$라 하면 $2\pi\times4a\times\dfrac{x}{360}=2\pi\times a$ ∴ $x=90$

따라서 부채꼴의 중심각의 크기는 $90°$이다.

즉, 주어진 입체도형의 전개도는 다음 그림과 같고 $\triangle OPP'$은 직각이등변삼각형이므로

$\overline{PP'}=\overline{OP'}=8\,cm$

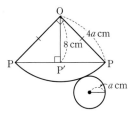

한편, 두 개미 A, B는 초속 $2\,cm$로 일정하게 움직이므로 개미 A가 점 P에서 출발하여 점 P′까지 가는 데 걸리는 시간은 $\dfrac{8}{2}=4(초)$, 개미 B가 점 O에서 출발하여 점 P′까지 가는 데 걸리는 시간은 $\dfrac{8}{2}=4(초)$이다.

즉, 출발하여 4초 후 두 개미 A, B는 점 P′에서 처음으로 만난다.

이후 개미 A는 점 P까지 갔다가 다시 점 P′까지의 거리, 즉 $16\,cm$의 거리를 $\dfrac{16}{2}=8(초)$ 동안 움직이고, 개미 B는 점 O로 되돌아갔다가 다시 점 P′까지의 거리, 즉 $16\,cm$의 거리를 $\dfrac{16}{2}=8(초)$ 동안 움직이므로 점 P′에서 처음으로 만난 지 8초 후에 다시 점 P′에서 만난다.

따라서 두 개미 A, B가 동시에 출발하여 두 번째 만날 때까지 걸리는 시간은 $4+8=12(초)$이다. **답** 12초

blacklabel 특강 풀이첨삭

$\angle OPP'=\dfrac{1}{2}\times(180°-90°)=45°$이므로

삼각형 OPP′에서

$\angle POP'=180°-(45°+90°)=45°$

즉, $\angle OPP'=\angle POP'$이고 $\angle OP'P=90°$이므로

$\triangle OPP'$은 직각이등변삼각형이다.

07 입체도형의 겉넓이와 부피

Step 1 | 시험에 꼭 나오는 문제 | pp. 69~70

01 ③　　02 ①　　03 ④　　04 ④
05 $(48\pi+48)\,\text{cm}^2$　　06 $25\pi\,\text{cm}^3$　　　07 ④
08 84　　09 ②　　10 ④　　11 ⑤
12 $18\pi\,\text{cm}^3$, $54\pi\,\text{cm}^3$

01

$(겉넓이)=(밑넓이)\times2+(옆넓이)$

$\quad=\left\{\dfrac{1}{2}\times(5+8)\times4\right\}\times2+(4+8+5+5)\times10$

$\quad=52+220$

$\quad=272(\text{cm}^2)$

$(부피)=(밑넓이)\times(높이)$

$\quad=\left\{\dfrac{1}{2}\times(5+8)\times4\right\}\times10$

$\quad=260(\text{cm}^3)$　　　　　　　답 ③

02

원기둥 A의 겉넓이는

$(\pi\times4^2)\times2+2\pi\times4\times10=32\pi+80\pi=112\pi(\text{cm}^2)$

원기둥 B의 높이를 $h\,\text{cm}$라 하면 원기둥 B의 겉넓이는

$(\pi\times2^2)\times2+2\pi\times2\times h=8\pi+4\pi h$

즉, $112\pi=8\pi+4\pi h$이므로

$4\pi h=104\pi$　　$\therefore h=26$

따라서 원기둥 B의 높이는 26 cm이다.　　　　답 ①

03

원기둥의 밑면의 반지름의 길이를 $r\,\text{cm}$라 하면

$2\pi r=12\pi$　　$\therefore r=6$

따라서 원기둥의 부피는

$\pi\times6^2\times5=180\pi(\text{cm}^3)$　　　　　　답 ④

04

$(겉넓이)=(밑넓이)+(옆넓이)$

$\quad=6\times6+\left(\dfrac{1}{2}\times6\times5\right)\times4$

$\quad=36+60=96(\text{cm}^2)$

$(부피)=\dfrac{1}{3}\times(밑넓이)\times(높이)$

$\quad=\dfrac{1}{3}\times6^2\times4=48(\text{cm}^3)$　　　　　답 ④

05

주어진 입체도형의 밑면은 반지름의 길이가 6 cm인 반원이므로

$(밑넓이)=\dfrac{1}{2}\times\pi\times6^2=18\pi(\text{cm}^2)$

잘린 단면을 제외한 옆면은 반지름의 길이가 10 cm, 호의 길이

가 $\dfrac{1}{2}\times2\pi\times6=6\pi(\text{cm})$인 부채꼴이므로 그 넓이는

$\dfrac{1}{2}\times10\times6\pi=30\pi(\text{cm}^2)$

즉,

$(옆넓이)=\dfrac{1}{2}\times12\times8+30\pi$

$\quad=48+30\pi(\text{cm}^2)$

$\therefore (겉넓이)=(밑넓이)+(옆넓이)$

$\quad=18\pi+(48+30\pi)$

$\quad=48\pi+48(\text{cm}^2)$　　　답 $(48\pi+48)\,\text{cm}^2$

blacklabel 특강　필수개념

부채꼴의 호의 길이와 넓이 사이의 관계

반지름의 길이가 r, 호의 길이가 l인 부채꼴의 넓이를 S라 하면

$\quad S=\dfrac{1}{2}rl$

06

처음 원뿔의 밑면의 반지름의 길이를 $r\,\text{cm}$, 높이를 $h\,\text{cm}$라 하면 원뿔 A의 밑면의 반지름의 길이는 $2r\,\text{cm}$, 원뿔 B의 높이는 $2h\,\text{cm}$이므로

$(원뿔\ A의\ 부피)=\dfrac{1}{3}\times\{\pi\times(2r)^2\}\times h$

$\quad=\dfrac{4}{3}\pi r^2 h\ (\text{cm}^3)$

이때, $\dfrac{4}{3}\pi r^2 h=50\pi$이므로 $r^2 h=\dfrac{75}{2}$

$\therefore (원뿔\ B의\ 부피)=\dfrac{1}{3}\times\pi r^2\times2h=\dfrac{2}{3}\pi r^2 h$

$\quad=\dfrac{2}{3}\pi\times\dfrac{75}{2}=25\pi(\text{cm}^3)$　　답 $25\pi\,\text{cm}^3$

07

주어진 원뿔대의 전개도는 오른쪽 그
림과 같으므로

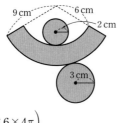

(겉넓이)

= (작은 밑면의 넓이)

  + (큰 밑면의 넓이) + (옆넓이)

$= \pi \times 2^2 + \pi \times 3^2 + \left(\dfrac{1}{2} \times 9 \times 6\pi - \dfrac{1}{2} \times 6 \times 4\pi \right)$

$= 4\pi + 9\pi + 15\pi = 28\pi (\text{cm}^2)$

답 ④

08

주어진 입체도형과 똑같은 입체도형을 오
른쪽 그림과 같이 단면이 꼭 맞게 포개어
지도록 하면 원기둥이 만들어지고, 주어
진 입체도형의 윗뚜껑을 제외한 겉넓이와
부피는 각각 이 원기둥의 겉넓이와 부피
의 $\dfrac{1}{2}$이다. 즉,

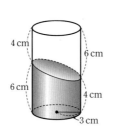

$(\text{겉넓이}) = \dfrac{1}{2} \times \{ (\pi \times 3^2) \times 2 + 2\pi \times 3 \times (6+4) \}$

$\qquad\qquad = 39\pi (\text{cm}^2)$

$(\text{부피}) = \dfrac{1}{2} \times \{ \pi \times 3^2 \times (6+4) \}$

$\qquad\quad = 45\pi (\text{cm}^3)$

따라서 $a=39$, $b=45$이므로

$a+b=84$

답 84

09

주어진 도형을 1회전시킬 때 생
기는 회전체는 오른쪽 그림과
같으므로

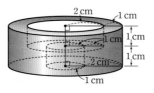

(위쪽 밑면의 넓이)

$= \pi \times 3^2 - \pi \times 2^2 = 5\pi (\text{cm}^2)$

(가운데 밑면의 넓이) $= \pi \times 2^2 - \pi \times 1^2$

$\qquad\qquad\qquad\qquad = 3\pi (\text{cm}^2)$

(아래쪽 밑면의 넓이)

$= \pi \times 3^2 - \pi \times 1^2 = 8\pi (\text{cm}^2)$

(바깥쪽 옆면의 넓이) $= 2\pi \times 3 \times 2$

$\qquad\qquad\qquad\qquad = 12\pi (\text{cm}^2)$

(안쪽 옆면의 넓이) $= 2\pi \times 2 \times 1 + 2\pi \times 1 \times 1$

$\qquad\qquad\qquad\qquad = 6\pi (\text{cm}^2)$

따라서 회전체의 겉넓이는

$5\pi + 3\pi + 8\pi + 12\pi + 6\pi = 34\pi (\text{cm}^2)$

한편, 회전체의 부피는

$\pi \times 3^2 \times 2 - \pi \times 2^2 \times 1 - \pi \times 1^2 \times 1 = 18\pi - 4\pi - \pi$

$\qquad\qquad\qquad\qquad\qquad\qquad = 13\pi (\text{cm}^3)$

답 ②

blacklabel 특강　참고

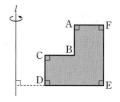

회전체의 겉넓이를 구할 때에는 회전시키는 도형
의 각 변이 회전한 후 생기는 면을 순서대로 고
려하면 빠짐없이 중복되지 않게 구할 수 있다.
주어진 문제에서 6개의 점 A, B, C, D, E, F를
오른쪽 그림과 같이 정하고 $\overline{AB}$, $\overline{BC}$, $\overline{CD}$, $\overline{DE}$,
$\overline{EF}$, $\overline{FA}$가 각각 회전하여 생기는 면의 넓이를
순서대로 구하면 된다.

10

구의 $\dfrac{1}{8}$을 잘라 내고 남은 입체도형의 겉넓이는 구의 겉넓이의

$\dfrac{7}{8}$과 반지름의 길이가 4 cm인 사분원 3개의 넓이의 합과 같으

므로

$(\text{겉넓이}) = \dfrac{7}{8} \times 4\pi \times 4^2 + \left(\pi \times 4^2 \times \dfrac{1}{4} \right) \times 3$

$\qquad\qquad = 56\pi + 12\pi$

$\qquad\qquad = 68\pi (\text{cm}^2)$

답 ④

11

반지름의 길이가 10 cm인 큰 쇠구슬 1개의 부피는

$\dfrac{4}{3}\pi \times 10^3 = \dfrac{4000}{3}\pi (\text{cm}^3)$

반지름의 길이가 1 cm인 작은 쇠구슬 1개의 부피는

$\dfrac{4}{3}\pi \times 1^3 = \dfrac{4}{3}\pi (\text{cm}^3)$

따라서 만들 수 있는 작은 쇠구슬의 최대 개수는

$\dfrac{4000}{3}\pi \div \dfrac{4}{3}\pi = \dfrac{4000}{3}\pi \times \dfrac{3}{4\pi} = 1000 (\text{개})$

답 ⑤

12

구의 반지름의 길이를 r cm라 하면

$\dfrac{4}{3}\pi r^3 = 36\pi$, $r^3 = 27 = 3^3$　　∴ $r = 3$

$\therefore$ (원뿔의 부피)$=\dfrac{1}{3}\times(\pi\times3^2)\times6=18\pi(\text{cm}^3)$,

(원기둥의 부피)$=(\pi\times3^2)\times6=54\pi(\text{cm}^3)$

답 $18\pi\ \text{cm}^3$, $54\pi\ \text{cm}^3$

| 다른풀이 |

(원뿔의 부피) : (구의 부피) : (원기둥의 부피)$=1:2:3$이
므로

(원뿔의 부피)$=\dfrac{1}{2}\times$(구의 부피)$=\dfrac{1}{2}\times36\pi=18\pi(\text{cm}^3)$,

(원기둥의 부피)$=3\times$(원뿔의 부피)$=3\times18\pi=54\pi(\text{cm}^3)$

Step 2 A등급을 위한 문제   pp. 71~75

01 ④	02 ②	03 ③	04 384 cm²
05 $(115\pi-50)$cm²		06 504 cm²	07 ①	08 $\dfrac{5}{2}$
09 5 : 6	10 ②	11 ②	12 56π cm²
13 $(504+4\pi)$cm²	14 32π+28	15 ②	16 ④
17 $\dfrac{153}{8}$ cm³	18 6	19 ③	20 ⑤	21 320분
22 ②	23 6 cm	24 124π cm²	25 ②
26 2	27 ③	28 $\dfrac{10}{3}\pi$ cm³	29 105π cm³
30 ③			

01

밑면인 부채꼴의 호의 길이는 $2\pi\times6\times\dfrac{120}{360}=4\pi(\text{cm})$

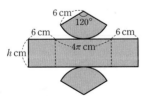

주어진 입체도형의 전개도는 위의 그림과 같으므로 겉넓이는

(밑넓이)$\times2+$(옆넓이)

$=\left(\pi\times6^2\times\dfrac{120}{360}\right)\times2+(6+4\pi+6)\times h$

$=24\pi+4\pi h+12h(\text{cm}^2)$

이때, 겉넓이가 $(44\pi+60)\,\text{cm}^2$이므로

$24\pi+4\pi h+12h=44\pi+60$에서

$4\pi h+12h=20\pi+60$, $\pi h+3h=5\pi+15$

$\therefore h=5$

답 ④

02

주어진 입체도형의 밑면은 오른쪽 그
림과 같으므로

(밑넓이)

$=\dfrac{1}{2}\times(11+5)\times4-(2\times2)$

$=28(\text{cm}^2)$

(바깥쪽 옆넓이)$=(11+5+5+5)\times8$

$\qquad\qquad\qquad=208(\text{cm}^2)$

(안쪽 옆넓이)$=(2+2+2+2)\times8$

$\qquad\qquad\quad=64(\text{cm}^2)$

따라서 주어진 입체도형의 겉넓이는

(밑넓이)$\times2+$(바깥쪽 옆넓이)$+$(안쪽 옆넓이)

$=28\times2+208+64$

$=328(\text{cm}^2)$

답 ②

03

페인트를 칠할 때, 지면과 맞닿은 밑면은 칠하지 않으므로 페인
트를 칠하게 되는 창고의 겉넓이는

(윗부분의 겉넓이)

$=\left(\dfrac{1}{2}\times\pi\times5^2\right)\times2+\left(\dfrac{1}{2}\times2\pi\times5\right)\times40$

$=25\pi+200\pi$

$=225\pi(\text{m}^2)$

(아랫부분의 겉넓이)

$=(10+40+10+40)\times2\pi=200\pi(\text{m}^2)$

$\therefore$ (창고의 겉넓이)$=225\pi+200\pi=425\pi(\text{m}^2)$

따라서 창고의 겉면을 칠하는 데 필요한 페인트 통은

$425\pi\div25\pi=17(\text{통})$

이므로 창고의 겉면을 칠하는 데 드는 비용은

$8000\times17=136000(\text{원})$

답 ③

blacklabel 특강   오답피하기

입체도형의 겉면을 칠하는 것이 아니라 창고의 겉면을 칠하는 것이므로 그 넓이를
구할 때, 지면과 맞닿은 창고의 밑면을 겉넓이에 포함시켜 계산하지 않도록 한다.

04

한 번 자를 때마다 정사각형 모양의 단면이 2개씩 더 생기므로
9번 자를 때, 새로 생기는 정사각형 모양의 단면의 개수는

$2\times9=18$

새로 생기는 정사각형 모양의 단면의 넓이는

$18 \times (4 \times 4) = 288 (\mathrm{cm}^2)$

따라서 직육면체들의 겉넓이의 합은

$6 \times (4 \times 4) + 288 = 384 (\mathrm{cm}^2)$

답 $384 \ \mathrm{cm}^2$

05

두 원기둥이 겹쳐진 부분의 입체도형의 밑면은 오른쪽 그림의 어두운 부분과 같으므로

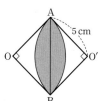

(밑넓이)

$= 2 \times \{(부채꼴 \ \mathrm{AOB}의 \ 넓이) - \triangle \mathrm{AOB}\}$

$= 2 \times \left(\pi \times 5^2 \times \dfrac{90}{360} - \dfrac{1}{2} \times 5 \times 5 \right)$

$= \dfrac{25}{2}\pi - 25 (\mathrm{cm}^2)$ ⋯⋯ (가)

또한, $\angle \mathrm{AOB} = \angle \mathrm{AO'B} = 90°$이므로

(밑면의 둘레의 길이) $= 2 \times \left(2\pi \times 5 \times \dfrac{90}{360} \right) = 5\pi (\mathrm{cm})$

$\therefore$ (옆넓이) $= 5\pi \times 18 = 90\pi (\mathrm{cm}^2)$ ⋯⋯ (나)

따라서 두 원기둥이 겹쳐진 부분의 입체도형의 겉넓이는

$\left(\dfrac{25}{2}\pi - 25 \right) \times 2 + 90\pi$

$= 115\pi - 50 (\mathrm{cm}^2)$ ⋯⋯ (다)

답 $(115\pi - 50) \ \mathrm{cm}^2$

단계	채점 기준	배점
(가)	입체도형의 밑넓이를 구한 경우	40 %
(나)	입체도형의 옆넓이를 구한 경우	40 %
(다)	입체도형의 겉넓이를 구한 경우	20 %

06

[1단계]에서 보이는 정육면체의 면의 개수는

$1 \times 6 = 6$

[2단계]의 입체도형을 앞, 뒤, 위, 아래, 왼쪽, 오른쪽의 6개의 방향에서 바라볼 때의 그림은 다음과 같다.

[앞, 아래, 왼쪽]　　[뒤, 오른쪽]　　[위]

즉, [2단계]에서 보이는 정육면체의 면의 개수는

$(1+2) \times 6 = 18$

같은 방법으로 보이는 정육면체의 면의 개수를 구하면

[3단계] : $(1+2+3) \times 6 = 36$

[4단계] : $(1+2+3+4) \times 6 = 60$

[5단계] : $(1+2+3+4+5) \times 6 = 90$

[6단계] : $(1+2+3+4+5+6) \times 6 = 126$

이때, 정육면체의 한 면의 넓이는 $2^2 = 4(\mathrm{cm}^2)$이므로 [6단계]의 입체도형의 겉넓이는

$126 \times 4 = 504 (\mathrm{cm}^2)$

답 $504 \ \mathrm{cm}^2$

07

물체를 넣었다가 꺼냈을 때 내려간 수면의 높이를 $h \ \mathrm{cm}$라 하면 그릇에서 줄어든 물의 부피는

$\pi \times 8^2 \times h = 64\pi h (\mathrm{cm}^3)$

또한, 정육면체 모양의 물체의 부피는 $2^3 = 8(\mathrm{cm}^3)$

이때, 줄어든 물의 부피는 물체의 부피와 같으므로

$64\pi h = 8 \qquad \therefore h = \dfrac{1}{8\pi}$

따라서 수면의 높이는 $\dfrac{1}{8\pi} \ \mathrm{cm}$ 내려간다.

답 ①

08

처음 정육면체의 부피는 $8 \times 8 \times 8 = 512 (\mathrm{cm}^3)$

잘라 낸 정육면체 1개의 부피는 $a^3 \ \mathrm{cm}^3$이고, 꼭짓점 8개에서 잘라 내므로 남은 입체도형의 부피는

$512 - 8a^3 (\mathrm{cm}^3) \qquad \therefore x = 512 - 8a^3$

잘린 면을 이동하여 생각하면 주어진 입체도형의 겉넓이는 처음 정육면체의 겉넓이와 같음을 알 수 있다.

즉, 잘라 내고 남은 입체도형의 겉넓이는

$6 \times (8 \times 8) = 384 (\mathrm{cm}^2) \qquad \therefore y = 384$

이때, $x - y = 3$이므로

$(512 - 8a^3) - 384 = 3, \ 8a^3 = 125$

$a^3 = \dfrac{125}{8} = \left(\dfrac{5}{2} \right)^3 \qquad \therefore a = \dfrac{5}{2}$

답 $\dfrac{5}{2}$

09

사각형 ABCD를 좌표평면 위에 나타내면
오른쪽 그림과 같으므로 이를 x축, y축을
회전축으로 하여 1회전시킬 때 생기는 입
체도형은 각각 [그림 1], [그림 2]와 같다.

 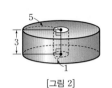

[그림 1]   [그림 2]

[그림 1]에서
$$V_x=(\pi\times 4^2-\pi\times 1^2)\times 4=60\pi$$
[그림 2]에서
$$V_y=(\pi\times 5^2-\pi\times 1^2)\times 3=72\pi$$
$$\therefore V_x:V_y=60\pi:72\pi=5:6 \qquad\qquad 답\ 5:6$$

10

처음 정육면체의 부피는 $6\times 6\times 6=216(\text{cm}^3)$
사각기둥 모양인 구멍 1개의 부피는 $2\times 2\times 6=24(\text{cm}^3)$
이때, 정육면체의 부피에서 사각기둥 모양의 구멍 3개의 부피를
빼면 정육면체의 한가운데에 있는 한 모서리의 길이가 2 cm인 정
육면체의 부피는 2번 더 빼게 된다.
따라서 주어진 입체도형의 부피는
(처음 정육면체의 부피)$-3\times$(구멍 1개의 부피)
$\qquad\qquad\qquad +2\times$(한가운데에 있는 정육면체의 부피)
$$=216-3\times 24+2\times(2\times 2\times 2)$$
$$=160(\text{cm}^3) \qquad\qquad 답\ ②$$

| 다른풀이 |

처음 정육면체는 한 모서리의 길이가 2 cm인 정육면체 27개를
쌓아 만든 것으로 생각할 수 있고, 구멍을 각 면의 한가운데에
뚫었으므로 주어진 입체도형은 27개의 작은 정육면체 중에서
7개를 뺀 것과 같다.
즉, 20개의 작은 정육면체와 부피가 같으므로 주어진 입체도형
의 부피는
$$20\times(2\times 2\times 2)=160(\text{cm}^3)$$

11

통을 45°만큼 기울였을 때 통의 밑면은 오른
쪽 그림과 같으므로 흘러 넘친 물의 양은

$$\left(\pi\times 6^2\times\frac{1}{4}+\frac{1}{2}\times 6\times 6\right)\times 10$$
$$=(9\pi+18)\times 10$$
$$=90\pi+180(\text{cm}^3) \qquad\qquad 답\ ②$$

12

원뿔의 밑면의 반지름의 길이를 r cm라 하면
$$(원뿔의\ 옆넓이)=\pi\times r\times 10=10\pi r(\text{cm}^2)$$

원뿔이 $\dfrac{5}{2}$바퀴 회전하여 제자리로 되돌아오므로 반지름의 길이

가 10 cm인 원 O의 넓이는 원뿔의 옆넓이의 $\dfrac{5}{2}$배이다. 즉,

$$\frac{5}{2}\times 10\pi r=\pi\times 10^2 \qquad \therefore r=4$$
따라서 원뿔의 겉넓이는
$$\pi\times 4^2+\pi\times 4\times 10=56\pi(\text{cm}^2) \qquad 답\ 56\pi\ \text{cm}^2$$

| 다른풀이 |

원뿔의 밑면의 반지름의 길이를 r cm라 하면 둘레의 길이는
$2\pi r$ cm

원뿔이 $\dfrac{5}{2}$바퀴 회전하여 제자리로 되돌아오므로 반지름의 길이

가 10 cm인 원 O의 둘레의 길이는 원뿔의 밑면의 둘레의 길이

의 $\dfrac{5}{2}$배이다. 즉,

$$\frac{5}{2}\times 2\pi r=2\pi\times 10 \qquad \therefore r=4$$
따라서 원뿔의 겉넓이는
$$\pi\times 4^2+\pi\times 4\times 10=56\pi(\text{cm}^2)$$

13

주어진 입체도형은 오른쪽 그림과 같으므로
(겉넓이)

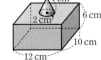

$$=(원뿔의\ 옆넓이)+(직육면체의\ 겉넓이)$$
$$\qquad -(원뿔의\ 밑넓이)$$
$$=(\pi\times 2\times 4)+2\times(12\times 10+10\times 6+12\times 6)-(\pi\times 2^2)$$
$$=8\pi+504-4\pi$$
$$=504+4\pi(\text{cm}^2) \qquad\qquad 답\ (504+4\pi)\ \text{cm}^2$$

14

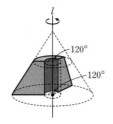

주어진 사다리꼴을 직선 l을 회전축으로 하여 $120°$만큼 회전시킬 때 생기는 입체도형은 위의 그림과 같이 원뿔대의 중앙에 원기둥 모양의 구멍이 뚫린 입체도형을 회전축 l을 포함하고 밑면에 수직인 평면으로 삼등분한 것 중 하나와 같으므로
(두 밑면의 넓이의 합)
$$=\left(\pi\times3^2\times\frac{120}{360}-\pi\times1^2\times\frac{120}{360}\right)$$
$$+\left(\pi\times6^2\times\frac{120}{360}-\pi\times1^2\times\frac{120}{360}\right)$$
$$=\frac{8}{3}\pi+\frac{35}{3}\pi=\frac{43}{3}\pi$$
$$(원뿔대\ 부분의\ 옆넓이)=\pi\times6\times10\times\frac{120}{360}-\pi\times3\times5\times\frac{120}{360}$$
$$=20\pi-5\pi=15\pi$$
$$(원기둥\ 부분의\ 옆넓이)=2\pi\times1\times\frac{120}{360}\times4=\frac{8}{3}\pi$$
$$(사다리꼴\ 모양의\ 옆넓이)=\left\{\frac{1}{2}\times(2+5)\times4\right\}\times2$$
$$=28$$
따라서 주어진 회전체의 겉넓이는
$$\frac{43}{3}\pi+15\pi+\frac{8}{3}\pi+28=32\pi+28$$

답 $32\pi+28$

15

처음 정사면체의 한 면의 넓이를 S라 하면 잘라 낸 정사면체의 한 면의 넓이는 $\frac{1}{9}S$이다.

처음 정사면체의 한 면에 대하여 잘라 낸 정삼각형이 3개씩이고, 잘린 단면마다 정삼각형 1개가 생겼으므로
$$A=4\times\left(S-3\times\frac{1}{9}S\right)+4\times\frac{1}{9}S=\frac{28}{9}S$$
잘라 낸 정사면체 1개의 겉넓이는 $4\times\frac{1}{9}S=\frac{4}{9}S$이고, 모두 4개의 정사면체를 잘라 내었으므로
$$B=4\times\frac{4}{9}S=\frac{16}{9}S$$
$$\therefore\frac{A}{B}=\frac{28}{9}S\div\frac{16}{9}S=\frac{7}{4}$$

답 ②

중학교 3학년 과정에서 수의 범위를 실수로 확장하면 다음과 같이 해결할 수 있다.
처음 정사면체의 한 모서리의 길이를 $3a$라 하면 잘라 낸 정사면체의 한 모서리의 길이는 a이다.
잘라 낸 4개의 정사면체의 겉넓이의 합은
$$B=4\times\left\{4\times\left(\frac{\sqrt{3}}{4}\times a^2\right)\right\}=4\sqrt{3}a^2$$
잘라 내고 남은 입체도형의 겉넓이는
$A=4\times$(처음 정사면체의 한 면에서 남은 부분의 넓이)
$\quad+4\times$(잘린 단면 1개의 넓이)
$$=4\times\left\{\frac{\sqrt{3}}{4}\times(3a)^2-3\times\left(\frac{\sqrt{3}}{4}\times a^2\right)\right\}+4\times\left(\frac{\sqrt{3}}{4}\times a^2\right)$$
$$=9\sqrt{3}a^2-3\sqrt{3}a^2+\sqrt{3}a^2=7\sqrt{3}a^2$$
$$\therefore\frac{A}{B}=\frac{7\sqrt{3}a^2}{4\sqrt{3}a^2}=\frac{7}{4}$$

16

주어진 전개도를 옆면으로 하는 원뿔대의 큰 밑면의 반지름의 길이를 r_1 cm라 하면
$$2\pi\times20\times\frac{216}{360}=2\pi r_1\qquad\therefore r_1=12$$
작은 밑면의 반지름의 길이를 r_2 cm라 하면
$$2\pi\times10\times\frac{216}{360}=2\pi r_2\qquad\therefore r_2=6$$
즉, 원뿔대는 오른쪽 그림과 같고, 원뿔대의 높이를 h cm라 하면 부피가 672π cm^{3}이므로

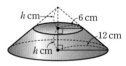

$$\left(\frac{1}{3}\times\pi\times12^2\times2h\right)-\left(\frac{1}{3}\times\pi\times6^2\times h\right)=672\pi$$
$$84\pi h=672\pi\qquad\therefore h=8$$
따라서 원뿔대의 높이는 8 cm이다.

답 ④

17

삼각뿔 O-EFG에서 $\overline{EF}=\overline{FG}=3$ cm, $\overline{OF}=6$ cm이므로
$$(삼각뿔\ O-EFG의\ 부피)=\frac{1}{3}\times\left(\frac{1}{2}\times3\times3\right)\times6$$
$$=9\ (cm^3)$$
삼각뿔 O-PBQ에서 $\overline{BP}=\overline{BQ}=\frac{1}{2}\overline{AB}=\frac{3}{2}$ cm,
$\overline{OB}=\overline{BF}=3$ cm이므로
$$(삼각뿔\ O-PBQ의\ 부피)=\frac{1}{3}\times\left(\frac{1}{2}\times\frac{3}{2}\times\frac{3}{2}\right)\times3$$
$$=\frac{9}{8}\ (cm^3)$$
즉, 잘라 낸 삼각뿔대의 부피는
$$9-\frac{9}{8}=\frac{63}{8}\ (cm^3)$$

이때, 정육면체의 부피는 $3 \times 3 \times 3 = 27(\text{cm}^3)$이므로 삼각뿔대를 잘라 내고 남은 입체도형의 부피는

$$27 - \frac{63}{8} = \frac{153}{8}(\text{cm}^3)$$

답 $\dfrac{153}{8}$ cm³

18

원뿔대의 큰 밑면의 반지름의 길이는 6 m이므로 원뿔대의 부피를 $V_1\,\text{m}^3$라 하면

$$V_1 = \left(\frac{1}{3} \times \pi \times 6^2 \times 4\right) - \left(\frac{1}{3} \times \pi \times 3^2 \times 2\right) = 42\pi$$

원기둥의 부피를 $V_2\,\text{m}^3$라 하면

$$V_2 = \pi \times 6^2 \times 7 = 252\pi$$

따라서 $V_1 = \dfrac{1}{a}V_2$, 즉 $V_2 = aV_1$에서

$$252\pi = 42\pi a \qquad \therefore a = \frac{252\pi}{42\pi} = 6$$

답 6

19

원뿔과 원기둥의 높이를 각각 $2h\,\text{cm}$, $3h\,\text{cm}$라 하고, 밑면의 반지름의 길이를 $r\,\text{cm}$라 하면 처음 입체도형은 [그림 1], 최대한 큰 원뿔이 되도록 깎아 만든 입체도형은 [그림 2]와 같다.

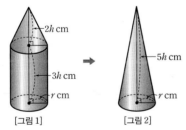

[그림 1]　　　　[그림 2]

$$([그림\ 1]의\ 부피) = \pi r^2 \times 3h + \frac{1}{3} \times \pi r^2 \times 2h$$

$$= \frac{11}{3}\pi r^2 h(\text{cm}^3)$$

$$([그림\ 2]의\ 부피) = \frac{1}{3} \times \pi r^2 \times 5h$$

$$= \frac{5}{3}\pi r^2 h(\text{cm}^3)$$

이때, 두 입체도형의 부피의 차는 18 cm³이므로

$$\left(\frac{11}{3} - \frac{5}{3}\right)\pi r^2 h = 18$$

$$2\pi r^2 h = 18 \qquad \therefore \pi r^2 h = 9$$

따라서 최대한 크게 새로 만든 원뿔, 즉 [그림 2]의 부피는

$$\frac{5}{3}\pi r^2 h = \frac{5}{3} \times 9 = 15(\text{cm}^3)$$

답 ③

20

처음 삼각기둥의 부피는

$$\left(\frac{1}{2} \times 4 \times 4\right) \times 5 = 40(\text{cm}^3)$$

꼭짓점 E를 포함하는 입체도형은 밑면이 $\triangle$EFP이고 높이가 $\overline{\text{DF}}$인 삼각뿔이다.

이때, $\overline{\text{BP}} = x\,\text{cm}$라 하면 $\overline{\text{EP}} = (5-x)\,\text{cm}$이므로

$$V_2 = \frac{1}{3} \times \left\{\frac{1}{2} \times 4 \times (5-x) \times 4\right\} = \frac{8}{3}(5-x)$$

$$V_1 = 40 - \frac{8}{3}(5-x)$$

이때, $V_1 = 4V_2$이므로

$$40 - \frac{8}{3}(5-x) = 4 \times \frac{8}{3}(5-x)$$

$$120 - 8(5-x) = 32(5-x),\ 40x = 80$$

$$\therefore x = 2 \qquad \therefore \overline{\text{BP}} = 2\,\text{cm}$$

답 ⑤

21

5분 동안 넣은 물의 양은

$$\frac{1}{3} \times \pi \times 5^2 \times 10 = \frac{250}{3}\pi$$

　　　　　　　　　　　　　　　　　　　(가)

따라서 1분 동안 넣은 물의 양은

$$\frac{250}{3}\pi \div 5 = \frac{50}{3}\pi$$

　　　　　　　　　　　　　　　　　　　(나)

원뿔 모양의 그릇의 부피는

$$\frac{1}{3} \times \pi \times 20^2 \times 40 = \frac{16000}{3}\pi$$

　　　　　　　　　　　　　　　　　　　(다)

빈 그릇에 물을 가득 채우는 데 걸리는 시간을 x분이라 하면

$$\frac{16000}{3}\pi = \frac{50}{3}\pi x$$

$$\therefore x = \frac{16000}{3}\pi \div \frac{50}{3}\pi = 320$$

따라서 320분이 걸린다.

　　　　　　　　　　　　　　　　　　　(라)

답 320분

단계	채점 기준	배점
(가)	5분 동안 넣은 물의 양을 구한 경우	20 %
(나)	1분 동안 넣은 물의 양을 구한 경우	30 %
(다)	원뿔 모양의 그릇의 부피를 구한 경우	20 %
(라)	빈 그릇에 물을 가득 채우는 데 걸리는 시간을 구한 경우	30 %

22

삼각형 DEF에서

$\angle DEF = 180° - (90° + 45°) = 45°$이므로

$\triangle DEF$는 직각이등변삼각형이다.

따라서 $\overline{DE} = \overline{FD} = 6\ cm$이므로 주어진
평면도형을 회전시킬 때 생기는 입체도
형은 오른쪽 그림과 같다.

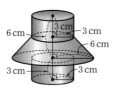

$\therefore$ (입체도형의 부피)

$= 2 \times ($ 원기둥의 부피 $) + ($ 원뿔대의 부피 $)$

$= 2 \times (\pi \times 3^2 \times 3) + \left(\dfrac{1}{3} \times \pi \times 6^2 \times 6 - \dfrac{1}{3} \times \pi \times 3^2 \times 3\right)$

$= 54\pi + 72\pi - 9\pi = 117\pi\ (cm^3)$　　　　답 ②

23 해결단계

❶단계	정팔면체를 이루는 정사각뿔의 부피를 정육면체의 한 모서리의 길이로 나타낸다.
❷단계	정팔면체의 부피를 정육면체의 한 모서리의 길이로 나타낸다.
❸단계	정육면체의 한 모서리의 길이를 구한다.

주어진 정팔면체는 오른쪽 그림과 같이 사각
형 BCDE를 밑면으로 하는 두 정사각뿔
A-BCDE, F-BCDE를 붙여 놓은 것이다.

이때, 정육면체의 한 모서리의 길이를 $a\ cm$,
사각형 BCDE의 두 대각선의 교점을 O라 하면

$\overline{AF} = \overline{BD} = \overline{CE} = a\ cm$, $\overline{OA} = \overline{OF} = \dfrac{1}{2}\overline{AF} = \dfrac{1}{2}a\ (cm)$

이때, 정팔면체는 합동인 두 정사각뿔로 이루어져 있고, 정사각뿔
의 밑면인 사각형 BCDE의 넓이는

$\dfrac{1}{2} \times \overline{BD} \times \overline{CE} = \dfrac{1}{2} \times a \times a = \dfrac{1}{2}a^2\ (cm^2)$

즉, 정사각뿔 A-BCDE의 부피는

$\dfrac{1}{3} \times ($ 사각형 BCDE의 넓이 $) \times \overline{OA} = \dfrac{1}{3} \times \dfrac{1}{2}a^2 \times \dfrac{1}{2}a$

$\qquad\qquad\qquad\qquad\qquad\qquad\qquad = \dfrac{1}{12}a^3\ (cm^3)$

따라서 정팔면체의 부피는

$2 \times ($ 정사각뿔 A-BCDE의 부피 $) = 2 \times \dfrac{1}{12}a^3$

$\qquad\qquad\qquad\qquad\qquad\qquad\qquad = \dfrac{1}{6}a^3\ (cm^3)$

이때, 정팔면체의 부피가 $36\ cm^3$이므로

$\dfrac{1}{6}a^3 = 36$, $a^3 = 216 = 6^3$　　$\therefore a = 6$

따라서 정육면체의 한 모서리의 길이는 $6\ cm$이다.　　답 $6\ cm$

24

주어진 입체도형의 겉넓이는

(작은 반구의 겉넓이) + (큰 반구의 겉넓이)

$\qquad\qquad\qquad + ($ 큰 원의 넓이 $) - ($ 작은 원의 넓이 $)$

$= \dfrac{1}{2} \times 4\pi \times 4^2 + \dfrac{1}{2} \times 4\pi \times 6^2 + \pi \times 6^2 - \pi \times 4^2$

$= 32\pi + 72\pi + 36\pi - 16\pi$

$= 124\pi\ (cm^2)$　　　　　　　　답 $124\pi\ cm^2$

25

구의 반지름의 길이를 $r\ cm$라 하면 구의 겉넓이가 $144\pi\ cm^2$이
므로

$4\pi r^2 = 144\pi$, $r^2 = 36 = 6^2$

$\therefore r = 6$

따라서 정육면체의 한 모서리의 길이는

$6 \times 2 = 12\ (cm)$

이므로 정육면체의 겉넓이는

$(12 \times 12) \times 6 = 864\ (cm^2)$　　　　　답 ②

26

상자 A 안에 들어 있는 공 1개의 반지름의 길이는 $5\ cm$이므로
상자 A 안에 들어 있는 공 전체의 겉넓이의 합은

$8 \times (4\pi \times 5^2) = 800\pi\ (cm^2)$

$\therefore a = 800\pi$

상자 B 안에 들어 있는 공 1개의 반지름의 길이는 $\dfrac{5}{2}\ cm$이므로

상자 B 안에 들어 있는 공 전체의 겉넓이의 합은

$64 \times \left\{4\pi \times \left(\dfrac{5}{2}\right)^2\right\} = 1600\pi\ (cm^2)$

$\therefore b = 1600\pi$

$\therefore \dfrac{b}{a} = \dfrac{1600\pi}{800\pi} = 2$　　　　　　　답 2

27

구의 부피를 $V_1\,\text{cm}^3$라 하면

$$V_1=\frac{4}{3}\pi\times6^3=288\pi$$

정팔면체가 구 안에 꼭 맞게 들어 있으므
로 오른쪽 그림에서

$$\overline{OA}=\overline{OB}=\overline{OC}=\overline{OD}=\overline{OE}=\overline{OF}$$
$$=6\,\text{cm}$$

이때, 정팔면체는 합동인 두 정사각뿔로
이루어져 있고 정사각뿔 A−BCDE의 밑면인 사각형 BCDE
의 넓이는

$$\frac{1}{2}\times\overline{BD}\times\overline{CE}=\frac{1}{2}\times12\times12=72(\text{cm}^2)$$

즉, 정사각뿔 A−BCDE의 부피는

$$\frac{1}{3}\times(\text{사각형 BCDE의 넓이})\times\overline{OA}=\frac{1}{3}\times72\times6=144(\text{cm}^3)$$

정팔면체의 부피를 $V_2\,\text{cm}^3$라 하면

$$V_2=2\times(\text{정사각뿔 A−BCDE의 부피})=2\times144=288$$

$$\therefore \frac{V_1}{V_2}=\frac{288\pi}{288}=\pi$$

따라서 구의 부피는 정팔면체의 부피의 π배이다. 답 ③

28

원기둥의 높이는 $2\times4=8(\text{cm})$이므로

(빈 공간의 부피)

$=(\text{원기둥의 부피})-3\times(\text{구의 부피})-(\text{원뿔의 부피})$

$=\pi\times1^2\times8-3\times\frac{4}{3}\pi\times1^3-\frac{1}{3}\times\pi\times1^2\times2$

$=8\pi-4\pi-\frac{2}{3}\pi=\frac{10}{3}\pi(\text{cm}^3)$

따라서 필요한 물의 양은 $\frac{10}{3}\pi\,\text{cm}^3$이다. 답 $\frac{10}{3}\pi\,\text{cm}^3$

29

반구의 반지름의 길이와 원기둥의 높이를 각각 $3r\,\text{cm}$, $5r\,\text{cm}$
라 하면 원기둥의 밑면의 반지름의 길이는 $3r\,\text{cm}$이므로 처음 비누
의 부피는

$$\frac{1}{2}\times\frac{4}{3}\pi\times(3r)^3+\pi\times(3r)^2\times5r=18\pi r^3+45\pi r^3$$
$$=63\pi r^3(\text{cm}^3)$$

비누를 깎아서 가장 큰 구를 만들 때, 구의 반지름의 길이는
$3r\,\text{cm}$이므로 부피는

$$\frac{4}{3}\pi\times(3r)^3=36\pi r^3(\text{cm}^3)$$

이때, 두 비누의 부피의 차는 $45\pi\,\text{cm}^3$이므로
$63\pi r^3-36\pi r^3=45\pi$, $27\pi r^3=45\pi$

$$\therefore r^3=\frac{45}{27}=\frac{5}{3}$$

따라서 처음 비누의 부피는

$$63\pi r^3=63\pi\times\frac{5}{3}=105\pi(\text{cm}^3)$$ 답 $105\pi\,\text{cm}^3$

30

공이 움직일 수 있는 공간의 최대 부피는 오
른쪽 그림과 같이 반지름의 길이가 $6\,\text{cm}$인
구의 $\frac{1}{8}$을 잘라 내고 남은 부분의 부피와 같다.

$\therefore$ (공이 움직일 수 있는 공간의 부피)

$$=\frac{7}{8}\times\left(\frac{4}{3}\pi\times6^3\right)=252\pi(\text{cm}^3)$$ 답 ③

Step 3	종합 사고력 도전 문제	pp.76~77

01 $24\,\text{cm}$　　02 (1) $460\,\text{cm}^3$　(2) $5.4\,\text{cm}$　　03 $624\,\text{cm}^2$

04 $7:6:5$　05 $\frac{208}{3}\pi\,\text{cm}^3$　　06 $\left(\frac{1}{3}\pi+\frac{1}{2}\right)r^3$

07 72π　　08 12분

01 해결단계

❶단계	6개의 컵에 담긴 주스의 부피의 합을 구한다.
❷단계	처음 통에 담겨 있던 주스의 높이를 구한다.

원뿔 모양의 컵의 윗면의 반지름의 길이는 $\frac{12}{2}=6(\text{cm})$이므로

6개의 컵에 담긴 주스의 부피의 합은

$$6\times\left(\frac{1}{3}\times\pi\times6^2\times18\right)=1296\pi(\text{cm}^3)$$

처음 통에 담겨 있던 주스의 높이를 h cm라 하면

$\pi \times 9^2 \times h = (\pi \times 9^2 \times 8) + 1296\pi$

$81\pi h = 1944\pi \quad \therefore h = 24$

따라서 처음 통에 담겨 있던 주스의 높이는 24 cm이다.

답 24 cm

02 해결단계

(1)	❶ 단계	(나)의 과정까지 시행 한 후, 수조 A에만 담긴 물의 부피를 구한다.
(2)	❷ 단계	(다)의 과정까지 시행 한 후, 수조 A에 담긴 물의 부피를 구한다.
	❸ 단계	수조 A에 담긴 물의 높이를 구한다.

(1) 수조 B가 들어 있지 않은 상태에서 수조 A의 물의 높이가 5 cm가 되도록 물을 부었을 때, 물의 부피는

$10 \times 10 \times 5 = 500(\text{cm}^3)$

수조 B에 물의 높이가 5 cm가 되도록 물을 부었을 때, 물의 부피는

$4 \times 2 \times 5 = 40(\text{cm}^3)$

따라서 (나)의 과정까지 시행한 후, 수조 B가 들어 있는 부분을 제외한 수조 A에만 담긴 물의 부피는

$500 - 40 = 460(\text{cm}^3)$

(2) 수조 B에 가득 담긴 물의 부피는

$4 \times 2 \times 10 = 80(\text{cm}^3)$

수조 B의 물을 수조 A에 모두 부으면 수조 A에 담긴 물의 부피는

$80 + 460 = 540(\text{cm}^3)$

수조 A에 담긴 540 cm^3의 물의 높이를 h cm라 하면

$540 = 10 \times 10 \times h \quad \therefore h = \frac{540}{100} = 5.4$

따라서 수조 A에 담긴 물의 높이는 5.4 cm이다.

답 (1) 460 cm^3 (2) 5.4 cm

03 해결단계

❶ 단계	[그림 1]의 바깥쪽 부분의 넓이를 구한다.
❷ 단계	[그림 1]의 안쪽 부분의 넓이를 구한다.
❸ 단계	[그림 1]의 겉넓이를 구한다.

[그림 1]의 바깥쪽 부분은 넓이가 $4 \times 2 = 8(\text{cm}^2)$인 면이 16개, 넓이가 $4 \times 3 = 12(\text{cm}^2)$인 면이 16개, 넓이가 $2 \times 3 = 6(\text{cm}^2)$인 면이 16개이므로 [그림 1]의 바깥쪽 부분의 넓이는

$(8 + 12 + 6) \times 16 = 416(\text{cm}^2)$

[그림 1]의 가운데에는 [그림 2]와 같은 모양의 공간이 비어 있으므로 [그림 1]의 안쪽 부분의 넓이는 [그림 2]의 겉넓이에서 [그림 1]의 바깥 표면의 뚫린 부분의 넓이를 뺀 것과 같다.

즉, [그림 1]의 안쪽 부분은 넓이가 $4 \times 2 = 8(\text{cm}^2)$인 면이 8개, 넓이가 $4 \times 3 = 12(\text{cm}^2)$인 면이 8개, 넓이가 $2 \times 3 = 6(\text{cm}^2)$인 면이 8개이므로 [그림 1]의 안쪽 부분의 넓이는

$(8 + 12 + 6) \times 8 = 208(\text{cm}^2)$

따라서 [그림 1]의 입체도형의 겉넓이는

$416 + 208 = 624(\text{cm}^2)$

답 624 cm^2

04 해결단계

❶ 단계	처음 삼각기둥의 부피를 구한다.
❷ 단계	V_1과 V_3을 구한다.
❸ 단계	V_2를 구한다.
❹ 단계	$V_1 : V_2 : V_3$을 가장 간단한 자연수의 비로 나타낸다.

처음 삼각기둥의 부피는

$\frac{1}{2} \times 4 \times 4 \times 6 = 48$

V_1은 사다리꼴 BPQC를 밑면으로 하는 사각뿔의 부피이므로

$V_1 = \frac{1}{3} \times \left\{\frac{1}{2} \times (3+4) \times 4\right\} \times 4 = \frac{56}{3}$

V_3은 사다리꼴 PEFQ를 밑면으로 하는 사각뿔의 부피이므로

$V_3 = \frac{1}{3} \times \left\{\frac{1}{2} \times (2+3) \times 4\right\} \times 4 = \frac{40}{3}$

따라서 V_2의 부피는

$(\text{처음 삼각기둥의 부피}) - V_1 - V_3 = 48 - \frac{56}{3} - \frac{40}{3} = 16$

따라서

$V_1 : V_2 : V_3 = \frac{56}{3} : 16 : \frac{40}{3} = 7 : 6 : 5$

답 7 : 6 : 5

05 해결단계

❶ 단계	회전체의 겨냥도를 그리고, 부피를 구하는 방법을 설명한다.
❷ 단계	입체도형의 부피를 구한다.

1회전시킬 때 생기는 입체도형은 오른쪽 그림과 같으므로 회전체의 부피는 4개의 원뿔대의 부피의 합에서 2개의 원뿔의 부피의 합을 뺀 것과 같다.

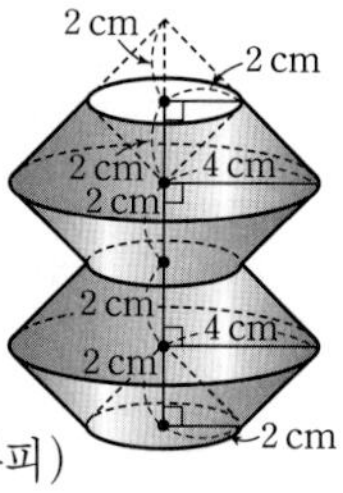

따라서 구하는 부피는

$4 \times (\text{원뿔대 1개의 부피}) - 2 \times (\text{원뿔 1개의 부피})$

$= 4 \times \left\{\left(\frac{1}{3} \times \pi \times 4^2 \times 4\right) - \left(\frac{1}{3} \times \pi \times 2^2 \times 2\right)\right\} - 2 \times \left(\frac{1}{3} \times \pi \times 2^2 \times 2\right)$

$= 4 \times \frac{56}{3}\pi - 2 \times \frac{8}{3}\pi = \frac{208}{3}\pi(\text{cm}^3)$

답 $\frac{208}{3}\pi$ cm^3

06 해결단계

❶단계	원기둥 모양의 탱크의 높이를 구한다.
❷단계	사각기둥 모양의 탱크의 높이를 구한다.
❸단계	원기둥, 구, 사각기둥 모양의 탱크의 부피를 각각 구한다.
❹단계	가장 많은 양의 원유가 들어가는 탱크의 부피와 가장 적은 양의 원유가 들어가는 탱크의 부피의 차를 구한다.

㈏에서 구 모양의 탱크의 겉넓이는 $4\pi r^2$이다.

㈎에서 원기둥 모양의 탱크의 높이를 h_1이라 하면 원기둥 모양의 탱크와 구 모양의 탱크의 겉넓이가 같으므로

$\pi r^2 \times 2 + 2\pi r \times h_1 = 4\pi r^2$, $2\pi r h_1 = 2\pi r^2$

$h_1 = \dfrac{2\pi r^2}{2\pi r}$ $\therefore h_1 = r$ ······ ㉠

㈐에서 사각기둥 모양의 탱크의 높이를 h_2라 하면 사각기둥 모양의 탱크와 구 모양의 탱크의 겉넓이가 같으므로

$r \times r \times 2 + 4r \times h_2 = 4\pi r^2$, $4r h_2 = 4\pi r^2 - 2r^2$

$h_2 = \dfrac{4\pi r^2 - 2r^2}{4r}$ $\therefore h_2 = \pi r - \dfrac{1}{2}r$ ······ ㉡

원기둥 모양의 탱크의 부피는

$\pi r^2 \times h_1 = \pi r^2 \times r = \pi r^3$ $(\because ㉠)$

구 모양의 탱크의 부피는 $\dfrac{4}{3}\pi r^3$

사각기둥 모양의 탱크의 부피는

$r \times r \times h_2 = r^2 \times \left(\pi r - \dfrac{1}{2}r\right)$ $(\because ㉡)$

$\qquad\qquad = \pi r^3 - \dfrac{1}{2}r^3$

이때, $r > 0$이므로

$\pi r^3 - \dfrac{1}{2}r^3 < \pi r^3 < \dfrac{4}{3}\pi r^3$

즉, 가장 많은 양의 원유가 들어가는 탱크의 부피와 가장 작은 양의 원유가 들어가는 탱크의 부피의 차는

$\dfrac{4}{3}\pi r^3 - \left(\pi r^3 - \dfrac{1}{2}r^3\right) = \dfrac{1}{3}\pi r^3 + \dfrac{1}{2}r^3$

$\qquad\qquad = \left(\dfrac{1}{3}\pi + \dfrac{1}{2}\right)r^3$ 답 $\left(\dfrac{1}{3}\pi + \dfrac{1}{2}\right)r^3$

07 해결단계

❶단계	주어진 두 부채꼴의 한 변이 겹치도록 이어 붙여 원의 일부가 되는 것을 확인한다.
❷단계	$S + 2T$가 의미하는 입체도형의 겉넓이가 무엇인지 파악한다.
❸단계	$\dfrac{1}{3}S + \dfrac{2}{3}T$의 값을 구한다.

두 직선 l과 m을 같은 회전축으로 두고 두 부채꼴 ABC와 EFG를 $\overline{AB}$와 $\overline{GF}$가 겹치도록 이어 붙여 보면 오른쪽 그림과 같이 부채꼴 EBC는 반지름의 길이가 6, 중심각의 크기가 150°인 부채꼴이 된다.

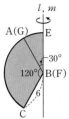

$\therefore \dfrac{1}{3}S + \dfrac{2}{3}T$

$= \dfrac{1}{3}(S + 2T)$

$= \dfrac{1}{3}\{(구의 겉넓이) + 4 \times (원뿔의 옆넓이)\}$

$= \dfrac{1}{3}\{4\pi \times 6^2 + 4 \times (\pi \times 3 \times 6)\}$

$= \dfrac{1}{3} \times 216\pi = 72\pi$ 답 72π

08 해결단계

❶단계	물의 높이가 $\overline{AB}$가 될 때까지 걸리는 시간을 구한다.
❷단계	물의 높이가 $\overline{AB}$가 된 이후 물이 완전히 다 빠져나갈 때까지 걸리는 시간을 구한다.
❸단계	가득 찬 물이 완전히 빠지는 데 걸리는 시간을 구한다.

물이 가득 찬 상태에서 물을 빼기 시작하여 물의 높이가 $\overline{AB}$가 될 때까지는 총 7개의 구멍에서 물이 빠져나간다.

물의 높이가 $\overline{AB}$가 될 때까지 빠져나간 물의 부피는 높이가 $\overline{OA}$인 원뿔대의 부피와 같으므로

$\left(\dfrac{1}{3} \times \pi \times 6^2 \times 12\right) - \left(\dfrac{1}{3} \times \pi \times 3^2 \times 6\right) = 126\pi\,(\mathrm{cm}^3)$

구멍 1개당 1분에 $3\pi\,\mathrm{cm}^3$씩 일정한 속도로 물이 빠져나가므로 물의 높이가 $\overline{AB}$가 될 때까지 걸리는 시간을 x분이라 하면

$126\pi = 7 \times 3\pi \times x$ $\therefore x = 6$

즉, 6분이 걸린다.

또한, 물의 높이가 $\overline{AB}$가 된 이후 1개의 구멍에서만 물이 빠져나간다.

물의 높이가 $\overline{AB}$가 된 이후 완전히 다 빠져나간 물의 부피는 높이가 $\overline{AB}$인 원뿔의 부피와 같으므로

$\dfrac{1}{3} \times \pi \times 3^2 \times 6 = 18\pi\,(\mathrm{cm}^3)$

구멍 1개당 1분에 $3\pi\,\mathrm{cm}^3$씩 일정한 속도로 물이 빠져나가므로 물의 높이가 $\overline{AB}$가 된 이후 완전히 다 빠져나갈 때까지 걸리는 시간을 y분이라 하면

$18\pi = 3\pi \times y$ $\therefore y = 6$

즉, 6분이 걸린다.

따라서 가득 찬 물이 완전히 빠지는 데 걸리는 시간은

$x + y = 6 + 6 = 12\,(분)$ 답 12분

IV 통계

08 도수분포표와 그래프

Step 1	시험에 꼭 나오는 문제			p. 81
01 ㄱ, ㄹ	02 ③	03 60 %	04 ④, ⑤	05 ②

01

ㄱ. 전체 학생 수는 4+6+3+2=15(명)

ㄴ. 잎이 가장 적은 줄기는 잎이 2개인 3이다.

ㄷ. 통화 시간이 20분 미만인 학생 수는 4+6=10(명)

ㄹ. 통화 시간이 긴 것부터 순서대로 나열하면 33분, 31분, 24분, 23분, 22분, 19분, …이므로 통화 시간이 5번째로 긴 학생의 통화 시간은 22분이다.

따라서 옳은 것은 ㄱ, ㄹ이다.   답 ㄱ, ㄹ

02

① 계급의 크기는 30-0=30(분)

② 5+12+A+9+4=40   ∴ A=10

③ TV를 전혀 보지 않는 학생이 있는지는 알 수 없다.

④ 도수가 가장 큰 계급은 30분 이상 60분 미만이므로 이 계급에 가장 많은 학생이 속해 있다.

⑤ TV 시청 시간이 120분 이상인 학생은 4명, 90분 이상인 학생은 9+4=13(명)이므로 TV 시청 시간이 12번째로 긴 학생이 속하는 계급은 90분 이상 120분 미만이다.

따라서 옳지 않은 것은 ③이다.   답 ③

03

나이가 25세 이상 35세 미만인 회원 수는

25-(4+6+4)=11(명)

이때, 나이가 35세 미만인 회원 수는 4+11=15(명)이므로

전체의 $\frac{15}{25}$×100=60(%)이다.   답 60 %

| 다른풀이 |

전체 동호회 회원은 25명이고, 히스토그램에서 나이가 35세 이상인 회원 수는 6+4=10(명)이므로

나이가 35세 이상인 회원은 전체의

$\frac{10}{25}$×100=40(%)

따라서 나이가 35세 미만인 회원은 전체의

100-40=60(%)

04

① 계급의 개수는 6이다.

② 계급의 크기는 650-640=10(점)

③ 점수가 645점인 날이 속하는 계급은 640점 이상 650점 미만이므로 도수는 2이다.

④ 670점 이상의 점수를 기록한 날 수는

15+12+3=30(일)

⑤ 계급의 크기는 10점이고, 전체 도수가

2+8+10+15+12+3=50이므로 도수분포다각형과 가로축으로 둘러싸인 부분의 넓이는

10×50=500

따라서 옳은 것은 ④, ⑤이다.   답 ④, ⑤

05

① 1반의 전체 학생 수는 3+5+8+4+3+2=25(명)

2반의 전체 학생 수는 4+9+6+3+2+1=25(명)

즉, 두 반의 전체 학생 수는 같다.

② 과학 실험 점수가 우수한 학생이 속하는 계급인 90점 이상 100점 미만에 1반 학생 수가 더 많지만 정확한 점수는 알 수 없으므로 과학 실험 점수가 가장 우수한 학생이 어느 반에 있는지는 알 수 없다.

③ 1반의 과학 실험 점수가 70점 미만인 학생 수는

3+5+8=16(명)

2반의 과학 실험 점수가 70점 미만인 학생 수는

4+9+6=19(명)

즉, 과학 실험 점수가 70점 미만인 학생은 1반보다 2반이 더 많다.

④ 과학 실험 점수가 55점인 학생이 속하는 계급은 50점 이상 60점 미만이고, 이 계급에 속하는 1반 학생은 5명, 2반 학생은 9명이므로 2반이 1반보다 4명 더 많다.

⑤ 1반에 대한 그래프가 2반에 대한 그래프보다 전체적으로 오른쪽에 치우쳐 있으므로 1반의 과학 실험 점수가 2반보다 더 좋다고 할 수 있다.

따라서 옳지 않은 것은 ②이다. 답 ②

blacklabel 특강 풀이첨삭

⑤ 그래프에서 과학 실험 점수가 60점 미만인 학생 수는 2반이 1반보다 많고 과학 실험 점수가 60점 이상인 학생 수는 1반이 2반보다 많으므로 전체적으로 1반이 2반보다 과학 실험 점수가 높은 학생들이 많다고 할 수 있다.

Step 2 A등급을 위한 문제 pp. 82~85

01 ③, ⑤	02 10분	03 30	04 ④	05 8명
06 6	07 25명	08 ②	09 ①	10 18개
11 12	12 42 %	13 ③	14 ②	15 16
16 ③	17 384	18 ③		

01

① 줄넘기 기록이 가장 좋은 학생의 기록은 88회이고 B 모둠에 있다.

② A 모둠에서 줄넘기 기록이 가장 좋은 학생의 기록은 77회이고, 이 변량이 속한 줄기는 7이다.

③ 두 모둠 전체에서 줄넘기 기록을 좋은 것부터 순서대로 나열하면 88회, 78회, 77회, 76회, 75회, …이므로 줄넘기 기록이 네 번째로 좋은 학생의 기록 76회는 B 모둠에 있다.

④ A 모둠에서 줄넘기 기록이 65회 이하인 경우는 59회, 65회이고, B 모둠에서 줄넘기 기록이 65회 이하인 경우는 57회, 59회, 62회, 65회, 65회이므로 줄넘기 기록이 65회 이하인 학생 수는 A 모둠보다 B 모둠이 더 많다.

⑤ A 모둠의 평균은

$$\frac{59+65+68+69+73+74+75+77}{8}=70(회)$$

B 모둠의 평균은

$$\frac{57+59+62+65+65+66+74+76+78+88}{10}=69(회)$$

즉, A 모둠의 평균이 B 모둠의 평균보다 더 높다.

따라서 옳지 않은 것은 ③, ⑤이다. 답 ③, ⑤

02

전체 학생 수는 $4+6+6+7+2=25$(명)

즉, 전체 학생의 $\frac{1}{5}$은 $25 \times \frac{1}{5}=5$(명)

이때, 게임 시간이 긴 것부터 순서대로 나열하면

56분, 51분, 48분, 47분, 46분, …

이므로 게임 중독 여부 검사 대상이 되는 학생 5명 중에서 게임 시간이 가장 긴 학생의 게임 시간은 56분, 게임 시간이 가장 짧은 학생의 게임 시간은 46분이다.

따라서 구하는 차는 $56-46=10$(분) 답 10분

blacklabel 특강 오답피하기

게임 시간이 긴 순서대로 전체 학생의 상위 $\frac{1}{5}$이 검사 대상이므로 마지막 줄기의 마지막 잎부터 차례대로 세어 확인한다.

03

10일 동안의 자유투 성공 횟수의 총합은

$9+19+19+21+24+24+24+30+31+33=234$(회)

이때, 주어진 줄기와 잎 그림에서 가장 자주 나온 값은 24회이므로 11일 동안의 자유투 성공 횟수의 평균은 24회이어야 한다.

즉, $\frac{234+n}{11}=24$이므로

$234+n=264$ ∴ $n=30$ 답 30

04

전체 학생은 40명이므로

$15+a+b+9+4+c=40$

∴ $a+b+c=12$

이때, $a:b:c=2:3:1$이므로

$c=\frac{1}{2+3+1} \times 12=2$

따라서 40분 이상 60분 미만인 학생 수는

$4+c=4+2=6$(명)

이므로 전체의 $\frac{6}{40} \times 100=15$(%)이다. 답 ④

| 다른풀이 |

$a:b:c=2:3:1$이므로 $a=2c$, $b=3c$라 하자.

전체 학생은 40명이므로 $15+a+b+9+4+c=40$에서

$15+2c+3c+9+4+c=40$

$6c=12$ ∴ $c=2$

따라서 40분 이상 60분 미만인 학생 수는 $4+c=4+2=6$(명)

이므로 전체의 $\dfrac{6}{40} \times 100 = 15(\%)$이다.

05

받은 문자 메시지가 40개 미만인 학생 수는

$2+4+10=16$(명)

이때, 전체 학생 수를 x라 하면 받은 문자 메시지의 개수가 40개

미만인 학생이 전체 40 %이므로

$\dfrac{16}{x} \times 100 = 40$ ∴ $x=40$

받은 문자 메시지가 40개 이상 50개 미만인 학생이 전체의 35 %

이므로 이 계급의 도수는

$40 \times \dfrac{35}{100} = 14$

따라서 받은 문자 메시지가 50개 이상 60개 미만인 학생 수는

$40-(2+4+10+14+2)=8$(명) 답 8명

06

운동 시간이 4시간 미만인 학생 수는 $6+10=16$(명)

전체 학생 수를 x라 하면 조건 ㈎에서

$\dfrac{16}{x} \times 100 = 50$ ∴ $x=32$

전체 학생은 32명이므로

$6+10+a+b+3=32$ ∴ $a+b=13$ ……㉠

또한, 조건 ㈏에서 운동 시간이 10번째로 긴 학생이 속한 계급이

4시간 이상 6시간 미만이어야 하므로 운동 시간이 6시간 이상인

학생 수는 9 이하가 되어야 한다.

즉, $3+b$의 값이 9 이하가 되어야 하므로 b의 값은

0, 1, 2, 3, 4, 5, 6 중에서 하나이다.

이때, ㉠에서

$b=0$일 때 a의 값은 가장 크고 그 값은 13

$b=6$일 때 a의 값은 가장 작고 그 값은 7

따라서 구하는 차는 $13-7=6$이다. 답 6

07

35점, 40점, 50점을 각각 받은 학생은 반드시 3번 문항을 맞혔

고, 이들의 수는 $8+6+4=18$(명)이다.

─────── ㈎

따라서 3번 문항의 정답자 22명 중에서 $22-18=4$(명)은 3번

문항 하나만 맞혀 25점을 받았으므로 1번과 2번 문항을 맞히고

3번 문항을 틀려 25점을 받은 학생 수는 $15-4=11$(명)이다.

─────── ㈏

즉, 세 문제 중에서 두 문제만 맞힌 학생은 1번과 2번 문항을 맞히

고 3번 문항을 틀려 25점을 받은 11명, 1번과 3번 문항을 맞히고

2번 문항을 틀려 35점을 받은 8명, 2번과 3번 문항을 맞히고 1번

문항을 틀려 40점을 받은 6명이므로 구하는 학생 수는

$11+8+6=25$(명)

─────── ㈐

답 25명

단계	채점 기준	배점
㈎	반드시 3번 문항을 맞힌 학생 수를 구한 경우	30%
㈏	1번과 2번 문항을 맞히고 3번 문항을 틀려 25점을 받은 학생 수를 구한 경우	40%
㈐	세 문제 중에서 두 문제만 맞힌 학생 수를 구한 경우	30%

blacklabel 특강 풀이첨삭

해당 점수를 얻기 위해 맞혀야
하는 문항 번호는 오른쪽과 같다.

점수(점)		맞힌 문항 번호
10	$=10$	1번
15	$=15$	2번
25	$=10+15$	1번, 2번
	$=25$	3번
35	$=10+25$	1번, 3번
40	$=15+25$	2번, 3번
50	$=10+15+25$	1번, 2번, 3번

08 해결단계

❶단계	철수가 읽은 책의 수가 속한 계급을 구한다.
❷단계	1반 학생 중에서 철수보다 책을 적게 읽은 학생 수의 범위를 구한다.
❸단계	$M-m$의 값을 구한다.

1학년 전체에서 읽은 책의 수가

8권 미만인 학생 수는 $2+12=14$(명),

12권 미만인 학생 수는 $2+12+6+34=54$(명),

16권 미만인 학생 수는 $2+12+6+34+10+65=129$(명)

이므로 철수가 읽은 책의 수가 속하는 계급은 12권 이상 16권 미만

이다.

이때, 1학년 전체에서 읽은 책의 수가 12권 이상 16권 미만인 학

생 수는 $10+65=75$(명)이고 읽은 책의 수가 12권 이상 16권

미만인 학생 중에서 $120-54=66$(명)이 철수보다 책을 적게 읽

었다.

따라서 1반 학생 중에서 철수보다 책을 적게 읽은 학생이 가장

많으려면 12권 이상 16권 미만인 계급에 속하는 철수를 제외한

1반 학생 9명이 모두 철수보다 책을 적게 읽은 학생이어야 한다.

또한, 1반 학생 중에서 철수보다 책을 적게 읽은 학생이 가장 적

으려면 12권 이상 16권 미만인 계급에 속하는 나머지 학급 학생

65명이 모두 철수보다 책을 적게 읽은 학생이어야 하고, 1반 학생 중에서 $66-65=1$(명)만이 철수보다 책을 적게 읽은 학생이어야 한다.

따라서 $M=2+6+9=17$, $m=2+6+1=9$이므로

$M-m=17-9=8$ 답 ②

상위 50 % 이내에 드는 학생 중에서 TV 시청 시간이 가장 짧은 학생이 속하는 계급은 5시간 이상 6시간 미만이므로

$b=5$

$\therefore a+b=7+5=12$ 답 12

09

60분 이상 80분 미만인 계급의 직사각형의 넓이와 100분 이상 120분 미만인 계급의 직사각형의 넓이의 비가 5 : 3이므로 두 계급의 도수의 비도 5 : 3이다.

이때, 100분 이상 120분 미만인 계급의 도수는 6이므로 60분 이상 80분 미만인 계급의 도수를 x라 하면

$5 : 3=x : 6$, $3x=30$

$\therefore x=10$

따라서 하루 운동 시간이 60분 이상 80분 미만인 학생은 10명이다.

             답 ①

10

무게가 300 g 미만인 사과가 전체의 60 %이므로 무게가 300 g 이상인 사과는 전체의 40 %이다.

즉, 무게가 300 g 이상인 사과의 개수는

$50 \times \dfrac{40}{100}=20$(개)

따라서 무게가 300 g 이상 350 g 미만인 사과의 개수는

$20-2=18$(개)   답 18개

11

전체 학생 수는

$3+4+5+6+6+4+2=30$(명)

상위 20 % 이내에 드는 학생 수는

$30 \times \dfrac{20}{100}=6$(명)

상위 20 % 이내에 드는 학생 중에서 TV 시청 시간이 가장 짧은 학생이 속하는 계급은 7시간 이상 8시간 미만이므로

$a=7$

한편, 상위 50 % 이내에 드는 학생 수는

$30 \times \dfrac{50}{100}=15$(명)

12

수학 점수가 75점 이상 80점 미만인 학생 수와 80점 이상 85점 미만인 학생 수의 비가 4 : 7이고, 80점 이상 85점 미만인 학생 수와 85점 이상 90점 미만인 학생 수의 비가 2 : 1이므로 75점 이상 80점 미만, 80점 이상 85점 미만, 85점 이상 90점 미만인 학생 수의 비는 8 : 14 : 7이다.   (가)

세 계급의 학생 수를 각각 $8x$, $14x$, $7x$라 하면

$2+4+7+8x+14x+7x+5+3=50$

$29x=29$ $\therefore x=1$

즉, 75점 이상 80점 미만, 80점 이상 85점 미만, 85점 이상 90점 미만인 학생은 각각 8명, 14명, 7명이다.   (나)

따라서 수학 점수가 80점 이상 90점 미만인 학생 수는

$14+7=21$(명)이므로 전체의 $\dfrac{21}{50} \times 100=42$(%)이다.

      (다)

          답 42 %

단계	채점 기준	배점
(가)	세 계급의 학생 수의 비를 구한 경우	40%
(나)	전체 학생 수를 이용하여 세 계급의 학생 수를 각각 구한 경우	30%
(다)	80점 이상 90점 미만인 학생은 전체의 몇 %인지 구한 경우	30%

blacklabel 특강   참고

연비

셋 이상의 수나 양의 비를 한꺼번에 나타낸 것으로, 다음과 같이 계산한다.

$A : B=a : b$이고, $B : C=c : d$

$\Rightarrow A : B : C=ac : bc : bd$

13

ㄱ. 전체 학생 수는 $7+8+8+5=28$(명)

ㄴ. 90점 이상인 학생은 5명, 80점 이상인 학생은
$8+5=13$(명)이므로 높은 점수부터 순서대로 나열할 때, 10번째 학생의 점수가 속하는 계급은 80점 이상 90점 미만이다.

ㄷ. 70점 이상 80점 미만인 학생은 8명이므로 전체의

$$\frac{8}{28} \times 100 = \frac{200}{7}(\%)이다.$$

따라서 옳은 것은 ㄱ, ㄴ이다. 답 ③

14

$S_1 = S_2$이고, $S_1 + S_2 = 20$이므로 $S_1 = S_2 = 10$

모눈 한 칸의 세로의 길이를 a라 하면

$$S_1 = S_2 = \frac{1}{2} \times 5 \times 2a = 10$$

$5a = 10$ ∴ $a = 2$

따라서 수학 점수가

80점 이상 90점 미만인 학생 수는 $7a = 7 \times 2 = 14$(명),

90점 이상 100점 미만인 학생 수는 $4a = 4 \times 2 = 8$(명)

이므로 구하는 학생 수는 $14 + 8 = 22$(명) 답 ②

15

받은 문자 메시지가 110개 미만인 학생은 3명이므로 전체 학생 수를 x라 하면

$$\frac{3}{x} \times 100 = 12 \qquad ∴ x = 25$$

이때, 받은 문자 메시지가 150개 이상 170개 미만인 학생 수를 y라 하면 170개 이상 190개 미만인 학생 수는 $\frac{1}{2}y$이므로

$$3 + 9 + 7 + y + \frac{1}{2}y = 25, \frac{3}{2}y = 6$$

∴ $y = 4$

따라서 받은 문자 메시지가 150개 이상 170개 미만인 학생은 4명이므로 전체의 $\frac{4}{25} \times 100 = 16(\%)$이다.

∴ $a = 16$ 답 16

16

전체 도수의 합은 $6 + 9 + 21 + 63 + 51 = 150$

이때, 도수분포다각형과 가로축으로 둘러싸인 부분의 넓이가 1200이므로 계급의 크기는

$1200 \div 150 = 8$(분)이다.

도수가 가장 큰 계급은 네 번째 계급이므로 구하는 계급은

$10 + 3 \times 8 = 34$(분) 이상 $10 + 4 \times 8 = 42$(분) 미만이다. 답 ③

blacklabel 특강 참고

주어진 도수분포다각형에 의하여 도수분포표는 오른쪽과 같다.

기다린 시간(분)		사람 수(명)
10^{이상} ~ 18^{미만}		6
18 ~ 26		9
26 ~ 34		21
34 ~ 42		63
42 ~ 50		51
합계		150

17

(가) 남학생 수는 $3 + 11 + 13 + 15 + 8 = 50$(명)

∴ $a = 50$

(나) 계급의 크기는 $16 - 10 = 6$(회)이므로 여학생의 기록을 나타내는 그래프와 가로축으로 둘러싸인 부분의 넓이는

$$(2 + 8 + 9 + 16 + 10) \times 6 = 45 \times 6 = 270$$

∴ $b = 270$

(다) 16회 이상 22회 미만인 계급에서 남학생은 11명, 여학생은 8명이므로 남학생이 여학생보다 3명 더 많다.

∴ $c = 16$, $d = 22$

(라) 22회 이상 28회 미만인 계급에 속하는 남학생은 13명이므로 이들은 남학생 전체의 $\frac{13}{50} \times 100 = 26(\%)$이다.

∴ $e = 26$

∴ $a + b + c + d + e = 50 + 270 + 16 + 22 + 26$
$$= 384$$ 답 384

18

A반의 전체 학생 수는

$2 + 5 + 10 + 3 + 4 + 1 = 25$(명)

B반에서 70점 이상인 학생 수는 $2 + 4 + 2 = 8$(명),

60점 이상인 학생 수는 $3 + 2 + 4 + 2 = 11$(명)이므로 B반에서 수학 점수가 9번째로 높은 학생이 속하는 계급은 60점 이상 70점 미만인 계급이다.

A반에서 60점 이상인 학생 수는 $10 + 3 + 4 + 1 = 18$(명)이므로

A반 전체에서 상위 $\frac{18}{25} \times 100 = 72(\%)$에 속한다.

A반에서 70점 이상인 학생 수는 $3 + 4 + 1 = 8$(명)이므로

A반 전체에서 상위 $\frac{8}{25} \times 100 = 32(\%)$에 속한다.

따라서 $32 < a \leq 72$이므로 a의 최댓값은 72이다. 답 ③

Step 3 종합 사고력 도전 문제 pp. 86~87

01 (1) $m=2$, $n=3$ (2) $x=58$, $y=63$　**02** 9명

03 (1) 13명　(2) $\dfrac{31}{49}$　**04** 20명　**05** 2명　**06** 25

07 7　**08** 12명

01 해결단계

(1)	❶단계	자료를 바탕으로 도수분포표를 완성하여 m, n의 값을 각각 구한다.
(2)	❷단계	x, y가 속한 계급을 각각 구한다.
	❸단계	x, y의 값을 각각 구한다.

(1) 주어진 20개의 자료 중에서 x, y를 제외한 18개의 자료로부터 도수분포표를 만들면 오른쪽과 같다. 이를 주어진 도수분포표와 비교하면 x, y

과자의 개수(개)	봉지 수(봉지)
52^{이상} ~ 55^{미만}	2
55 ~ 58	3
58 ~ 61	7
61 ~ 64	3
64 ~ 67	3
합계	18

는 58개 이상 61개 미만, 61개 이상 64개 미만인 계급에 각각 하나씩 들어감을 알 수 있다.

∴ $m=2$, $n=3$

(2) $y-x=5$에서 $y>x$

즉, x는 58개 이상 61개 미만인 계급에, y는 61개 이상 64개 미만인 계급에 속해 있다.

따라서 $58 \leq x < 61$, $61 \leq y < 64$이고 x, y는 자연수이므로 $x=58$, $y=63$이다.

답 (1) $m=2$, $n=3$ (2) $x=58$, $y=63$

02 해결단계

❶단계	전체 학생 수를 구한다.
❷단계	통학 시간이 20분 이상인 학생 수를 구한다.
❸단계	통학 시간이 15분 이상 20분 미만인 학생 수를 구한다.

통학 시간이 15분 미만인 학생 수는

$3+6=9$(명)

이 학생들이 전체의 30 %이므로 전체 학생 수를 x라 하면

$\dfrac{9}{x} \times 100 = 30$　∴ $x=30$

즉, 통학 시간이 20분 이상인 학생 수는

$30 \times \dfrac{40}{100} = 12$(명)

따라서 통학 시간이 15분 이상 20분 미만인 학생 수는

$30-(9+12)=9$(명)

답 9명

| 다른풀이 |

통학 시간이 15분 미만인 학생은 전체의 30 %, 20분 이상인 학생은 전체의 40 %이므로

통학 시간이 15분 이상 20분 미만인 학생은 전체의

$100-(30+40)=30(\%)$

이때, 히스토그램에서 통학 시간이 15분 미만인 학생 수는

$3+6=9$(명)이므로 통학 시간이 15분 이상 20분 미만인 학생도 9명이다.

03 해결단계

(1)	❶단계	60점 이상 70점 미만인 학생 수를 x라 하고 70점 미만인 학생 수와 70점 이상인 학생 수를 x를 사용하여 나타낸다.
	❷단계	60점 이상 70점 미만인 학생 수를 구한다.
	❸단계	도수분포다각형과 가로축으로 둘러싸인 부분의 넓이를 구한다.
(2)	❹단계	히스토그램의 직사각형의 넓이의 합을 이용하여 a, b의 값을 각각 구한다.
	❺단계	$\dfrac{a}{b}$의 값을 구한다.

(1) 과학 점수가 60점 이상 70점 미만인 학생 수를 x라 하면

70점 이상 80점 미만인 학생 수는

$40-(2+7+x+5+3)=23-x$(명)

이때, 과학 점수가

70점 미만인 학생 수는 $2+7+x=9+x$(명)이고,

70점 이상인 학생 수는 $(23-x)+5+3=31-x$(명)이므로

$9+x=2(31-x)-14$, $3x=39$　∴ $x=13$

따라서 과학 점수가 60점 이상 70점 미만인 학생은 13명이다.

(2) 도수분포다각형과 가로축으로 둘러싸인 부분의 넓이는 히스토그램의 직사각형의 넓이의 합과 같다.

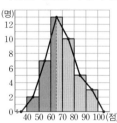

계급의 크기는 $50-40=10$(점)이므로 40점 이상 60점 미만인 계급의 히스토그램의 직사각형의 넓이의 합은 $10 \times (2+7)=90$이고, 가장 높은 꼭짓점을 가지는 60점 이상 70점 미만인 계급의 직사각형의 넓이의 $\dfrac{1}{2}$은

$10 \times 13 \times \dfrac{1}{2} = 65$

∴ $a=90+65=155$

또한, 70점 이상 100점 미만인 계급의 히스토그램의 직사각형의 넓이의 합은 $10 \times (10+5+3)=180$이고, 60점 이상 70점 미만인 계급의 직사각형의 넓이의 $\dfrac{1}{2}$은 65이므로

$b=180+65=245$

∴ $\dfrac{a}{b} = \dfrac{155}{245} = \dfrac{31}{49}$

답 (1) 13명　(2) $\dfrac{31}{49}$

도수분포다각형과 가로축으로 둘러싸인 부분의 넓이는 히스토그램의 직사각형의 넓이의 합과 같으므로
$a+b=40 \times 10=400$
따라서 a 또는 b의 값 중에서 하나를 구한 후 $b=400-a$, $a=400-b$를 이용하여 나머지 한 값을 구해도 된다.

---

04 해결단계

❶단계	줄기가 4인 학생 수와 7인 학생 수를 하나의 문자를 사용하여 나타낸다.
❷단계	❶단계의 문자의 값을 구한다.
❸단계	전체 학생 수를 구한다.

줄기가 4인 학생 수와 7인 학생 수를 각각 $2a$, $3a$라 하자.
줄기가 4인 학생들의 몸무게의 평균이 $42 \, kg$이므로 이들 학생들의 몸무게의 총합은
$42 \times 2a = 84a \, (kg)$
줄기가 5인 학생들의 몸무게의 총합은
$50+51+52+54=207 \, (kg)$
줄기가 6인 학생들의 몸무게의 총합은
$62+64+65+65+67+68=391 \, (kg)$
줄기가 7인 학생들의 몸무게의 평균이 $74 \, kg$이므로 이들 학생들의 몸무게의 총합은
$74 \times 3a = 222a \, (kg)$
이 반 전체 학생 수는 $2a+4+6+3a=5a+10$(명)이고 반 전체 학생들의 몸무게의 평균은 $60.5 \, kg$이므로
$\dfrac{84a+207+391+222a}{5a+10}=60.5$
$306a+598=60.5 \times (5a+10)$
$306a+598=302.5a+605$, $3.5a=7$
$\therefore a=2$
따라서 이 반 전체 학생 수는
$5a+10=5 \times 2+10=20$(명) **답** 20명

05 해결단계

❶단계	x의 값을 구한다.
❷단계	개수에 대한 표를 완성한다.
❸단계	20점을 받은 학생 수와 30점을 받은 학생 수의 차를 구한다.

개수에 대한 표에서 세 개의 수행 과제를 해결한 학생은 전체 학생의 $20 \, \%$이므로
$\dfrac{x-5}{x+(x+6)+(x-5)} \times 100 = 20$

$\dfrac{x-5}{3x+1}=\dfrac{1}{5}$, $5x-25=3x+1$
$2x=26$ $\therefore x=13$
따라서 개수에 대한 표를 완성하면 오른쪽과 같다.

개수(개)	학생 수(명)
1	13
2	19
3	8
합계	40

이때, 1개의 과제만 해결한 학생이 받을 수 있는 점수는 10점과 30점, 2개의 과제를 해결한 학생이 받을 수 있는 점수는 20점과 40점, 3개의 과제를 모두 해결한 학생이 받을 수 있는 점수는 50점이므로 20점을 받은 학생 수를 a, 30점을 받은 학생 수를 b라 하면
$6+b=13$, $a+14=19$
$\therefore a=5$, $b=7$
$\therefore b-a=2$
따라서 20점을 받은 학생 수와 30점을 받은 학생 수의 차는 2명이다. **답** 2명

06 해결단계

❶단계	평균이 속한 계급을 구한다.
❷단계	x, y의 값을 각각 구한다.
❸단계	$x+y$의 값을 구한다.

평균이 78점이므로 평균 점수가 속한 계급은 70점 이상 80점 미만이다.
평균 점수가 속한 계급의 학생의 점수가 모두 평균보다 낮을 때, 평균보다 점수가 높은 학생 수는 최소가 된다.
$\therefore x=9+7=16$
평균 점수가 속한 계급의 학생의 점수가 모두 평균보다 높을 때, 평균보다 점수가 낮은 학생 수는 최소가 된다.
$\therefore y=2+7=9$
$\therefore x+y=25$ **답** 25

07 해결단계

❶단계	남학생 중에서 달리기 기록이 14초 미만인 학생 수는 1반 전체 학생 수의 15 %임을 이용하여 a에 대한 식을 세운다.
❷단계	a의 값을 구한다.
❸단계	b의 값을 구한다.
❹단계	$a+b$의 값을 구한다.

남학생의 달리기 기록에 대한 도수분포다각형에서 13초 이상 14초 미만인 계급의 도수가 a이므로 남학생 수는

$1+a+7+4+2+1=a+15$(명)

남학생 수와 여학생 수가 같고, 남학생 중에서 달리기 기록이 14초 미만인 학생은 1반 전체 학생의 15 %이므로

$$\frac{1+a}{(a+15)+(a+15)}\times100=15$$

$$\frac{a+1}{2a+30}\times100=15,\ 100a+100=30a+450$$

$70a=350$ $\quad\therefore a=5$

따라서 남학생 수와 여학생 수는 각각

$a+15=5+15=20$(명)

여학생의 달리기 기록에 대한 도수분포다각형에서 여학생 수는

$1+3+8+5+b+1=b+18$(명)이므로

$b+18=20$ $\quad\therefore b=2$

$\therefore a+b=5+2=7$ 답 7

08 해결단계

❶단계	$x+y$의 값을 구한다.
❷단계	x, y의 값을 각각 구한다.
❸단계	3회 모두 2점을 얻은 학생 수를 구한다.
❹단계	3회 모두 같은 점수를 얻은 학생 수를 구한다.

전체 학생은 40명이므로

$3+2+5+x+y+6+4=40$ $\quad\therefore x+y=20$

이때, $x:y=3:2$이므로

$$x=\frac{3}{3+2}\times20=12,\ y=\frac{2}{3+2}\times20=8$$

3회 모두 다른 점수를 얻으려면 $1+2+3=6$(점)을 얻어야 한다.

이때, 점수가 6점인 12명 중에서 3회 모두 다른 점수를 얻은 학생이 7명이므로 3회 모두 2점을 얻은 학생 수는 $12-7=5$(명)

따라서 3회 모두 같은 점수를 얻은 학생은 3점의 3명, 6점의 5명, 9점의 4명이므로 구하는 학생 수는

$3+5+4=12$(명) 답 12명

blacklabel 특강 풀이첨삭

과녁의 점수는 1점 또는 2점 또는 3점이므로 점수 3, 4, …, 9를 1, 2, 3 중에서 세 숫자의 합으로 다음과 같이 나타낼 수 있다.

$3=1+1+1$	$4=1+1+2$
$5=1+2+2=1+1+3$	$6=1+2+3=2+2+2$
$7=1+3+3=2+2+3$	$8=2+3+3$
$9=3+3+3$	

이 중에서

3회 모두 다른 점수를 얻는 경우는 $6=1+2+3$의 한 가지뿐이고

3회 모두 같은 점수를 얻는 경우는

$3=1+1+1$, $6=2+2+2$, $9=3+3+3$이다.

09 상대도수

Step 1 시험에 꼭 나오는 문제 p. 89

01 0.3 02 ③ 03 ② 04 세제 A 05 9 : 2
06 ㄱ

01

전체 학생 수는

$10+50+70+40+20+10=200$(명)

도서관 이용 횟수가 8회 이상 12회 미만인 학생 수는

$40+20=60$(명)

따라서 도서관 이용 횟수가 8회 이상 12회 미만인 학생의 상대도수는

$$\frac{60}{200}=0.3$$ 답 0.3

02

인터넷 사용 시간이 0시간 이상 2시간 미만인 계급의 도수가 2이고 이 계급의 상대도수가 0.05이므로 민지네 반 전체 학생 수는

$$\frac{2}{0.05}=40(명)$$

① $A=40\times0.35=14$

② $B=40$

③ $C=\dfrac{8}{40}=0.2$

④ $D=\dfrac{12}{40}=0.3$

⑤ 상대도수의 총합은 1이므로 $E=1$

따라서 옳지 않은 것은 ③이다. 답 ③

03

독서 시간이 9시간 이상 10시간 미만인 계급의 상대도수는 0.15이고, 독서 시간이 4시간 이상 5시간 미만인 계급의 상대도수는 0.05이므로 전체 학생 수를 x라 하면

$0.15\times x-0.05\times x=18$

$0.1x=18$

$\therefore x=180$

따라서 1학년 전체 학생은 180명이다. 답 ②

04

세제 A에 대하여 소비자 만족도 점수가 80점 이상인 계급의 상
대도수는 $\dfrac{36+30}{100}=0.66$

세제 B에 대하여 소비자 만족도 점수가 80점 이상인 계급의 상
대도수는 $\dfrac{48+40}{160}=0.55$

이때, $0.66>0.55$이므로 두 세제 중에서 소비자 만족도 점수를
80점 이상 준 고객의 비율이 더 높은 세제는 A이다.　　답 세제 A

blacklabel 특강　풀이첨삭

각 계급의 상대도수를 구하여 두 세제 A, B의 상대도수의 분포표를 함께 나타내면
다음과 같다.

만족도 점수(점)	상대도수	
	세제 A	세제 B
60^{이상} ~ 70^{미만}	0.14	0.1875
70 ~ 80	0.2	0.2625
80 ~ 90	0.36	0.3
90 ~ 100	0.3	0.25
합계	1	1

05

발 길이가 260 mm 이상 270 mm 미만인 계급의 도수의 비가
$3:1$이므로 축구 동아리와 농구 동아리의 이 계급의 도수를 각
각 $3x$, x라 하면 이 계급의 상대도수의 비는

$$\frac{3x}{24}:\frac{x}{36}=\frac{1}{8}:\frac{1}{36}=\frac{1}{2}:\frac{1}{9}=9:2$$　　답 $9:2$

06

ㄱ. A 동아리에서 수면 시간이 6시간 이상 8시간 미만인 학생
수는

$40\times(0.3+0.45)=30$(명)

B 동아리에서 수면 시간이 6시간 이상 8시간 미만인 학생
수는

$20\times(0.1+0.2)=6$(명)

따라서 수면 시간이 6시간 이상 8시간 미만인 학생 수는 A
동아리가 B 동아리보다 많다.

ㄴ. A 동아리의 그래프와 가로축으로 둘러싸인 부분의 넓이는

$1\times(0.05+0.3+0.45+0.15+0.05)=1\times1=1$

B 동아리의 그래프와 가로축으로 둘러싸인 부분의 넓이는

$1\times(0.05+0.1+0.2+0.5+0.15)=1\times1=1$

따라서 두 부분의 넓이는 같다.

ㄷ. B 동아리의 그래프가 A 동아리의 그래프보다 전체적으로
오른쪽으로 치우쳐 있으므로 B 동아리 학생들이 A 동아리
학생들보다 수면 시간이 많다고 할 수 있다.

그러므로 옳은 것은 ㄱ뿐이다.　　답 ㄱ

Step 2　A등급을 위한 문제　pp. 90~93

01 ④	02 0.12	03 8명	04 ④	05 22
06 ④	07 ⑤	08 ②	09 600	10 ⑤
11 24	12 0.1	13 ④	14 3 : 2	15 0.48
16 ④	17 ③	18 13명	19 ③	

01

몸무게가 60 kg 이상 65 kg 미만인 계급의 도수가 2이고 이 계
급의 상대도수가 0.05이므로 전체 학생 수는

$\dfrac{2}{0.05}=40$(명)

몸무게가 55 kg 미만인 학생이 전체의 70 %이므로 몸무게가
55 kg 이상 60 kg 미만인 계급의 상대도수는

$1-(0.7+0.05)=0.25$

따라서 몸무게가 55 kg 이상 60 kg 미만인 학생 수는

$40\times0.25=10$(명)　　답 ④

02

각 계급의 상대도수는 그 계급의 도수에 정비례하므로

$a=2x$, $b=5x$로 놓을 수 있다.

이때, 상대도수의 총합은 1이므로

$2x+0.16+5x+0.24+0.32=1$, $7x=0.28$

$\therefore x=0.04$

따라서 $a=0.08$, $b=0.2$이므로

$b-a=0.12$　　답 0.12

03

실기 점수가 40점 이상 50점 미만인 계급의 도수가 2이고 이 계급의 상대도수가 0.08이므로 전체 학생 수는

$$\frac{2}{0.08}=25(명)$$

지영이가 속하는 계급은 50점 이상 60점 미만이므로 이 계급의 학생 수는

$$25\times0.32=8(명)$$　　　　　　　　　　　　　답 8명

04

무게가 400 g 이상 450 g 미만인 계급의 도수를 x라 하면 무게가 250 g 이상 300 g 미만인 계급의 도수는 $2.5x$이다. 또한, 무게가 350 g 이상 400 g 미만인 계급의 도수는

$$x+25\times0.08=x+2$$

이때, 도수의 총합이 25이므로

$$3+4+2.5x+7+(x+2)+x=25$$

$$16+\frac{9}{2}x=25, \ \frac{9}{2}x=9 \quad \therefore x=2$$

따라서 무게가 350 g 이상 400 g 미만인 복숭아의 개수는

$$x+2=2+2=4(개)$$　　　　　　　　　　　　답 ④

blacklabel 특강　　오답피하기

구하는 것이 무게가 350 g 이상 400 g 미만인 계급의 도수이므로 이 도수를 x로 놓고 식을 세울 수도 있다. 그런데 문제에서 두 계급의 도수와 상대도수를 각각 비교할 때, 기준이 되는 것이 무게가 400 g 이상 450 g 미만인 계급이므로 이 계급의 도수를 x로 놓으면 식을 좀 더 간단하게 세울 수 있다.

이때, 도수에 대한 조건과 상대도수에 대한 조건을 혼동하지 않도록 주의하여 무게가 400 g 이상 450 g 미만인 계급의 도수를 x로 놓았을 때, 무게가 350 g 이상 400 g 미만인 계급의 도수를 $(x+0.08)$이라 하지 않도록 한다.

05

연습 시간이 30분 이상 60분 미만인 계급의 상대도수는

$$1-\left(\frac{1}{15}+\frac{1}{3}+\frac{1}{10}+\frac{2}{15}\right)=\frac{11}{30}$$

이때, 각 계급의 도수는 자연수이어야 하므로 전체 학생 수를 x라 하면 $\frac{1}{15}x, \ \frac{11}{30}x, \ \frac{1}{3}x, \ \frac{1}{10}x, \ \frac{2}{15}x$의 값이 모두 자연수이어야 한다.

즉, x는 3, 10, 15, 30의 최소공배수, 즉 30의 배수이어야 한다. 80 이하의 자연수 중에서 30의 배수는 30과 60이므로

$$x=30 \ 또는 \ x=60$$

따라서 연습 시간이 30분 이상 60분 미만인 학생 수는

$$\frac{11}{30}\times30=11(명) \ 또는 \ \frac{11}{30}\times60=22(명)$$

이므로 학생 수가 될 수 있는 가장 큰 값은 22이다.　　답 22

blacklabel 특강　　필수개념

공배수와 최소공배수

(1) 공배수 : 두 개 이상의 자연수의 공통인 배수
(2) 최소공배수 : 공배수 중에서 가장 작은 수
(3) 최소공배수의 성질 : 두 개 이상의 자연수의 공배수는 모두 최소공배수의 배수이다.

06

국어 성적이 50점 이상 60점 미만인 계급의 도수가 6이고 이 계급의 상대도수가 0.15이므로 전체 학생 수는

$$\frac{6}{0.15}=40(명)$$

국어 성적이 90점 이상 100점 미만인 학생 수는

$$40\times0.05=2(명)$$

또한, 국어 성적이 80점 이상 90점 미만인 학생 수는

$$40\times0.15=6(명)$$

따라서 국어 성적이 7번째로 좋은 학생이 속하는 계급은 80점 이상 90점 미만이다.　　　　　　　　　　　답 ④

07

학생들이 가장 많이 등교하는 시간대는 상대도수가 0.3으로 가장 큰 8시 10분부터 8시 20분 전까지이고, 전체 학생은 1500명이므로 이 시간대에 등교하는 학생 수는

$$1500\times0.3=450(명)$$

따라서 필요한 홍보지는 450장이다.　　　　　　답 ⑤

08

수학 성적이 70점 미만인 학생은 전체의 80 %이므로 70점 미만인 계급의 상대도수의 합은 0.8이다.

한편, 수학 성적이 60점 이상인 계급의 상대도수의 합은

$1-(0.12+0.28)=0.6$

즉, 수학 성적이 60점 이상인 계급의 도수는

$200\times0.6=120$

이때, 수학 성적이 80점 이상 90점 미만인 계급의 도수를 a라 하면

$a:120=2:15$ $\therefore a=16$

따라서 수학 성적이 80점 이상 90점 미만인 계급의 상대도수는

$\dfrac{16}{200}=0.08$

즉, 수학 성적이 70점 이상 80점 미만인 계급의 상대도수는

$1-(0.8+0.08+0.06)=0.06$

따라서 구하는 학생 수는

$200\times0.06=12($명$)$ 답 ②

blacklabel 특강   풀이첨삭

보이는 그래프와 위의 내용을 이용하여 수학 성적에 대한 도수 및 상대도수의 분포를 표로 나타내면 다음과 같다.

수학 성적(점)	상대도수	학생 수(명)
40^{이상} ~ 50^{미만}	0.12	24
50 ~ 60	0.28	56
60 ~ 70	0.4	80
70 ~ 80		
80 ~ 90		a
90 ~ 100	0.06	12
합계	1	200

09

주어진 그래프로부터 다음과 같은 상대도수의 분포표를 얻을 수 있다.

산책 시간(시간)	상대도수	
	소수	기약분수
2^{이상} ~ 4^{미만}	0.04	$0.04=\dfrac{4}{100}=\dfrac{1}{25}$
4 ~ 6	0.12	$0.12=\dfrac{12}{100}=\dfrac{3}{25}$
6 ~ 8	0.4	$0.4=\dfrac{4}{10}=\dfrac{2}{5}$
8 ~ 10	0.265	$0.265=\dfrac{265}{1000}=\dfrac{53}{200}$
10 ~ 12	0.175	$0.175=\dfrac{175}{1000}=\dfrac{7}{40}$
합계	1	1

조사한 주민 수를 x라 하면 각 계급의 도수는

$\dfrac{1}{25}x, \dfrac{3}{25}x, \dfrac{2}{5}x, \dfrac{53}{200}x, \dfrac{7}{40}x$

이때, 각 계급의 도수는 자연수이어야 하므로 x는 5, 25, 40, 200의 공배수이다.

5, 25, 40, 200의 최소공배수는 200이고, 아파트 단지 전체 주민이 825명이므로 x가 될 수 있는 수는

200, 400, 600, 800

따라서 조사한 주민 수가 될 수 있는 가장 큰 값은 800, 가장 작은 값은 200이므로

$a=800, b=200$

$\therefore a-b=600$ 답 600

10

전체 학생 50명 중에서 액션을 선호하는 학생 수는

$50\times0.4=20($명$)$

이때, 액션을 선호하는 여학생의 상대도수가 0이므로 전체 학생 중에서 액션을 선호하는 20명은 모두 남학생이다.

액션을 선호하는 남학생의 상대도수가 0.5이므로 남학생 수는

$\dfrac{20}{0.5}=40($명$)$

즉, 여학생 수는 $50-40=10($명$)$이므로 선호하는 영화 장르에 대한 도수분포표는 다음과 같다.

장르	학생 수(명)		
	남학생	여학생	전체 학생
액션	20	0	20
스릴러	15	5	20
드라마	5	5	10
합계	40	10	50

① 스릴러를 선호하는 남학생 수는 여학생 수의 3배이다.

② 스릴러와 드라마를 선호하는 남학생 수의 차는

  $15-5=10($명$)$

③ 스릴러와 드라마를 선호하는 여학생 수의 차는

  $5-5=0($명$)$

④ 액션을 선호하는 남학생은 20명, 드라마를 선호하는 여학생은 5명이다.

⑤ 드라마를 선호하는 남학생과 여학생은 모두 5명으로 같다.

따라서 옳은 것은 ⑤이다. 답 ⑤

11

두 자료의 도수의 총합을 각각 $5x$, $4x$라 하고,
어떤 계급의 상대도수를 각각 $2y$, $3y$라 하면
이 계급에 속하는 자료 A의 도수가 20이므로
$5x \times 2y = 20$, $10xy = 20$ ∴ $xy = 2$
따라서 이 계급에 속하는 자료 B의 도수는
$4x \times 3y = 12xy = 12 \times 2 = 24$ 답 24

12

중학교 Q의 상대도수에서
$b = 1 - (0.28 + 0.25 + 0.17) = 0.3$
중학교 P의 전체 학생을 x명, 혈액형이 B형인 학생을 y명이라
하면 중학교 Q의 전체 학생이 $4x$명, 혈액형이 B형인 학생이 $3y$
명이므로
$a = \dfrac{y}{x}$, $b = \dfrac{3y}{4x}$
이때, $\dfrac{3y}{4x} = 0.3$이므로 $\dfrac{y}{x} = 0.3 \times \dfrac{4}{3} = 0.4$
따라서 $a = \dfrac{y}{x} = 0.4$이므로 중학교 P의 상대도수에서
$c = 1 - (0.24 + 0.26 + 0.4) = 0.1$ 답 0.1

blacklabel 특강 참고

(상대도수) $= \dfrac{(도수)}{(도수의 총합)}$에서 중학교 Q의 전체 학생 수는 중학교 P의 전체 학
생 수의 4배이고, 중학교 Q에서 혈액형이 B형인 학생 수는 중학교 P에서 혈액형이
B형인 학생 수의 3배이므로 중학교 Q에서 혈액형이 B형인 학생의 상대도수는 중학
교 P에서 혈액형이 B형인 학생의 상대도수의 $\dfrac{3}{4}$배이다.

13

각 반에서 아침 식사를 하고 다니는 학생 수는
1반 : $30 \times 0.2x = 6x$(명)
2반 : $40 \times 0.1x = 4x$(명)
3반 : $30 \times 0.4x = 12x$(명)
4반 : $40 \times 0.15x = 6x$(명)

전체 학생에 대하여 아침 식사를 하고 다니는 학생의 상대도수는
$\dfrac{6x + 4x + 12x + 6x}{30 + 40 + 30 + 40} = 0.3$
$\dfrac{28x}{140} = 0.3$ ∴ $x = 0.3 \times \dfrac{140}{28} = \dfrac{3}{2}$
따라서 1반의 학생 중에서 아침 식사를 하고 다니는 학생 수는
$6x = 6 \times \dfrac{3}{2} = 9$(명) 답 ④

14

A, B 두 반의 전체 학생 수를 각각 $5x$, $4x$라 하면
$b = \dfrac{a}{4x}$, $d = \dfrac{c}{5x}$
이때, $b : d = 15 : 8$이므로
$\dfrac{a}{4x} : \dfrac{c}{5x} = 15 : 8$
$8 \times \dfrac{a}{4x} = 15 \times \dfrac{c}{5x}$, $2a = 3c$
∴ $a : c = 3 : 2$ 답 3 : 2

15 해결단계

❶단계	2학년 전체 학생 수를 구한다.
❷단계	1학년 전체 학생 수를 구한다.
❸단계	1학년 남학생 수를 구한다.
❹단계	1학년 전체 학생에 대한 1학년 남학생의 상대도수를 구한다.

2학년 여학생의 상대도수와 남학생의 상대도수의 차는
$0.55 - 0.45 = 0.1$
이때, 남학생이 여학생보다 18명 더 많으므로 2학년 전체 학생
수는
$\dfrac{18}{0.1} = 180$(명)
3학년 전체 학생이 220명이고 전교생이 600명이므로 1학년 전
체 학생 수는
$600 - (180 + 220) = 200$(명)
전교생에 대한 전체 남학생의 상대도수가
$1 - 0.51 = 0.49$이므로 전체 남학생 수는
$600 \times 0.49 = 294$(명)
2학년 남학생 수는
$180 \times (1 - 0.45) = 180 \times 0.55 = 99$(명)
3학년 남학생 수는
$220 \times (1 - 0.55) = 220 \times 0.45 = 99$(명)

즉, 1학년 남학생 수는

$294-(99+99)=294-198=96$(명)

따라서 1학년 전체 학생에 대한 1학년 남학생의 상대도수는

$\dfrac{96}{200}=0.48$

답 0.48

16

주어진 그래프로부터 다음과 같은 상대도수의 분포표를 얻을 수 있다.

독서 시간(시간)	상대도수	
	A 중학교	B 중학교
$1^{이상} \sim 2^{미만}$	0.06	0.04
2 ~ 3	0.14	0.12
3 ~ 4	0.24	0.22
4 ~ 5	0.3	0.26
5 ~ 6	0.18	0.26
6 ~ 7	0.08	0.1
합계	1	1

① A, B 두 중학교의 계급의 크기가 1시간으로 같고, 상대도수의 총합이 1로 같으므로 각 그래프와 가로축으로 둘러싸인 부분의 넓이는 서로 같다.

② B 중학교의 그래프가 A 중학교의 그래프보다 전체적으로 오른쪽으로 치우쳐 있으므로 B 중학교 학생들의 독서 시간이 A 중학교 학생들의 독서 시간보다 많다고 할 수 있다.

③ A 중학교에서 독서 시간이 2시간 이상 3시간 미만인 학생 수는 $50\times0.14=7$(명)

④ 독서 시간이 3시간 이상 4시간 미만인 학생 수는

A 중학교 : $50\times0.24=12$(명)

B 중학교 : $100\times0.22=22$(명)

즉, A 중학교가 B 중학교보다 적다.

⑤ B 중학교에서 독서 시간이

6시간 이상 7시간 미만인 학생 수는 $100\times0.1=10$(명)

5시간 이상 6시간 미만인 학생 수는 $100\times0.26=26$(명)

즉, B 중학교에서 독서 시간이 15번째로 많은 학생이 속하는 계급은 5시간 이상 6시간 미만이다.

따라서 옳지 않은 것은 ④이다.

답 ④

17

주어진 그래프로부터 다음과 같은 상대도수의 분포표를 얻을 수 있다.

봉사 시간(시간)	상대도수	
	A 동아리	B 동아리
$5^{이상} \sim 15^{미만}$	0.08	0.05
15 ~ 25	0.14	0.175
25 ~ 35	0.24	0.3
35 ~ 45	0.32	0.225
45 ~ 55	0.18	0.15
55 ~ 65	0.04	0.1
합계	1	1

이때, A 동아리의 학생은 50명, B 동아리의 학생은 80명이므로

5시간 이상 15시간 미만인 계급의 도수의 합은

$(0.08\times50)+(0.05\times80)=4+4=8$

15시간 이상 25시간 미만인 계급의 도수의 합은

$(0.14\times50)+(0.175\times80)=7+14=21$

25시간 이상 35시간 미만인 계급의 도수의 합은

$(0.24\times50)+(0.3\times80)=12+24=36$

35시간 이상 45시간 미만인 계급의 도수의 합은

$(0.32\times50)+(0.225\times80)=16+18=34$

45시간 이상 55시간 미만인 계급의 도수의 합은

$(0.18\times50)+(0.15\times80)=9+12=21$

55시간 이상 65시간 미만인 계급의 도수의 합은

$(0.04\times50)+(0.1\times80)=2+8=10$

따라서 도수의 합이 가장 큰 계급은 25시간 이상 35시간 미만이다.

답 ③

18

2학년 학생 수를 x라 하면 1학년 학생 수는 $(x+50)$이다. ⸺⸺(가)

운동 시간이 3시간 이상 4시간 미만인 학생이 71명이므로

$0.3\times(x+50)+0.26x=71$

$0.56x=56$ ∴ $x=100$

즉, 1학년 학생은 150명, 2학년 학생은 100명이다. ⸺⸺(나)

1학년에서 운동 시간이 6시간 이상 7시간 미만인 계급의 상대도수는

$1-(0.04+0.2+0.3+0.26+0.14)=1-0.94=0.06$

2학년에서 운동 시간이 6시간 이상 7시간 미만인 계급의 상대도수는

$1-(0.08+0.28+0.26+0.22+0.12)=1-0.96=0.04$

따라서 전체 학생 중에서 운동 시간이 6시간 이상 7시간 미만인 학생 수는

$0.06\times150+0.04\times100=9+4=13$(명) ⸺⸺(다)

답 13명

단계	채점 기준	배점
(가)	각 학년의 학생 수를 한 문자를 사용하여 나타낸 경우	20%
(나)	각 학년의 학생 수를 구한 경우	40%
(다)	운동 시간이 6시간 이상 7시간 미만인 학생 수를 구한 경우	40%

blacklabel 특강 풀이첨삭

주어진 그래프로부터 다음과 같은 상대도수의 분포표를 얻을 수 있다.

운동 시간(시간)	상대도수	
	1학년	2학년
1^{이상} ~ 2^{미만}	0.04	0.08
2 ~ 3	0.2	0.28
3 ~ 4	0.3	0.26
4 ~ 5	0.26	0.22
5 ~ 6	0.14	0.12
6 ~ 7	0.06	0.04
합계	1	1

19

1학년 남학생의 그래프에서 컴퓨터 사용 시간이 7시간 이상 11시간 미만인 계급의 상대도수의 합은

$0.2+0.12=0.32$

즉, 1학년 남학생 수는 $\dfrac{48}{0.32}=150$(명)

1학년 전체 학생의 그래프에서 컴퓨터 사용 시간이 7시간 이상 11시간 미만인 계급의 상대도수의 합은

$0.24+0.18=0.42$

즉, 1학년 전체 학생 수는 $\dfrac{168}{0.42}=400$(명)

이때, 1학년 남학생의 그래프에서 컴퓨터 사용 시간이

13시간 이상 15시간 미만인 학생 수는 $150\times0.02=3$(명)

11시간 이상 13시간 미만인 학생 수는 $150\times0.04=6$(명)

이므로 컴퓨터 사용 시간이 많은 쪽에서 9번째인 학생이 속하는 계급은 11시간 이상 13시간 미만이다.

한편, 1학년 전체 학생의 그래프에서 컴퓨터 사용 시간이 13시간 이상 15시간 미만인 학생 수는 $400\times0.08=32$(명)

이고, 컴퓨터 사용 시간이 11시간 이상 13시간 미만인 1학년 남학생 6명 중에서 5명은 9번째인 학생 보다 컴퓨터 사용 시간이 더 많으므로

$a>32+5=37$

또한, 1학년 전체 학생의 그래프에서 컴퓨터 사용 시간이 11시간 이상 13시간 미만인 학생 수는 $400\times0.16=64$(명)이므로

$a\leq32+64=96$

$\therefore 37<a\leq96$

따라서 a의 값으로 가능한 것은 ③이다.　　　　답 ③

Step 3 종합 사고력 도전 문제　　　pp. 94~95

01 (1) $x=0.2$, $y=0.24$　(2) 60대　　**02** 120명
03 (1) $A=0.12$, $B=54$　(2) 8 %　　**04** 0.15
05 16명　　**06** 36명　　**07** 0.04
08 후보 B, 이유는 풀이 참조

01 해결단계

(1)	❶단계	줄기와 잎 그림을 보고 8시부터 9시 전까지 효진이네 아파트 앞의 큰 길을 지나간 차량의 총 대수를 구한다.
	❷단계	8시 12분부터 8시 24분 전까지 지나간 차량 수를 구한 후, x의 값을 구한다.
	❸단계	8시 36분부터 8시 48분 전까지 지나간 차량 수를 구한 후, y의 값을 구한다.
(2)	❹단계	토요일에 8시 12분부터 8시 48분 전까지 지나간 차량 수를 구한다.

(1) 잎의 총 개수는 효진이네 아파트 앞의 큰 길을 지나간 차량의 총 대수와 같으므로

$2+3+7+8+4+1=25$(대)

8시 12분부터 8시 24분 전까지 지나간 차량은

8시 12분, 15분, 19분, 21분, 21분에 지나간 5대이므로

$x=\dfrac{5}{25}=0.2$

또한, 8시 36분부터 8시 48분 전까지 지나간 차량은

8시 36분, 37분, 38분, 38분, 43분, 45분에 지나간 6대이므로

$y=\dfrac{6}{25}=0.24$

(2) 토요일의 각 계급의 상대도수가 월요일의 각 계급의 상대도수와 같으므로 8시 12분부터 8시 48분 전까지 지나간 차량 수는

$75\times(x+0.36+y)=75\times(0.2+0.36+0.24)$
$\qquad\qquad\qquad\quad =60$(대)

답 (1) $x=0.2$, $y=0.24$　(2) 60대

02 해결단계

❶단계	상대도수의 분모의 최소공배수를 구한다.
❷단계	a, b를 하나의 문자를 사용하여 나타낸다.
❸단계	도수의 총합을 구한다.

주어진 표에서 소수를 기약분수로 나타내면 다음과 같은 표를 얻을 수 있다.

독서 시간(시간)	상대도수	
	소수	기약분수
$0^{\text{이상}} \sim 4^{\text{미만}}$	0.25	$0.25 = \dfrac{25}{100} = \dfrac{1}{4}$
$4 \sim 8$	0.2	$0.2 = \dfrac{2}{10} = \dfrac{1}{5}$
$8 \sim 12$	0.125	$0.125 = \dfrac{125}{1000} = \dfrac{1}{8}$
$12 \sim 16$	0.1	$0.1 = \dfrac{1}{10}$
$16 \sim 20$	0.2	$0.2 = \dfrac{2}{10} = \dfrac{1}{5}$
$20 \sim 24$	0.125	$0.125 = \dfrac{125}{1000} = \dfrac{1}{8}$
합계	1	1

각 계급의 도수가 자연수가 되어야 하므로 도수의 총합은 각 계급의 상대도수의 분모 4, 5, 8, 10의 공배수가 되어야 한다.

이때, 분모의 최소공배수가 40이므로 도수의 총합은 40의 배수이다.

따라서 전체 도수를 $40n$이라 하면

$a = 40n \times \dfrac{1}{4} = 10n$, $b = 40n \times \dfrac{1}{5} = 8n$

이때, $10n$, $8n$의 최대공약수는 $2n$이고 a, b의 최대공약수가 6이므로

$2n = 6$ ∴ $n = 3$

즉, 조사에 참여한 학생 수는 $40n = 40 \times 3 = 120$(명)   **답** 120명

03 해결단계

(1)	**❶단계**	전체 학생 수를 구한다.
	❷단계	A, B의 값을 구한다.
(2)	**❸단계**	하루에 마시는 우유의 양이 600 mL 이상 800 mL 미만인 계급의 상대도수를 구한다.
	❹단계	하루에 마시는 우유의 양이 800 mL 이상인 학생의 비율을 구한다.

(1) 하루에 마시는 우유의 양이 400 mL 이상 600 mL 미만인 계급의 도수가 84명, 상대도수가 0.42이므로 전체 학생 수는

$\dfrac{84}{0.42} = 200$(명)

∴ $A = \dfrac{24}{200} = 0.12$, $B = 200 \times 0.27 = 54$

(2) 하루에 마시는 우유의 양이 600 mL 이상 800 mL 미만인 계급의 상대도수는

$\dfrac{22}{200} = 0.11$

따라서 하루에 마시는 우유의 양이 800 mL 이상인 학생은 전체의

$\{1 - (0.12 + 0.27 + 0.42 + 0.11)\} \times 100 = 0.08 \times 100$
$= 8(\%)$

답 (1) $A = 0.12$, $B = 54$ (2) 8 %

04 해결단계

❶단계	전체 고객 수를 구한다.
❷단계	4만 원 이상 8만 원 미만인 계급과 12만 원 이상 16만 원 미만인 계급의 도수를 구한다.
❸단계	8만 원 이상 12만 원 미만인 계급의 도수를 구한다.
❹단계	구입한 물품의 금액이 25번째로 적은 고객이 속하는 계급을 구하고 그 계급의 상대도수를 구한다.

0원 이상 4만 원 미만인 계급의 도수가 5이고 상대도수가 0.05이므로 전체 고객 수는

$\dfrac{5}{0.05} = 100$(명)

즉, 4만 원 이상 8만 원 미만인 계급의 도수는

$0.1 \times 100 = 10$

12만 원 이상 16만 원 미만인 계급의 도수는

$0.3 \times 100 = 30$

이때, 구입한 물품의 금액이 16만 원 미만인 고객이 모두 60명이므로 8만 원 이상 12만 원 미만인 계급의 도수는

$60 - (5 + 10 + 30) = 15$

따라서 구입한 물품의 금액이 25번째로 적은 고객이 속하는 계급은 8만 원 이상 12만 원 미만이고 이 계급의 상대도수는

$\dfrac{15}{100} = 0.15$ **답** 0.15

05 해결단계

❶단계	그래프의 세로 눈금 한 칸의 크기를 구한다.
❷단계	A 중학교에서 50세 이상 60세 미만인 계급의 상대도수를 구한다.
❸단계	A 중학교에서 나이가 50세 이상인 선생님의 수를 구한다.

그래프의 세로 눈금 한 칸의 크기를 x라 하면 B 중학교의 상대도수의 총합은 1이므로

$2x + 6x + 7x + 4x + x = 1$

$20x = 1$ ∴ $x = 0.05$

즉, 그래프의 세로 눈금 한 칸의 크기는 0.05이다.

이때, A 중학교에서 나이가 50세 이상 60세 미만인 계급의 상대도수는

$1 - (3 + 7 + 6 + 1) \times 0.05 = 0.15$

이므로 A 중학교에서 나이가 50세 이상인 선생님의 수는

$80 \times (0.15 + 0.05) = 16$(명)   **답** 16명

06 해결단계

❶단계	B 마을의 전체 주민 수를 x라 하고 A 마을의 전체 주민 수를 x를 사용하여 나타낸다.
❷단계	60분 이상 70분 미만인 계급을 이용하여 x의 값을 구한다.
❸단계	50분 이상 60분 미만인 계급의 B 마을의 주민 수를 구한다.

B 마을의 전체 주민 수를 x라 하면

하루 운동 시간이 20분 이상 30분 미만인 B 마을의 주민 수는 $0.2x$이다.

또한, 이 계급의 A 마을의 상대도수는 0.12이고, 주민 수는 B 마을과 같으므로 A 마을의 전체 주민 수는

$$\frac{0.2x}{0.12}=\frac{5}{3}x(\text{명})$$

한편, 하루 운동 시간이 60분 이상 70분 미만인 계급의 A 마을의 상대도수는

$$1-(0.06+0.12+0.16+0.32+0.26)=0.08$$

이 계급의 두 마을의 상대도수가 같으므로 하루 운동 시간이 60분 이상 70분 미만인 계급의 B 마을의 상대도수도 0.08이다.

이 계급에 속하는 주민 수는 A 마을이 B 마을보다 16명 더 많으므로

$$\frac{5}{3}x\times0.08=x\times0.08+16$$

$$5x=3x+600$$

$$2x=600 \qquad \therefore x=300$$

즉, B 마을의 전체 주민은 300명이고 하루 운동 시간이 50분 이상 60분 미만인 계급의 B 마을의 상대도수는

$$1-(0.08+0.2+0.3+0.22+0.08)=0.12$$

이므로 이 계급의 B 마을의 주민 수는

$$300\times0.12=36(\text{명})$$

답 36명

07 해결단계

❶단계	수정 후의 도수분포표를 완성한다.
❷단계	각 계급에서 이동한 학생 수를 구한다.
❸단계	A, B의 값을 각각 구하고 그 합을 구한다.

전체 학생 수는 변하지 않으므로 수정 후 상대도수에 각각 25를 곱하여 다음과 같은 도수분포표를 얻을 수 있다.

2학기 성적(점)	수정 전 학생 수(명)	수정 후 학생 수(명)
$40^{\text{이상}}\sim50^{\text{미만}}$	5	$0.12\times25=3$
$50\sim60$	3	$A\times25$
$60\sim70$	11	$0.48\times25=12$
$70\sim80$	1	0
$80\sim90$	2	$B\times25$
$90\sim100$	3	$0.12\times25=3$
합계	25	25

위의 표에서 성적이 40점 이상 50점 미만인 학생들 중에서 2명이 한 계급 올라갔고, 50점 이상 60점 미만인 학생들 중에서 1명이 한 계급 올라갔으므로 50점 이상 60점 미만인 학생 수는

$$3+2-1=4(\text{명})$$

$$\therefore A=\frac{4}{25}=0.16$$

또한, 70점 이상 80점 미만인 학생들 중에서 1명이 한 계급 올라갔고, 80점 이상 90점 미만인 학생들 중에서 계급이 올라간 학생은 없으므로 80점 이상 90점 미만인 학생 수는

$$2+1=3(\text{명})$$

$$\therefore B=\frac{3}{25}=0.12$$

$$\therefore A-B=0.16-0.12=0.04$$

답 0.04

08 해결단계

❶단계	지지율에 따른 도수를 각각 구한다.
❷단계	세 후보 A, B, C의 지지율을 각각 구한다.
❸단계	당선이 확실한 후보를 말하고 그 이유를 서술한다.

세 후보 A, B, C의 지지율에 따른 도수를 조사하면 다음과 같은 표를 얻을 수 있다.

학년	학생 수(명)			
	후보 A	후보 B	후보 C	무응답
1학년	75	150	45	30
2학년	102	153	68	17
3학년	126	108	108	18
합계	303	411	221	65

전교생 1000명에 대한 세 후보 A, B, C의 지지율은 각각

$$\frac{303}{1000}\times100=30.3(\%),\ \frac{411}{1000}\times100=41.1(\%),$$

$$\frac{221}{1000}\times100=22.1(\%)$$

이므로 후보 B의 지지율이 가장 높다.

또한, 전교생 1000명 중에서 무응답인 학생의 비율은

$$\frac{65}{1000}\times100=6.5(\%)$$

이때, 무응답인 학생이 모두 지지율이 두 번째로 높은 후보 A에 투표한다고 가정하면 후보 A의 득표율은

$$30.3+6.5=36.8(\%)$$

이는 후보 B의 지지율 41.1 %보다 낮으므로 후보 B의 당선이 확실하다.

답 후보 B, 이유는 풀이 참조

memo

memo

Tomorrow
better than today

memo

WHITE label

서술형 문항의
원리를 푸는 열쇠

화 이 트 라 벨
| 서술형 문장완성북　| 서술형 핵심패턴북

링크랭크

마인드맵으로 쉽게
우선순위로 빠르게

링크랭크
| 고등 VOCA　| 수능 VOCA

impossible

+

 땀 한 방울

=

i'm possible

불가능을 가능으로 바꾸는 것은
한 방울의 땀입니다.

틀을 / 깨는 / 생각 / *Jinhak*

A등급을 위한 명품 수학

블랙라벨 중학 수학 ❶-2

Tomorrow
better than today

www.jinhak.com

수능·내신을 위한
상위권 명품 영단어장

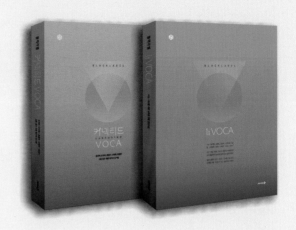

블랙라벨

| 커넥티드 VOCA | 1등급 VOCA

내신 중심 시대
단 하나의 내신 어법서

블랙라벨

| 영어 내신 어법

전교 1등의 책상 위에는
블랙라벨

국어	문학 ｜ 독서(비문학) ｜ 문법
영어	커넥티드 VOCA ｜ 1등급 VOCA ｜ 내신 어법 ｜ 독해
15개정 고등 수학	수학(상) ｜ 수학(하) ｜ 수학 I ｜ 수학 II ｜ 확률과 통계 ｜ 미적분 ｜ 기하
15개정 중학 수학	1-1 ｜ 1-2 ｜ 2-1 ｜ 2-2 ｜ 3-1 ｜ 3-2
15개정 수학 공식집	중학 ｜ 고등
22개정 고등 수학	공통수학 1 ｜ 공통수학 2 (출시 예정)
22개정 중학 수학	1-1 ｜ 1-2 (출시 예정)

단계별 학습을 위한 플러스 기본서
더 THE 개념
블랙라벨

국어	문학 ｜ 독서 ｜ 문법
15개정 수학	수학(상) ｜ 수학(하) ｜ 수학 I ｜ 수학 II ｜ 확률과 통계 ｜ 미적분
22개정 수학	공통수학 1 ｜ 공통수학 2 (출시 예정)

내신 서술형 명품 영어
WHITE
label

영어	서술형 문장완성북 ｜ 서술형 핵심패턴북

꿈에서도 떠오르는
그림어원

영어	중학 VOCA ｜ 토익 VOCA

마인드맵 + 우선순위
링크랭크

영어	고등 VOCA ｜ 수능 VOCA

완벽한 학습을 위한 수학 공식집

블 랙 라 벨 BLACKLABEL
수학 공식집

중학 수학   고등 수학

- 블랙라벨의 모든 개념을 한 권에
- 블랙라벨 외 내용 추가 수록
- 목차에 개념 색인 수록
- 한 손에 들어오는 크기